# Fazer
## universidade

*uma proposta metodológica*

**Dados Internacionais de Catalogação na Publicação (CIP)**
**(Câmara Brasileira do Livro, SP, Brasil)**

Fazer universidade : uma proposta metodológica / Cipriano Luckesi...
[et al.]. — 17. ed. — São Paulo : Cortez, 2012.

Outros autores: Elói Barreto, José Cosma, Naidison Baptista.
Bibliografia.
ISBN 978-85-249-1949-7

1. Ciência e Estado 2. Educação superior e Estado 3. Professores
universitários - Formação profissional 4. Universidades e escolas
superiores - Administração 5. Universidades e escolas superiores -
Avaliação 6. Universidades e escolas superiores - Pesquisa I. Luckesi,
Cipriano. II. Barreto, Elói. III. Cosma, José. IV. Baptista, Naidison.

12-09440

CDD-378

**Índices para catálogo sistemático:**

1. Universidades : Educação superior    378

Cipriano Luckesi • Elói Barreto •
José Cosma • Naidison Baptista

# Fazer
## universidade

*uma proposta metodológica*

17ª edição

FAZER UNIVERSIDADE: uma proposta metodológica
Cipriano Carlos Luckesi/Elói Barreto/José Cosma/Naidison Baptista

*Capa*: Ramos Estúdio
*Preparação de originais*: Solange Martins
*Revisão*: Lucimara Carvalho
*Composição*: Linea Editora Ltda.
*Coordenação editorial*: Danilo A. Q. Morales

Nenhuma parte desta obra pode ser reproduzida ou duplicada sem autorização expressa dos autores e do editor.

© 1984 by Autores

Direitos para esta edição
CORTEZ EDITORA
Rua Monte Alegre, 1074 – Perdizes
05014-001 – São Paulo – SP
Tel.: (11) 3864-0111   Fax: (11) 3864-4290
e-mail: cortez@cortezeditora.com.br
www.cortezeditora.com.br

Impresso no Brasil – agosto de 2012

## Dedicatória

*Aos nossos alunos: razão primeira e última desse esforço.*

*Ao mestre professor Casemiro dos Reis Filho:*
*nós o sentimos nas raízes deste livro.*

*Aos nossos filhos e companheiras: aqui dentro*
*vai muito do apoio e afetividade deles.*

## Agradecimentos

Nossos agradecimentos ao professor José Jerônimo de Morais
e à professora Francisca Carneiro Baptista pela ajuda nas
revisões dos textos.

# SOBRE OS AUTORES

**CIPRIANO CARLOS LUCKESI.** Nasci em 1943, em Charqueada, estado de São Paulo. **Academicamente**, fiz escola primária em escola pública (1950-1955); ginásio no Colégio do Seminário Menor São Carlos Borromeu, Sorocaba-SP (1956-1963); Triênio Filosófico no Seminário Central do Ipiranga, São Paulo-SP (1964-1966); bacharelado em Teologia na PUC-SP (1967-1968); Licenciatura em Filosofia, IFCH/Universidade Católica do Salvador, Salvador-BA (1970); Mestrado em Ciências Sociais, FFCH/Universidade Federal da Bahia (1976); Doutorado em Filosofia da Educação, PUC-SP (1992). Sou diplomado em Psicoterapia Somática em Biossíntese, pelo Centro de Biossíntese da Bahia (1992-1996); diplomado em Dinâmica Energética do Psiquismo, Salvador-BA (1995-1997). Fui **professor** de Filosofia na Faculdade de Filosofia e Ciências Humanas (1971-2002) e no Programa de Pós-Graduação em Educação (1985-2010) — ambas as atuações na Universidade Federal da Bahia; professor de Metodologia do Trabalho Científico e Metodologia da Pesquisa na Universidade Estadual de Feira de Santana-BA (1976-1994). **Publiquei** livros e artigos em revistas especializadas. **Atualmente** atuo como conferencista, especialmente na área de educação.

**ELÓI BARRETO DE JESUS.** Nasci no final de 1942, numa roça chamada Limeira, município de Simão Dias - SE. Aos cinco anos, com meus pais, migramos para Salvador-BA. Eles sonhavam com o filho estudado. Família católica, pobre e de pouca leitura, o filho vai para o seminário estudar e ser padre. Em **termos acadêmicos**: (01) no Seminário Central da Bahia, fiz o ginásio, o clássico e três anos de filosofia; (02) com bolsa de estudo, enviaram-me para Roma, Itália, Colégio Pio Brasileiro, Universidade Gregoriana, onde fiz Teologia; (03) Pós-graduei-me, obtendo o Mestrado em Teologia Moral na Universidade Lateranense. **Profissionalmente**, voltando ao Brasil: (01) lecionei Teologia Moral no recém-criado Instituto de Teologia e Filosofia Contemporânea, assim como (02) na Escola de Serviço Social da Universidade Católica do Salvador. Desde o retorno à Bahia, (03) participei de trabalhos sociais e educacionais em projetos da Igreja Católica. Muitos colegas chamam-me de padre, mas nunca fui clérigo. Os trabalhos e envolvimentos comunitários, educação popular, constituem o outro lado do meu tirocínio acadêmico. (04) Migrei para São Paulo e, na PUC-SP, integrei a equipe que planejou e iniciou a experiência do ciclo básico de estudos, implantado a partir da Reforma da Universidade, em 1968. Trabalhei no planejamento e na execução da disciplina Problemas Filosóficos e Teológicos do Homem Contemporâneo. Nessa instituição, obtive os títulos de bacharel e licenciado em Filosofia, onde também fiz estudos para o Mestrado em Filosofia da Educação, que não concluí em função de retorno para a Bahia (1961-1965). (05) A decisão do retorno buscava pôr em prática um sonho amadurecido em equipe: construir universidades, em outras paragens, que pudessem trabalhar pela formação da liberdade para o país e pela libertação do povo oprimido. Se de um lado a ditadura militar forjou resistência, de outro atiçou coragem e criatividade. Sou um entre os professores fundadores da Universidade Estadual de Feira de Santana. Ali insisti e consegui formar uma equipe com os Professores Cipriano Luckesi e Naidison Batista; juntos assumimos a disciplina Metodologia do Trabalho Científico, comum a todos os cursos, com o objetivo maior de fazer uma universidade capaz de ler criticamente o seu tempo e a sociedade. Trabalhar com essa equipe, logo acrescida do caríssimo Professor José Cosma, trouxe o sentimento de uma intensa realização humana e profissional. (06) Hoje, aposentado da UEFS, lá retorno para palestras, encontros e comemorações. Participo ainda do seu Comitê de Ética em Pesquisa, do qual fui um dos fundadores. Além de continuar assessorando os movimentos populares, leciono a disciplina Ética na Faculdade Católica de Feira de Santana. A construção processual e conjunta do livro *Fazer universidade* foi uma singular experiência e trouxe frutos bem mais consistentes e duradouros, aqui e alhures, do que o esperado.

**JOSÉ COSMA.** Nascido na Itália, em 16 de novembro de 1929. **Academicamente**, formado em Filosofia pelo Instituto de Ensino Superior Aloisianum, em Gallarate, renomada sede dos Convênios Mundiais de Filosofia, responsável pela edição da Enciclopédia Filosófica que leva o seu nome e também gozando de grande prestígio no meio acadêmico. Formado em Teologia pela mundialmente conhecida equipe pedagógica da Universidade Gregoriana (título reconhecido em equivalência a Mestrado pelo Estado brasileiro). No Brasil, **profissionalmente**, foi professor nas seguintes instituições: Faculdade de Filosofia, Ciências e Letras Madre Gertrudes de S. José, em Cachoeiro de Itapemirim, Espírito Santo; Faculdade Olga Metting, em Salvador, Bahia; Departamento de Filosofia e Ciências Humanas da Universidade Federal de Feira de Santana — UEFS; Departamento de Filosofia na Faculdade de Filosofia e Ciências Humanas, Universidade Federal da Bahia — UFBA; curso de Serviço Social da Universidade Católica do Salvador — UCSAL; e Faculdade São Bento da Bahia, São Bento, Salvador, Bahia.

**NAIDISON DE QUINTELLA BAPTISTA.** Nasci em 9 de maio de 1940. **Academicamente**, sou (01) licenciado em Filosofia e Educação pelo Seminário Central da Bahia e Universidade Católica do Salvador; (02) fiz especialização em Metodologia do Ensino Superior pela Universidade Católica do Salvador, em convênio com a Universidade de São Paulo; (03) sou bacharel e licenciado em Teologia pela Universidade Gregoriana – Roma, Itália; (04) fiz Mestrado em Teologia pela Instituto Litúrgico de Trier, Alemanha. **No magistério**, fui (01) professor de Teologia no Instituto de Teologia da Universidade Católica do Salvador; (02) professor adjunto, aposentado, da Universidade Estadual de Feira de Santana, tendo lecionado as disciplinas Metodologia do Trabalho Científico e Psicologia das Relações Humanas. **Atualmente** (2012), (01) sou Membro do Conselho Nacional de Segurança Alimentar e Nutricional, com sede em Brasília; (02) Membro do Conselho de Segurança Alimentar do Estado da Bahia, do qual sou presidente; (03) secretário executivo do MOC — Movimento de Organização Comunitária, entidade dedicada a trabalhos populares e comunitários; (04) coordenador da ASA — Articulação no Semiárido Brasileiro; (05) integrante de redes e movimentos que buscam a educação contextualizada, máxime na dimensão de convivência com o semiárido. **Publiquei**: (01) Conhecendo e refletindo sobre o semiárido e a agroecologia. In: SANTOS, Bernadete et al. *Construindo saberes para uma educação contextualizada*. MOC, Feira de Santana, BA, 2011, p. 9-17; (02) juntamente com Francisca Baptista (org.), *Baú de leitura – Lendo histórias – Construindo cidadania*. MOC, Feira de Santana, BA, 2009; (03) também com Francisca Baptista, *Educação rural — Sustentabilidade do campo*. MOC, Feira de Santana, BA, 2005.

# SUMÁRIO

Prefácio à 17ª edição .................................................................... 17

Prefácio à 1ª edição ...................................................................... 21

Introdução ..................................................................................... 23

## Parte I
### Fazer universidade: uma denúncia e uma aspiração

Capítulo 1. Origens e princípios de nossa prática universitária .. 33
1. Origens de nossa prática ................................................. 35
2. Princípios norteadores de nossa prática ........................ 39

Capítulo 2. Universidade: criação e produção de conhecimento.. 42
1. A universidade através da história .................................. 44
   1.1 Algumas lições da história geral da universidade ............ 44
   1.2 A universidade no Brasil ............................................. 48
2. A universidade que não queremos .................................. 54
3. A universidade que queremos ......................................... 56

## Parte II

**Produção e transmissão do conhecimento como forma de fazer universidade**

**Capítulo 1.** O conhecimento como compreensão do mundo e como fundamentação da ação .................................................. 63

1. O conhecimento como mecanismo de compreensão e transformação do mundo ............................................................. 65

2. O conhecimento como uma necessidade para a ação .............. 72

3. O conhecimento como elemento de libertação ......................... 74

**Capítulo 2.** Conhecimento filosófico e científico ........................... 79

1. O conhecimento do aparente e do oculto ................................. 81

2. O conhecimento filosófico ........................................................ 86

3. O conhecimento científico ........................................................ 91

4. Conclusão ................................................................................. 99

**Capítulo 3.** Conduta na produção do conhecimento ..................... 101

1. Orientar-se pelo espírito crítico ............................................... 103

    1.1 Busca do sentido da prova ................................................ 104

    1.2 Opor-se ao dogmatismo .................................................... 105

    1.3 Possuir firmeza nas afirmações ......................................... 108

2. Orientar-se pelo senso de realidade ......................................... 108

3. Orientar-se pela humildade ...................................................... 110

4. Agir corajosamente .................................................................. 111

5. Agir com capacidade de comunhão ........................................... 111

6. Agir de modo questionador e criativo ....................................... 113

7. Agir com perseverança e tenácia .............................................. 114

8. Conclusão ................................................................................. 115

**Capítulo 4.** Produção e transmissão de conhecimento no Brasil ... 117

1. A produção de conhecimento no Brasil ................................... 119

    1.1 Colonialismo e produção de conhecimento ..................... 119

    1.2 Desenvolvimento dependente e produção de conhecimento ....................................................................... 125

2. A transmissão do conhecimento: serviço aos dominadores ..... 133

    2.1 Colônia e Império ........................................................... 133

    2.2 A fase da substituição das importações ......................... 136

    2.3 Os nossos dias ................................................................ 137

        2.3.1 A distorção ideológica da realidade e da história .......... 137

        2.3.2 A publicidade aos livros didáticos ................................. 141

        2.3.3 O verbalismo: reforço da submissão ............................ 142

3. Conclusão ............................................................................... 143

## Parte III

**A apreensão do conhecimento como instrumento do fazer universidade**

**Capítulo 1.** Leitura como leitura do mundo ............................... 149

**Capítulo 2.** Prática de leitura no Brasil .................................... 157

1. O nosso passado ..................................................................... 159

    1.1 A quem era permitido ler? .............................................. 159

    1.2 O que era dado para ler? ................................................ 160

    1.3 Como se lia? .................................................................... 160

2. Os nossos dias ........................................................................ 162

    2.1 A quem é permitido ler? ................................................. 162

    2.2 O que se lê? .................................................................... 164

    2.3 Como se lê? .................................................................... 166

3. Conclusões e perspectivas ...................................................... 167

Capítulo 3. O leitor no ato de estudar a palavra escrita .............. 169
1. A duplicidade do ato de estudar ................................. 171
2. Criticidade e a-criticidade no ato de estudar ........................ 173
3. O leitor no ato de estudar ........................................ 174
4. Conclusão ...................................................... 177

Capítulo 4. Processo de leitura crítica da palavra escrita ............. 178
1. Elementos subsidiários da leitura ................................. 181
2. Elementos da leitura propriamente dita: estudo da temática
   do texto ....................................................... 183
3. Elementos de avaliação e proposição ............................. 186

Capítulo 5. Trabalhos grupais na apreensão do conhecimento.... 189

## Parte IV

**Expressão do conhecimento como modo de fazer universidade**

Capítulo 1. Expressão do conhecimento como expressão
   do mundo ..................................................... 199

Capítulo 2. Expressão escrita: estrutura da redação .................... 206
1. Escolher um assunto-tema ...................................... 207
2. Definir os objetivos ............................................ 208
3. Levantar ideias e ordenar o esquema ............................. 209
4. Conclusão ..................................................... 210

Capítulo 3. Expressão escrita: elaboração de trabalho em nível
   científico ...................................................... 212
1. Momento decisório — identificação temática ..................... 216
   1.1 Decisões ................................................... 217
       1.1.1 Escolha do assunto .................................... 217
       1.1.2 Seleção de um tema ................................... 218

# FAZER UNIVERSIDADE

1.1.3 Identificação de um problema ......................................... 220

1.1.4 Formulação da hipótese ................................................ 221

1.2 Relato das decisões — confecção do "plano provisório"... 223

2. Momento operacional ............................................................ 225

2.1 Documentação temática (coleta de material)...................... 225

2.2 Estruturação dos dados para a redação-comunicação ....... 231

3. Momento redacional e comunicativo...................................... 233

3.1 Redação preliminar .......................................................... 233

3.2 Redação definitiva ........................................................... 235

Capítulo 4. Expressão escrita: apresentação de textos
monográficos ...................................................................... 236

1. Estrutura do texto monográfico.............................................. 238

1.1 Elementos pré-textuais...................................................... 238

1.2 Elementos textuais............................................................ 243

1.3 Elementos pós-textuais ..................................................... 245

2. Formato de apresentação do texto monográfico .................... 247

3. Citações................................................................................. 251

4. Referências ou bibliografia .................................................... 255

Conclusão................................................................................. 265

Apêndice

Nossa prática atual.................................................................. 273

1. A universidade e seu significado............................................. 275

2. Leitura crítica como instrumento de fazer universidade ........... 276

3. A produção e expressão do conhecimento como
instrumento de fazer universidade ......................................... 277

4. O processo de avaliação......................................................... 280

5. Conclusão.............................................................................. 281

Bibliografia............................................................................... 283

# PREFÁCIO À 17ª EDIÇÃO

Desde sua 1ª edição, em 1984, até a 16ª edição, este livro não sofreu alterações quanto a seus conteúdos. Agora, neste ano de 2012, a Cortez Editora, em função da revisão ortográfica exigida pelo acordo entre os signatários da Comunidade de Países de Língua Portuguesa, estando para reimprimir o livro, possibilitou que os autores pudessem reolhar também para o seu conteúdo.

Entre o dilema de manter o texto como fora escrito no início dos anos 1980 e publicado, pela primeira vez, em 1984, e modificá-lo, decidimos por reescrever somente o Capítulo 4 da IV Parte, que trata das orientações normativas da Associação Brasileira de Normas Técnicas (ABNT) para publicações que sejam realizadas no território nacional. Diante do fato de que, no período entre 1984 e 2012, variadas e novas prescrições foram sendo elaboradas e propostas, emergiu a necessidade de rever esse capítulo, pois que se encontrava defasado nas orientações sobre como apresentar graficamente o relatório de uma investigação.

Diante do fato de que os conteúdos abordados no livro são quase universais e não se encontram desatualizados epistemologicamente, nós, autores, decidimos manter os capítulos como foram escritos e publicados, introduzindo chamadas no início de cada um e notas de rodapé, atendendo aos objetivos de sinalizar o significado ainda atual do seu conteúdo, assim como, quando necessário, atualizar linguagem e informações. Desse modo, encontramos a terceira via de revisão, sem que tivéssemos de reescrever cada capítulo e sem desconsiderar que aquilo que fora escrito e publicado há tanto tempo não mereça considerações novas, decorrentes de compreensões formuladas nesse espaço de tempo sobre a prática da investigação científica.

Então, o leitor encontrará, nesta edição, o livro como fora publicado no ano de 1984, com interferências significativas nos Capítulos 3 e 4 da Parte IV, assim como chamadas no início de cada capítulo e notas em rodapé, sinalizando como os autores compreendem hoje o que fora escrito na época. Nesse caso, ao usar este livro, o leitor deverá estar atento ao símbolo "[N.R.]", que será encontrado ao longo das páginas e significa "Nota da Revisão ocorrida na 17ª edição".

Ainda importa observar que foram atualizadas expressões redacionais ao longo do livro e, tendo em vista não sobrecarregar tanto a edição do livro como o leitor com excessivas notas que sinalizariam essas pequenas modificações redacionais, por vezes envolvendo uma palavra ou uma expressão linguística, decidimos fazer tais intervenções sem sinalizá-las a todo momento. Serão encontradas notas explicativas somente quando necessárias para registrar intervenções que atualizam tanto termos utilizados na edição original e que, hoje, têm novos significados como fatos e acontecimentos históricos que, agora, são compreendidos de uma nova forma. Cotejando-se os capítulos de edições anteriores deste livro com os capítulos da presente edição, certamente que um leitor atento identificará essas interferências no texto. Porém, importa saber que nenhuma delas modifica o sentido do que fora dito na edição original.

Os autores, mesmo nesse momento, encontrando-se em outras áreas de atuação fora do espaço da universidade, em decorrência dos processos de aposentadoria, ou por normas do serviço público, ou por terem cumprido o tempo regularmentar de prestação de serviço à sociedade, continuam acreditando e assumindo os posicionamentos educativos e pedagógicos propostos no momento da escrita dos capítulos. Nossos princípios, na prática pedagógica universitária, continuam sendo agir a favor da emancipação do ser humano, sob a perspectiva individual e coletiva, pela sua consistente elevação sociocultural e ética. Nada pode ser realizado positivamente, desde as ações mais simples até as mais complexas, sem que esteja presente tal posicionamento. Afinal, vivemos na relação com o outro, o que faz, constitutivamente, que a alteridade seja fundamento da ética. Seja lá o que fizermos, o outro é o termômetro para a configuração da validade de nossa ação. Nossa opção é de que nossos estudantes, na relação interpessoal e com o meio, desenvolvam suas habilidades cognitivas e profissionais juntamente com sua formação ética. Há que se respeitar ativamente o outro e o meio em todas as nossas ações, vivendo a vida cotidiana e profissional com a melhor qualidade possível. Para isso devem colaborar todas as aprendizagens acadêmicas efetuadas — aqui, no caso, no ensino superior (ainda que essa seja uma tarefa em qualquer nível de escolaridade). Aprender metodologia científica, como aprender modos de entender e agir adequadamente em cada área de conhecimento, significa, ao mesmo tempo, aprender a agir de modo ético. Afinal, não há conduta humana isenta de uma conotação ética.

Continuamos a defender a compreensão de que o ensino universitário deva ser o mais consistente possível tanto do ponto de vista cognitivo como afetivo. Só há ensino efetivo se ocorrer uma aprendizagem também efetiva. Para tanto, o professor universitário necessita integrar o papel de educador ao seu papel de ensinante. Ele, afinal, de modo integrado, é um ensinante-educador ou um educador-ensinante. A ordem que dermos aos termos não altera seu entendimento e sua validade.

"Fazer universidade: uma proposta metodológica" significa atuar junto do educando para que adquira o senso de que a universidade é o espaço científico-cultural onde se vai aprender e criar conhecimentos. É um espaço onde o educando, como sujeito ativo de sua história pessoal, vai, juntamente com professores e pares, construir a universidade. A universidade só existe se estudantes e professores estiverem ativos e construindo e colocando conhecimentos a serviço da vida. O espaço físico da universidade, sem a presença ativa de estudantes, professores, pesquisadores, em seus diversos afazeres, pode ser tudo, menos universidade. Universidade só existe se ativa. Por isso, intitulamos nosso livro *Fazer universidade*. Ela só existe enquanto estiver sendo feita. Cessado esse movimento, cessou a universidade. Esse é o nosso entendimento.

O livro tem como objetivo introduzir o estudante universitário no exercício de ler, estudar e expressar seus conhecimentos por meio de compreensões teóricas sobre o ato de conhecer como base para um exercício de trabalho monográfico. Compõe-se de quatro partes, formando um todo, que vai de uma configuração do que é "fazer universidade", focada na produção e transmissão do conhecimento crítico (Parte I), passando pela apropriação dos conceitos do que é conhecer, seu significado na vida individual e coletiva, seus recursos metodológicos e éticos, assim como a realidade da produção e transmissão do conhecimento no país (Parte II); seguindo pela apropriação dos recursos metodológicos necessários para o "fazer universidade", fundamentalmente centrado na leitura crítica "do mundo" e da palavra escrita (Parte III); chegando, por último, à questão da elaboração e apresentação de textos monográficos com características científicas (Parte IV). Com esse percurso de estudos e aprendizagens, desejamos instrumentar o estudante tanto do ponto de vista epistemológico como prático para "fazer sua trajetória na universidade".

A todos os leitores — sejam professores universitários, estudantes ou educadores em geral—, os autores desejam boa e bela jornada de aprendizagens e vida, esperando e desejando que o que vai exposto nos escritos deste livro seja profícuo e produza os efeitos que sonhamos para nós e para o coletivo onde vivemos.

Bahia, maio de 2012.

*Os Autores*

# PREFÁCIO À 1ª EDIÇÃO (1984)

1. Aceitei com entusiasmo prefaciar esta obra de meus amigos baianos, de Feira de Santana. Desejo registrar aqui as razões deste entusiasmo:

a) primeiro, porque é um trabalho de Pedagogia Universitária, e área à qual venho me dedicando há mais de dez anos; e é bom ver jovens competentes trabalhando na área;

b) segundo, porque é um testemunho de prática efetivamente realizada, portanto, saber dos que fazem, e não dos que só teorizam.

2. Por outro lado, o momento de sua publicação é oportuno, pois abrem-se no interior das universidades amplos debates sobre sua concepção, organização e funções. Esses debates deverão acentuar-se para outros setores da vida cultural brasileira. É desejável que os esforços realizados nas universidades para superar seu arcaísmo e perda de função sejam conhecidos e submetidos à avaliação da sociedade.

Espero que o exemplo de um pequeno grupo de professores, a partir de uma disciplina, possa imprimir mudanças significativas no processo de ensino universitário e atinja outras muitas universidades. A metodologia de atuação registrada na obra é modelar, uma vez que assinalou-se cada passo do processo de Reforma Universitária autêntica.

Campinas, março de 1984
*Casemiro dos Reis Filho*

# INTRODUÇÃO[1]

O presente livro apresenta, entre outras, duas características. Inicialmente, diríamos que é levado a efeito a oito mãos, enquanto fruto do trabalho planejado, executado e, diuturnamente, avaliado pelos seus autores, professores de Metodologia do Trabalho Científico na Universidade Estadual de Feira de Santana. A presença das oito mãos fica patente na diversidade de estilos que, por considerarmos uma riqueza, optamos por conservar. Em segundo lugar, em vez de ser fruto de uma elucubração de gabinete sobre os temas nele discutidos, é resultado de uma prática pedagógica que se vem desenvolvendo, avaliando e replanejando, no teste concreto do dia a dia das aulas, com os alunos e na discussão constante da equipe.

Vários são os públicos a que, acreditamos, ele prestará serviços: aos nossos alunos e, em geral, àqueles que, egressos da escola média, iniciam o processo de fazer universidade, carentes de reflexões e instrumentos que lhes possibilitem um inserir-se no ensino superior e dar passos mais seguros na estrada de tornarem-se sujeitos e não objetos do próprio processo de aprendizagem; prestará serviços, igualmente, a outros alunos e professores, visto que qualquer proposta séria e fundamentada suscita debates, reflexões, críticas e, assim, impulsiona o processo de "fazer universidade".

---

1. [N.R.] Para esta 17ª edição, mantemos a introdução ao livro, conforme sua primeira publicação, em 1984.

O objetivo básico deste livro,[2] dada especificamente a sua origem, não pode ser visto e entendido dissociadamente da prática e do trabalho que lhe deu origem e que continuamos a realizar. Metodologia do Trabalho Científico é uma das disciplinas do currículo nuclear da Universidade de Feira de Santana. Sua presença no processo universitário significa, para nós, a presença do utópico. Utópico não simplesmente na dimensão do irrealizável, mas sim como a dialetização dos momentos de anúncio e denúncia. Anúncio de uma realidade nova, de uma universidade que queremos construir a serviço do homem. Denúncia do falso existente e latente em muitas práticas que se dizem educativas. Assim é que, pela efetivação da denúncia e do anúncio, ao lado do esforço de dar passos no sentido da concretização da proposta anunciada, sugere-se um despertar de cada indivíduo para o assumir do seu compromisso histórico.

Metodologia do Trabalho Científico quer ser, nessa jornada, uma disciplina instrumental, que possibilite ao aluno a consecução destes objetivos.

Iniciamos o livro com uma parte intitulada "Fazer universidade, uma denúncia e uma aspiração". O Capítulo 1 desta parte apresenta a nossa prática, nossa evolução, nossa utopia pedagógica, os princípios que regem nossa ação enquanto educadores e, obviamente, o nosso entendimento sobre a disciplina Metodologia do Trabalho Científico. Decidimos colocar estas reflexões logo de início, dado o fato de ter sido justamente a nossa prática a mola propulsora desta publicação. Acreditamos, então, que estando a par da mesma, terá o leitor mais condições de entender e discutir a proposta.

Nosso entendimento sobre a disciplina Metodologia do Trabalho Científico afirma ser ela uma disciplina instrumental, a serviço de

---

2. [N.R.] O termo "trabalho" foi usado ao longo do texto, na edição de 1984, com variados significados, tais como "atividades de investigação", "monografia", "atividade didática" etc. Nesta revisão para a 17ª edição, faremos substituições do termo "trabalho" por termos ou expressões mais compatíveis com o conteúdo das frases onde ele se encontra. Existe uma hábito comum de denominar textos monográficos ou *papers* de "trabalho", que, afinal, não é a melhor denominação.

uma proposta de universidade. Importa, então, deixar patente, também, o nosso entendimento sobre a universidade, a serviço da qual nos engajamos, através do nosso trabalho pedagógico. No Capítulo 2 desta Primeira Parte, intitulado "Universidade — Produção e criação de conhecimentos", tentamos definir esse entendimento onde são discutidos os problemas e perspectivas da universidade. Todo o conjunto de discussões e propostas deste livro se destina, efetivamente, a criar condições para que possa acontecer, no cotidiano a universidade como local por excelência do desenvolvimento do pensamento, da reflexão, da análise crítica do projeto da própria comunidade, tanto através dos profissionais que forma, como, principalmente, através da pesquisa, do debate, do cultivo sério de uma pluralidade de pensamento. Uma universidade, enfim, que diz *não* à postura servil e subserviente.

Uma vez estabelecidos os princípios de nossa prática e a proposta de universidade, à qual devemos servir, importa, também, delimitar os instrumentos teóricos e práticos de que lançamos mão, na nossa aventura pedagógica. Tais instrumentos devem estar ligados e vinculados à capacitação do aluno[3] para realizar, como sujeito, os dois momentos fundamentais e dialéticos do processo de comunicação, no qual acontece a universidade: emitir e receber mensagens.

A sequência do nosso texto, por conseguinte, estará voltada para capacitar o aluno, através de reflexões, práticas e reflexões da própria prática, a uma análise do conhecimento, seu processo de produção, expressão a apreensão; elementos, assim o entendemos, necessários à construção do que entendemos por universidade.

---

3. [N.R.] Hoje, correm nos meios educacionais abordagens diversas em torno da denominação "aluno" para designar "estudante". Existem posições favoráveis a manter a denominação e existem posições desfavoráveis. Não vamos entrar nessa polêmica, pois que ela já tem literatura específica. O termo "aluno" era corrente nos anos 1980 para designar "estudante". Ao ler a presente edição do livro, o leitor deparará com o uso do termo "aluno", que, por fidelidade ao texto publicado desde a 1ª edição, em 1984, foi mantido. Todavia, pedimos ao leitor que ao deparar-se com o termo "aluno" compreenda "estudante", uma designação academicamente ativa.

Desse modo, dedicamos toda a Segunda Parte, subdividida em quatro capítulos, à análise do problema do conhecimento como compreensão do mundo, suas tipologias, a conduta na sua produção e a contextualização da produção e transmissão de conhecimento no Brasil, onde tem predominado um pensamento colonizador,[4] favorecendo a dependência cultural, tecnológica e científica que nos mantém atados às "metrópoles". Conhecer o mundo é atividade primária e básica do ser humano. É preciso produzir um entendimento da realidade.

A Terceira Parte [deste livro], em cinco capítulos, objetiva uma reflexão sobre o processo de apreensão do conhecimento. Está profundamente marcada por duas dimensões intercomplementares: uma reflexão teórica e algumas pistas técnicas sobre o processo de leitura como apreensão do conhecimento. Em ambas as dimensões, torna-se palpável o movimento de anúncio e de denúncia como concretização da utopia. Os três primeiros capítulos estudam a leitura como leitura do mundo e levantam algumas reflexões e análises sobre o processo de leitura no Brasil, basicamente, uma leitura dos temas propostos e impostos pelo colonizador. Nos capítulos subsequentes, discutimos pistas técnicas que nos possam conduzir a uma leitura como decodificação da realidade e, consequentemente, a uma superação do costumeiro método que identifica ler e decorar. Propomos, em seguida, um roteiro de leitura que objetiva oferecer os instrumentos para uma análise crítica e sistemática das comunicações escritas. Esse roteiro é complementado por algumas reflexões sobre o trabalho grupal, de um lado, como instrumento de democratização do conhe-

---

4. [N.R.] Nos anos 1980, como em anos imediatamente anteriores, estava em voga abordar a relação entre países desenvolvidos e subdesenvolvidos ou em vias de desenvolvimento, através das categorias sociológicas "colonizador" para designar os países metropolitanos, e "colonizado" para designar países em vias de desenvolvimento ou subdesenvolvidos. E entendia-se que a cultura dos países subdesenvolvidos, usualmente, assumia a intepretação do colonizador para abordar a si mesma. Sobre isso, Albert Memi escreveu um livro, cujo título era *O retrato do colonizado precedido do retrato do colonizador*. 2. ed. Rio de Janeiro: Paz e Terra, 1977.

cimento e, de outro, como meio de boa captação e avaliação da mensagem transmitida.

A quarta e última parte [do livro] se destina à meditação do processo de expressão do conhecimento produzido. Ela é dedicada, por conseguinte, à discussão das técnicas e processos a serem seguidos na elaboração, produção e expressão do conhecimento. Discutimos, então, desde o planejamento e execução de uma simples redação, até a criação, planejamento, elaboração e apresentação de trabalhos a nível científico.

Este é um conjunto de informações que denominaríamos de mais "gramatical" e que, no seu todo, não se deve a uma reflexão especificamente nossa. As técnicas e orientações apresentadas a partir do Capítulo 2 desta última parte são, por certo, importantes. Integram eficazmente o processo de comunicação escrita. É preciso, no entanto, que se evite cair no tecnicismo que, por vezes, se manifesta em muitas publicações e mentalidades. As técnicas da comunicação escrita, desde a Gramática até as regras de apresentação de um trabalho, são importantes. Contudo, não o são em si. São simples instrumentos. O decisivo é que, através da linguagem tecnicamente correta, a expressão que se faça do conhecimento seja efetivamente comunicação do mundo. Caso isso não aconteça, estaríamos caindo em um tipo disfarçado de tecnocracia, com o qual não comungamos. Por isso, no Capítulo 1 desta última parte, discutimos o que poderíamos chamar de princípios filosóficos da comunicação escrita, princípios que devem orientar a utilização e valorização das técnicas, como meros instrumentos de comunicação do mundo.

O caminho, pois, do livro, inicia pela definição de nossas ideias e, daí, segue os mecanismos de atingi-los: produzir conhecimento, apreender os conhecimentos já existentes, comunicá-los todos, provocando o debate e o progresso da cultura.

Esta é a obra que apresentamos a seguir e em cujo processo convidamos você, leitor, a se inserir e, oportunamente, nos enviar suas críticas e observações.

Finalizando, queremos, ainda, ressaltar um elemento que cremos fundamental ao conjunto do livro. Aqui está expressa, como fizemos notar, a nossa utopia em termos de universidade, de conhecimento, de produção cientifica, de leitura, de estudo, de aprendizagem, de educação, de ser humano.

Acreditamos, igualmente, seja nossa tarefa a de criar meios para que esta utopia se torne cada vez mais próxima. E um meio concreto de torná-la mais próxima, além dos instrumentos aqui propostos, é o dialético movimento de anúncio e denúncia em relação ao mundo. Por esta razão, a presente publicação está profundamente marcada por esta dimensão dialética, na busca de uma síntese que nos ofereça condições de viver de forma mais saudável.

No conjunto do livro, em todas as suas partes e, por vezes, até internamente em cada um de seus capítulos, o leitor notará a presença dialética dos momentos de anúncio e denúncia. Momentos há em que a nossa discussão assume preponderantemente a perspectiva do *dever ser*. Assumimos, então, a linha do anúncio. Torna-se indispensável, por outro lado, tomar consciência clara dos muitos desvios, delinquência e até mesmo prostituições,[5] a que se submeteu a universidade, o conhecimento, a leitura através de suas ligações de dependência com o poder, com a economia desligada do homem, com o consumo, com a manipulação das pessoas. Refletindo estes fenômenos, no concreto de suas existências, estamos realizando o momento da denúncia, com toda a veemência de que ela necessita.

Não nos tomem nossos leitores, no entanto, nem como pessimistas e derrotistas ante a situação que enfrentamos, nem tampouco como idealistas contumazes, desligados da realidade e, por isso, facilmente manipuláveis.

A nossa proposta, através de Metodologia do Trabalho Científico, é aquela de ver a realidade com toda sua nudez e crueza. Analisá-la e

---

5. [N.R.] Por "prostituições" — expressão comumente usada na época da elaboração do livro — entendia-se, no caso, as concessões históricas que a universidade fizera à vida social, abrindo mão de sua missão em específico.

refleti-la à luz de nossa utopia que afirma ser o homem o centro do universo[6] e a razão última de todas as coisas e, então, encetar os meios de adequar esta realidade à utopia que é nossa.

O trabalho que realizamos e queremos continuar a realizar, assim como a publicação deste material, se constituem em passos concretos para a transformação da utopia em topia. Assim o acreditamos.

---

6. [N.R.] Atualmente, nas compreensões sobre a presença do ser humano no universo, ele é assumido como um entre todos os demais seres e componentes da natureza; acolhemos esse entendimento, porém compreendendo que, por suas características, tem lugar próprio e distinto nesse meio.

**PARTE I**

# Fazer universidade: uma denúncia e uma aspiração

**[N.R.]** Esta Primeira Parte do livro tem a intenção de introduzir educadores e educandos universitários no espaço sociocultural da Universidade, afinal, "seu templo", estabelecendo uma filosofia para a experiência de viver a universidade.

O Capítulo 1 destina-se prioritariamente aos professores universitários, como convite para que ingressem na jornada de ensinar a fim de que os estudantes "aprendam fazer a universidade", como sua única e fundamental tarefa enquanto estiverem na condição de estudante. Nós os educadores necessitamos de ser líderes, que "dão o tom" à sala de aula. De nosso comprometimento filosófico — pensar e agir coerentemente com o pensar — depende a aprendizagem e, consequentemente, a formação de nossos educandos. Como líderes, podemos dar o tom de nossas aulas: "se estivermos animados, nossos educandos entrarão nessa onda", mas, "se estivermos melancólicos, nossos estudantes também entrarão nessa mesma onda". Este capítulo poderá ser estudado por educadores e educandos, o que sempre fará bem, mas, em primeiro lugar, ele está destinado aos educadores, que, na prática pedagógica, é o "adulto da relação".

O Capítulo 2 está prioritariamente destinado aos educandos. Um convite para que assimilem a história do "templo sociocultural" no qual estão colocando os pés e dentro do qual farão jornadas sucessivas por alguns anos. Nele, toma-se contato com a história dessa instituição para a qual estão entrando, sua configuração existente e a configuração que desejamos para ela. É um convite para que os educandos, junto com seus educadores, cumpram a tarefa de "fazer a universidade", em vez de "passar por ela".

# CAPÍTULO 1

# Origens e princípios de nossa prática universitária

[N.R.] Os princípios expostos neste capítulo continuam válidos para os autores, o que faz com que, quase trinta anos depois, recomendemos que o leitor, antes de qualquer coisa, ao trabalhar com esta obra, faça a sua leitura, olhando para a direção que olhávamos no passado e ainda olhamos no presente, como um norte para a ação pedagógica do professor universitário. Tendo em vista agir pedagogicamente, há necessidade de um norte teórico e político que dê contorno à ação cotidiana em sala de aula. É isso que foi e está proposto no presente capítulo. Foram e são as crenças que nos guiaram no passado e ainda nos guiam em nossa ação cotidiana no presente, assim como acreditamos que devam ser as crenças de educadores e educandos que vierem a fazer uso deste texto. Convidamos o leitor a se apropriar criticamente desses princípios, o que exige que essa leitura e assimilação tenham como recurso os princípios de um pensamento crítico, que sempre irão para além dos recursos do senso comum. Apropriar criticamente significa torná-los seus, dentro do espaço de suas crenças e cultura. Esse é o nosso convite ao expor o conteúdo deste capítulo.

Todas as práticas humanas se dão orientadas por um contexto teórico que é formulado, amadurecido e desenvolvido no próprio exercício da prática. Não existe, pois, teoria sem prática, nem prática sem teoria.

É diante deste entendimento que iniciamos nossa publicação com esta Primeira Parte — "fazer universidade: uma denúncia e uma aspiração" —, delimitadora do que entendemos por universidade. Entendimento este que nos servirá de norma balizadora do encaminhamento das reflexões seguintes e que, no nosso exercício de magistério superior na Universidade de Feira de Santana, tem servido de norte para o trabalho diuturno.

Contudo, em vez de iniciarmos, de imediato, por uma discussão mais genérica e mais teórica do que compreendemos que seja esta entidade de ensino superior, começamos por relatar a origem deste nosso entendimento, que se fez na prática de sete anos de exercício e reflexão em grupo, numa equipe de trabalho.

A definição da "universidade que queremos" vai, pois, aqui precedida de uma descrição de nossas aprendizagens na prática cotidiana e dos princípios de ação que tínhamos, ao iniciar nossa atividade conjunta, e que, também, foram amadurecendo e se ampliando em decorrência desses anos de exercício e de descobertas.

Colocamos, aqui, estas informações, por crermos que o mais fundamental desta publicação não ficará plenamente entendido sem este "relato da origem", pois que ele é a explicação do que somos hoje e do que pretendemos. A delimitação que apresentamos de universidade pode se apresentar, a muitos, como "um sonho". Certamente que assim o é! Mas um sonho possível, desde que por nossa prática tentamos transformar essas aspirações em realidades factuais. Um sonho que pode ser e está sendo por nós cultivado com força ideológica e afetiva. Este "relato da origem", se não é uma prova definitiva, é um testemunho disso.

Assim sendo, o conjunto destas reflexões definidoras da universidade que pretendemos fazer, tem sido a explicação de nosso credo, que afinal, dá a direção a tudo mais.

A seguir, pois, estão expostos o nosso caminhar "e os nossos princípios".

## 1. Origens de nossa prática

O início de nossa prática pedagógica, à frente da disciplina Metodologia do Trabalho Científico na Universidade de Feira de Santana, data de 1976, início da mesma universidade.

Vínhamos de experiências pedagógicas a níveis vários, inclusive o universitário. Sonhávamos com a oportunidade de um trabalho novo, sério, criativo, em grupo, onde nos fosse possível pôr em prática algo daquilo em que acreditávamos e que se constituía, por assim dizer, em nossa "utopia educativa".

[A Universidade Estadual de] Feira [de Santana] se nos apresentou com estas perspectivas. Universidade nova, ainda sem os vícios de outras instituições de seu tipo, vícios que, infelizmente, hoje (1983) já se encontram quase todos contraídos — na busca de ser efetivamente universidade. Um campo a ser explorado.

Não hesitamos, por isso, em cortar compromissos com outras instituições e nos vincular à Universidade de Feira de Santana.

Éramos, inicialmente, três. Equipe que se ampliou, logo depois, para quatro, pela premência do crescimento do trabalho.

Em conjunto, respeitando o espírito da ementa da disciplina, discutimos, estudamos e elaboramos o programa. Queríamos ver claro, principalmente, onde pretendíamos chegar, vez que o conteúdo sempre se nos afigurou como algo instrumental. O importante é, na universidade, aprender a estudar, a fazer, a produzir conhecimentos, a ser gente. O conteúdo que nos ajuda a fazer isso, hoje é um; amanhã, certamente será um outro! Ele é, por conseguinte, relativo, sempre dinâmico, em razão da realidade tal qual se apresenta.

Queríamos ver os alunos habilitados metodologicamente para ler, produzir e transmitir conhecimentos de modo crítico. Para tanto, ao lado dos roteiros, de aspecto mais prático, achávamos importante toda uma discussão sobre ciência, conhecimento científico, suas relações com outros tipos de conhecimentos, as leis da produção científica, o método da ciência etc.

Tínhamos claro, também, que, por importante que fosse a ciência, era fundamental questionar-se sobre seus rumos e sobre um certo cientificismo que imperava e impera em nosso meio, principalmente no intelectual. Em termos dos temas discutidos, esse era o questionamento final do curso. Sendo que se nos afigurava como principal o habilitar os alunos para ler criticamente e para produzir conhecimentos; o curso sempre teve um aspecto eminentemente prático. Aprender a fazer fazendo, avaliando o que se fez, retomando o fazer.

Alguns autores inspiraram e ajudaram os nossos passos iniciais: Delcio Viera Salomon. *Como fazer uma monografia*, de quem utilizamos principalmente a sistematização das intuições sobre universidade como centro de produção crítica, no constante interrelacionamento com a sociedade em que está inserida.

Antônio Joaquim Severino. *Metodologia do trabalho científico*, que utilizamos, inclusive, como livro texto e do qual trabalhamos especialmente todo o conjunto técnico de leitura, documentação, criação, produção e transmissão de conhecimento científico, máxime na monografia.

A estes autores queremos render a nossa homenagem.

A parte mais teórica de nosso curso era retirada de autores vários e esteve variando de semestre para semestre.

Assim foi o início do trabalho.

Apesar de tentativas, não conseguimos, por falta de apoio da estrutura universitária, discutir, planejar e realizar trabalhos em conjunto com colegas de outras disciplinas, principalmente as do ciclo básico. Permanecemos, então, como "o grupo de metodologia", e buscamos desenvolver a nossa prática, da qual elencamos abaixo alguns pontos que consideramos relevantes:

a) Comungamos com Paulo Freire que o essencial de todo trabalho educativo é a prática, a avaliação da prática e a volta à prática, após a sua avaliação. Por isso, sempre enfatizamos o aspecto prático da disciplina, evitando que fosse verbalista, e fizemos questão de nos encontrar semanalmente, mesmo não incentivados para tal pela estrutura universitária, para discutir e avaliar, continuamente, nosso próprio processo pedagógico;

b) não nos descuidamos de desenvolver rigorosamente um programa comum, em termos de objetivos, métodos, conteúdos e materiais, respeitadas as peculiaridades do professor e do grupo;

c) buscamos, o mais que nos era possível, auscultar junto aos alunos as reações em relação à disciplina e colher as avaliações que eles emitiam. Muitas modificações no processo do curso foram embasadas nessas observações. Os estudantes, assim, são coautores deste trabalho;

d) buscamos implantar uma avaliação o mais global possível, evitando o "costumeiro" método estanque de provas e testes, não avaliativos do conjunto do processo dos alunos. Isso sempre foi uma dificuldade!

e) buscamos valorizar e incentivar no aluno o aspecto de que é sujeito do processo de aprendizagem e do curso.

A partir disso, a cada semestre vencido, registravam-se novos passos na nossa caminhada. Eis alguns:

a) descobrimos que a assim chamada parte teórica do curso (discussão sobre ciência, métodos científicos etc.) não era suficientemente assimilada pelos alunos, devido à quantidade de material veiculado (muito conteúdo e relativamente novo), pelo pouco tempo disponível e, principalmente, por não corresponder ainda a uma efetiva necessidade dos alunos;

b) descobrimos que o curso possuía uma unidade; bem clara para nós professores que o planejamos, porém não captada satisfatoriamente pelos alunos;

*c)* descobrimo-nos bastante neopositivistas em relação ao tratamento do conhecimento e da ciência, embora não o desejássemos ser;

*d)* nossos alunos nos fizeram ver a necessidade de ir, gradativamente, abdicando de materiais elaborados em outros centros de cultura, para ir elaborando e criando o nosso próprio, resultado de nossa reflexão, em direção ao atendimento específico de nossas necessidades;

*e)* pouco a pouco, foram surgindo textos produzidos por nós. Passos tímidos que se iam firmando e afirmando gradativamente, máxime quando testados em sala de aula, refeitos, retestados e apresentando resultados satisfatórios. Esses textos não surgiram, em si, para ser publicados. A ideia inicial foi simplesmente a de subsidiar a nossa prática, com elementos oriundos de nossa própria reflexão, sistematizada em forma de textos;

*f)* alguns desses textos, por vezes, o conjunto do curso foi testado também em outros ambientes universitários. A boa recepção que obteve suscitou em nós a ideia da publicação, com dois objetivos básicos:

— publicar a nossa experiência e nossa contribuição ao processo universitário. Isso, de certo, supúnhamos, ajudaria muitas pessoas e grupos que estão andando, mais ou menos, na mesma estrada;

— receber as avaliações e críticas, que nos seriam de imensa utilidade para crescer no processo;

*g)* programamos, então, a revisão do material e a produção de alguns outros que acreditávamos necessários para a unidade da publicação. Fruto de trabalho e reflexão, a publicação se encontrava quase pronta em fins de 1980. Eram necessários apenas mais alguns retoques. Alguns fatores influenciaram no retardamento da publicação:

— a sistematização teórica e prática a que tínhamos chegado não nos agradava plenamente;

— determinadas questões de ciência, conhecimento, sua relação com o conhecimento popular, ainda não estavam suficientemente equacionadas para nós. Isso gerava insegurança e conflitos;

— a formação dos departamentos e outras atividades específicas de nossa universidade nos obrigaram a dar uma parada no processo, para nos dedicar com mais afinco a este outro campo de ação;

h) inseridos na prática pedagógica, nunca abandonada por membro algum da equipe, fomos descobrindo, equacionando e esclarecendo as questões. Surgiu, então, do dia a dia, a proposta que aqui tornamos concreta e que é, na sua totalidade, a nossa prática atual.

O conteúdo do livro que, agora, colocamos a público, por conseguinte, não é fruto de planejamento e de trabalho de gabinete. Sua produção se fez *em* e *a partir* da reflexão concreta da prática diária do grupo de professores de Metodologia do Trabalho Científico na Universidade de Feira de Santana. Somente à luz dessa prática, então, pode ser melhor compreendida, interpretada e avaliada.

## 2. Princípios norteadores de nossa prática

Ao longo de nossa experiência, tentando construir uma mentalidade de trabalho universitário e convencidos de que assim estaríamos fazendo universidade, alguns princípios se nos foram clareando:

a) um *não* à educação bancária.[1] Acreditamos que o aluno pode e deve ser sujeito crítico do seu próprio processo de aprendizagem e, em consequência, da sua história;

b) é fundamental ao homem ter uma utopia. Esta se concretiza nos movimentos fundamentais de denunciar o falso existente

---

1. [N.R.] A expressão "educação bancária" — bastante em voga na época da primeira publicação deste livro, em 1984 — foi tomada de Paulo Freire, que, com ela, designava uma prática de ensino-aprendizagem centrada mais no formalismo dos conteúdos que em sua efetiva compreensão e uso.

em nosso contexto, ao tempo em que se anuncia o que se pretende construir. É isso que dá sentido à nossa luta e nossa história. E... muito do homem se forma na luta;

c) crer numa utopia. Esta fé, no contexto do nosso mundo tecnocrata, significa nadar contra a corrente. Essa atitude pode parecer boba, infantil e "quixotesca". Cremos, no entanto, que é preferível ser assim que diferentemente apenas para obter cargos, lugares e favores. Acreditamos que na construção de uma nova sociedade, as "quixotadas", provenientes da utopia, têm um lugar fundamental. A história que o diga;

d) a proposta da Disciplina Metodologia do Trabalho Científico é política (não confundir com política partidária)[2] como o é toda e qualquer proposta educativa, todo conteúdo transmitido em classe, toda postura assumida pelo homem. Não alimentamos a ingenuidade de crer ser a eduçação algo neutro. Ela é política. No nosso caso, isso significa o seguinte: queremos uma universidade e, consequentemente, uma sociedade diversa daquela que esta aí. A universidade que pretendemos se encontra delimitada na reflexão apresentada no capítulo seguinte. Sociedade que se manifeste mais justa, de mais participação, como espaço mais amplo para o homem ser mais homem;

e) Metodologia do Trabalho Científico não é um amontoado de técnicas, embora elas devam existir e tenham um papel. Em nossa ação, Metodologia do Trabalho Científico deve estar sempre em relacionamento e a serviço de uma proposta de universidade que queremos construir e para a qual nos voltamos, como a nossa "utopia". Sem essa proposta de universidade, o "que-fazer" de metodologia se tornaria estéril, sem definição, ilusoriamente neutro, pois manipulável por quem quer que seja, a serviço de objetivos nem sempre confessados. Esta-

---

2. [N.R.] A expressão "política partidária" está sendo usada em substituição à expressão "politiquice partidária", utilizada na edição de 1984. A expressão "política partidária" é mais justa epistemologicamente.

mos, por conseguinte, diante de uma disciplina *instrumental*, a serviço explícito de um determinado projeto de universidade;

*f)* a tônica do curso deve ser aquela de *"fazer com as mãos"*. Isto é, praticar. Não basta apenas verbalizar e reter informações ou mesmo discuti-las. É preciso fazer. Tratando-se de uma disciplina instrumental, acreditamos que de pouco ou nada adiantaria fazer os alunos "assimilarem" mais algumas informações de como se deve ler, de como se deve programar um trabalho, como discutir em grupo, como apresentar tecnicamente um trabalho escrito e fazê-los, oportunamente, repetir estas informações para nós, professores, em provas e testes. A nosso ver, deste modo, eles não estariam capacitados metodologicamente para fazer a universidade que propomos. Saberiam apenas repetir informações. Por isso, a tônica deve se fazer com as mãos. A leitura crítica, a monografia, a documentação têm que ser efetivamente praticadas e, assim, efetivamente, aprendidas;

*g)* o curso deve manter um constante relacionamento entre teoria e prática, entendidas no seu sentido mais genuíno e não como duas realidades desvinculadas e quase que opostas. Acreditamos ser a teoria uma explicitação refletida e analisada da prática. A teoria tem na prática sua origem e a ela deve voltar, para iluminar a sua estrada. Processo este que não deve sofrer interrupções.

# CAPÍTULO 2

# Universidade: criação e produção de conhecimento

[N.R.] Ao ler o presente capítulo, em primeiro lugar, importa que o leitor, ao apropriar-se dos conteúdos apresentados, esteja ciente de que fora escrito no início dos anos 1980, o que faz com que esteja vazado numa linguagem própria daquele período. Por outro lado, é importante considerar que a função deste capítulo, na Primeira Parte do livro, era nos anos 1980 e é agora introduzir o estudante, que inicia os estudos universitários, no seu espaço específico. Os estudos universitários pressupõem a maturidade do jovem estudante e não mais do adolescente estudante. Em função disso, a intenção era e é convidar o estudante a "passear" pelos caminhos históricos seguidos pela instituição dentro da qual ingressa nesse momento e o que se espera e se deseja dele. O capítulo é concluído com as características da "universidade que não queremos", assim como com as características da "universidade que queremos". Desejamos, com essas compreensões, subsidiar o estudante não só a assimilar elementos teóricos de compreensão da instituição universitária, mas, ao mesmo tempo, adquirir recursos e convicções éticas que poderão e deverão guiá-los no seio dos novos estudos e novas aprendizagens com os quais irá deparar.

Em nossa cultura, o processo de conhecer, específico do ser humano, está profundamente vinculado à escola, componente básico do sistema educacional, em nosso país. O nosso sistema educacional, por sua vez, no que se refere à escola, compreende os graus: primeiro inicial; segundo médio, profissionalizante ou técnico; terceiro superior, com a função ambígua de profissionalização.[1]

Diante do sistema educacional, como um todo, e da universidade, nível superior, proporemos a nossa reflexão na busca de entender a universidade que temos e de clarear a nossa tentativa de construir a universidade que pretendemos, ou seja, não uma mera consumidora e repetidora de informações importadas para "profissionalizar",[2] mas sim um recanto privilegiado onde se cultive a reflexão crítica sobre a realidade e se criem conhecimentos com bases científicas.

---

1. A Lei n. 5.540/68 da reforma universitária diz, com referência ao ensino superior

Art. 1.10 — O ensino superior tem por objetivo a *pesquisa*, o *desenvolvimento das ciências*, *letras* e *artes* e a *formação de profissionais* de nível universitário.

Art. 2.10 — O ensino superior *indissociável da pesquisa* será ministrado em universidades e, excepcionalmente, em estabelecimentos isolados, organizados como instituições de direito público ou privado. (os grifos são nossos)

O que percebemos, na quase totalidade do ensino superior brasileiro, é a paulatina inversão de valores: o terceiro objetivo se transformou, na prática, em preocupação primordial; o principal e primeiro objetivo da lei, reforçado no art. 2º, está desaparecendo das preocupações reais dos nossos ambientes universitários. O que se constata é um ensino sempre mais mercantilizado, de nível cada dia mais baixo, mesmo nas grandes universidades públicas.

2. [N.R.] No período em que o livro foi escrito, havia no país uma tomada de posição contra a transformação da universidade em instituições de Ensino Superior Profissionalizante, para as quais valia mais o uso de conhecimento importado do que a aprendizagem e o exercício da investigação como recurso da aquisição de conhecimentos. Daí a denúncia contida nessa frase.

Daremos, de início, um rápido mergulho na história da universidade, a fim de buscarmos os sinais e os esforços de construção de uma universidade onde inteligências se unem para conhecer; criar e produzir conhecimento.

Ao final desse texto, diremos como sonhamos uma universidade, hoje, para o Brasil. As origens do nosso sonho, de nossas utopias, estão no esforço dos homens, das culturas, através da história, para conquistar um espaço em que possa o homem se constituir plenamente homem.

# 1. A universidade através da história

## 1.1 Algumas lições da história geral da universidade

Na Antiguidade Clássica, o Ocidente, principalmente na Grécia e em Roma, já dispunha de escolas tidas como de alto nível, para formar especialistas de classificação refinada em medicina, filosofia, retórica, direito. Discípulos se reuniam em torno de um mestre, cuja considerável bagagem de conhecimentos era zelosamente transmitida. Aos discípulos cabia aprender do mestre, espelho e modelo de aperfeiçoamento. Cada mestre conduzia a sua escola, fazia escola. Tinha-se, pois, nesses tempos, uma comunidade de discípulos gravitando em torno de um mestre, de um cabeça de escola.

As tumultuosas invasões bárbaras,[3] entre os séculos V e X, interromperam esse processo de ensino "superior".[4]

É, no entanto, entre o final da Idade Média e a Reforma (entre os séculos XI e XV) que propriamente nasce a universidade, identifican-

---

3. [N.R.] A denominação "invasões bárbaras" esteve bastante presente em nossos livros de história medieval. Hoje, compreendemos que os denominados "bárbaros" foram povos bastante desenvolvidos nas ciências em geral, que invadiram e ocuparam parte da Europa por um longo período, como os árabes, por exemplo. A denominação "bárbaros", hoje, é compreendida como povos não europeus.

4. Cf. Casemiro dos R. FILHO. Reforma universitária e ciclo Básico. In: Walter E. GARCIA (Org.). *Educação brasileira contemporânea*: organização e funcionamento; p. 196.

do-se logo "com sua sociedade e sua cultura, tornando-se efetivamente o órgão de elaboração do pensamento medieval".[5] A Igreja Católica desse tempo é a responsável pela unificação do ensino superior em um só órgão, a "universidade". Isto ocorre como resultante de todo um esforço da Igreja no sentido de fundamentar a sua ação política e religiosa, enquanto preparava seus quadros, o clero especificamente.

Observamos nessa época, por um lado, o forte clima religioso, determinado pela Igreja Católica, que, naquelas circunstâncias, gerava o dogmatismo, a imposição de verdades, tão a gosto dos ambientes autoritários ainda em nossos dias; as universidades não ficaram ilesas do ambiente dogmático. Por outro lado, é nesses tempos que nasce e se cultiva, nas escolas universitárias, o hábito das discussões abertas, dos debates públicos, das disputas como elementos integrantes do currículo e especificidade de certas disciplinas. É claro que tais debates sempre aconteciam sob a vigilância do professor que, além de moderador, garantia a ortodoxia das ideias e eventuais conclusões.

Manter a unidade do conhecimento básico para todas as especialidades e proporcionar aos futuros especialistas uma formação inicial unitária e geral é um esforço característico desse tempo. É claro que não podemos falar ainda de conhecimento científico, ao menos como é entendido hoje. Grande parte do trabalho intelectual desenvolvido nesses tempos gravita em torno das verdades da fé, religião e, para tanto, os estudos filosóficos — a Filosofia — são bastante cultivados. Aristóteles, Platão e outros filósofos gregos são muito explorados pela escolástica, cuja influência no pensamento ocidental é ainda hoje sentida. Não obstante, muitas das qualidades hoje requeridas para o trabalho científico, como por exemplo, rigor, seriedade, lógica do pensamento, busca da prova etc. iniciam a sistematizar-se por esses tempos. Outrossim, grandes pensadores surgem, organizam suas doutrinas, criam suas "escolas" de pensamento, formadas por crescentes grupos de estudiosos, que aderem a tais sistematizações e as defendem com

---

5. Newton SUCUPIRA. *A condição atual da universidade e a reforma universitária brasileira*. MEC, 1972. p. 7.

ênfase. Não nos esqueçamos, entretanto, de que a Igreja Católica mantinha severa vigilância sobre qualquer produção intelectual da época, talvez como exigência do próprio contexto social de então.[6]

Os movimentos da Renascença e da Reforma e Contrarreforma (século XVI) inauguram a Idade Moderna. É marcante nesse momento uma crescente rebelião burguesa[7] contra a ordem medieval, cujo resultado é, de um lado, o rápido desenvolvimento de uma mentalidade individualista e, de outro, o desenvolvimento da ciência moderna. Notamos, nesses tempos, uma considerável diversificação do conhecimento humano e uma fragmentação dos órgãos de transmissão do saber. O conceito de universidade torna-se, então, inconsistente com a realidade. Podemos dizer mesmo que a universidade existente não acompanha o espírito difundido pela Renascença e pela Reforma. Há sobre os seus quadros certa imposição de uma atitude defensiva, de guarda das verdades já constituídas, definidas e definitivas, estáticas e restritivas, no sentido de não acrescentar aos valores do passado as numerosas descobertas que se faziam. Nessa fase a universidade se caracteriza pelas repetições dogmáticas, ditadas, como verdades incontestáveis, de cátedras. Os dogmas eram impostos — ensinados — através de teses autoritariamente demonstrativas. Tais teses, se contestadas, geravam a ira das autoridades e das instituições guardiães da ortodoxia, o que implicava sempre em penas que variavam de acordo com a gravidade da contestação, como a fogueira, prisão, afastamento das funções, perda da cátedra, excomunhão, index etc. ... Aqui e acolá, ainda hoje, sofremos resquícios dessa época: o ensino autoritário, onde o professor assume a postura de quem detém o critério de verdade e o aluno simplesmente repete o professor e os livros de texto ou manuais; a arraigada dificuldade para o livre debate das ideias etc.

---

6. [N.R.] De fato, a Igreja Católica imperava soberana sobre a sociedade vigente, articulada com o poder civil e, então, para manter sua hegemonia, não podia admitir nenhuma leitura ou interpretação da realidade que não fosse através de seus cânones, considerados os únicos corretos e verdadeiros. A instituição da Inquisição é testemunha disso.

7. Convém notar que o sentido que se dá hoje ao termo burguesia, principalmente após a análise marxista, é diferente do que se entendia na Europa medieval.

No século XVIII surge, com os enciclopedistas, o movimento iluminista que questiona o tipo de saber estribado nas "*summas* medievais". Será, porém, o século XIX, com a nascente industrialização, o responsável pelo "golpe" à universidade medieval e pela entronização da universidade napoleônica — na França — caracterizada pela progressiva perda do sentido unitário da alta cultura e a crescente aquisição do caráter profissional, profissionalizante, na linha do espírito positivista, pragmático e utilitarista do Iluminismo.[8] A universidade napoleônica, além de surgir em função de necessidades profissionais, estrutura-se fragmentada em escolas superiores, cada uma das quais isolada em seus objetivos práticos.

Notamos, entretanto, que, ao lado da universidade napoleônica, surge também, em consequência das transformações impostas pela industrialização, uma outra mentalidade endereçada para a pesquisa científica. Há como que um despertar da letargia intelectual vigente e a universidade, então, tenta retomar a liderança do pensamento, para tornar-se centro de pesquisa. O marco dessa transformação ocorre em 1810, quando da criação da Universidade de Berlim (Alemanha), por Humboldt. A universidade moderna, enquanto centro de pesquisa, é, portanto, uma criação alemã, preocupando-se em preparar o homem para descobrir, formular e ensinar a ciência, levando em conta as transformações da época.[9] Maria de Lourdes Fávero ao analisar essa mentalidade nos lembra K. Jaspers (nosso contemporâneo, falecido em 1969) que diz:

> ensinar... é participar do processo de pesquisa. Só o homem voltado para a pesquisa pode realmente ensinar; do contrário, ele reduz seu trabalho a transmitir um pensamento inerte, mesmo sendo pedagogicamente ordenado, no lugar de comunicar a vida do pensamento.[10]

---

8. [N.R.] Não se pode esquecer que, na base histórica do Iluminismo, entre outros, estão os filósofos ingleses do século XVI, entre os quais Francis Bacon que afirmava que "conhecer é poder". Deter o conhecimento é deter um poder de ação.

9. Cf. Anísio TEIXEIRA. Uma perspectiva de educação superior no Brasil. *Revista de Estudos Pedagógicos*, n. 111, p. 22-4, 1968.

10. Maria de Lourdes FAVERO. Reflexões sobre universidade na sociedade atual. *Revista de Cultura Vozes*, n. 6, p. 20, 1975.

Em 1851, o cardeal Newman, fundador da Universidade de Dublin, Irlanda, sonha com uma Universidade que seja lugar do ensino do saber universal. Percebemos, assim, no pensamento de Newman, a aspiração por uma universidade que seja centro de criação e difusão do saber, da cultura. Até nossos dias aspiramos a tais qualidades para nossa universidade.

Observamos que nesse esforço de construção da universidade europeia há, concomitantemente, uma busca pela livre autonomia universitária, como condição indispensável para questionar, investigar, propor soluções de problemas levantados pela atividade humana. A sociedade como um todo cabia suscitar e manter um clima de liberdade, como garantia de uma ação racional de crítica, de autonomia cultural da nação, condições necessárias a um povo que buscava sua identidade e autodeterminação social e política.

## 1.2 A universidade no Brasil

Até 1808 (chegada da família real ao Brasil), os luso-brasileiros faziam seus estudos superiores na Europa, principalmente em Coimbra — Portugal. Há notícias de 2.500 brasileiros diplomados até 1808, em sua maioria religiosos. Portugal não permitia, apesar dos esforços dos jesuítas, a criação de uma universidade no Brasil. Já nos demais países da América Latina, de colonização espanhola, o comportamento foi outro.[11]

Com a vinda de Dom João VI para a Colônia, é instituído aqui o chamado ensino superior. Nascem as aulas régias, os cursos, as academias, em resposta às necessidades militares da Colônia, consequência da instalação da Corte no Rio de Janeiro.

A Faculdade de Medicina da Bahia (1808) é resultante da evolução de cursos — durante a época colonial — de anatomia, cirurgia e me-

---

11. Em Lima, Peru, 1551; México, 1553; Córdoba, Argentina, 1613; Santo Domingo, 1538; Bogotá, 1622; Cuzco, Peru, 1692; Havana, 1728; Santiago, Chile, 1783.

dicina; as Faculdades de Direito de São Paulo e Recife (1854) resultam dos cursos jurídicos.[12] Em 1874, separam-se os cursos civis dos militares, com a constituição da Escola Militar e Escola Politécnica do Rio de Janeiro. Logo depois, em Ouro Preto — Minas Gerais — é inaugurada a Escola de Engenharia. Por volta de 1900 estava consolidado, no Brasil, o ensino superior em forma de Faculdade ou Escola Superior.[13]

A partir de 1930 inicia-se o esforço de arrumação e transformação do ensino superior no Brasil. O ajuntamento de três ou mais faculdades podia legalmente chamar-se de universidade. É nesses termos que se fundam as Universidades de Minas Gerais — reorganizada em 1933 — e a Universidade de São Paulo, que em 1934 já expressa uma preocupação de superar o simples agrupamento de faculdades.

Em 1935, o "profeta" Anísio Teixeira pensa uma universidade brasileira como centro de debates livres de ideias. Seria, provavelmente, a primeira universidade realmente universidade. Mas, com a chegada da ditadura, com a implantação do Estado Novo em 1937, caiu por terra o sonho do extraordinário Anísio Teixeira, porque as ditaduras são incompatíveis com os debates e a verdadeira universidade deve ser edificada sobre e a partir do debate livre das ideias.

Até mais ou menos 1960 continuamos com os agrupamentos de escolas e faculdades. Mas as ideias não morrem, apesar de muitos dos seus criadores serem decapitados. Por isso é que renasce com força a ideia de Anísio Teixeira, agora com a liderança de um seu amigo e discípulo, e como a expressão da vontade das bases intelectuais do país: Darcy Ribeiro. Com uma equipe de intelectuais, em moldes novos, exigidos por uma realidade nova, elabora o projeto, convence os governantes e funda a Universidade de Brasília. Era a esperança de uma universidade brasileira, nascida a partir de uma reflexão nacional, sobre os problemas nacionais. Criava-se propriamente uma universi-

---

12. Já em 1827 se fala dos cursos jurídicos em São Paulo — São Francisco e em Olinda — São Bento (cf. Maria de Lourdes FÁVERO. *Universidade e poder*: análise crítica/fundamentos históricos: 1930-45. p. 34).

13. Cf. Casemiro dos R. FILHO. Op. cit., p. 196-7.

dade nova, numa cidade nova — Brasília — em circunstâncias totalmente novas. A ideia tomou corpo e foi bravamente iniciada a sua implantação. Mais uma vez, as forças contrárias à renovação das ideias impedem despoticamente o desenvolvimento da nascente universidade brasileira. Isso ocorre em 1964. A quase totalidade daquela equipe de professores foi afastada de suas funções de refletir, de renovar o saber. Em sua grande maioria, aqueles professores e cientistas emigraram e foram engrandecer o pensamento da humanidade em países estrangeiros, porque, aqui no Brasil, "não havia lugar para eles".

Em nosso país, mais que nos países latino-americanos colonizados pelos espanhóis, o processo de transplante cultural, ligado sempre aos interesses do colonizador, condicionou as funções das universidades existentes. Sempre importamos técnicas e recursos culturais. Nesses termos, Anísio Teixeira dizia que na

> universidade brasileira, além de preparar profissionais para as carreiras liberais e técnicas que exigem uma formação de nível superior, o que tem havido é uma preocupação muito fluída com a iniciação do estudante na vida intelectual. Daí poder-se afirmar que, ressalvando o aspecto habilitação profissional, a universidade brasileira não logrou constituir-se verdadeiramente como uma instituição de pesquisa e transmissora de uma cultura comum nacional, nem logrou se tornar um centro de consciência crítica e de pensamento criador.[14]

E Darcy Ribeiro constata que a universidade tem-se limitado a ser um órgão de repetição e difusão do saber elaborado em outras realidades e que muito pouco tem contribuído para uma integração nacional, consequência de uma análise crítica de nossa realidade.[15]

Percebemos, por conseguinte, que as funções da universidade existente no Brasil, mesmo após a dita independência política, continuam a ser de absorção, aplicação e difusão do saber humano, fruto da atividade intelectual dos grandes centros técnico-científicos das

---

14. Anísio TEIXEIRA. *Educação no Brasil*, p. 235-6.
15. Convém ler o livro de: Darcy RIBEIRO. *A universidade necessária*.

nações desenvolvidas. Nossas escolas universitárias, quando muito, mantêm sua clientela informada dos resultados das investigações feitas sobre problemas de outras realidades e não daqueles emergentes das necessidades e desafios de nossa nação e de nosso povo.

Longe estamos de pensar que o problema da universidade brasileira pode ser refletido à margem do complexo e abrangente sistema educacional como um todo, com suas relações com o sistema político vigente, de orientação explicitamente tecnocrata e voltado para interesses dos grandes capitais internacionais. É esse quadro que determina um segundo ou terceiro plano para a educação nacional. Entretanto, mesmo diante de um quadro tão pouco promissor, constatamos a existência de centros universitários no Brasil que, sem medir esforços, lutam por conquistar a possibilidade de construção de uma personalidade universitária livre e crítica, aliando a ânsia do mais alto nível do saber à efetiva preocupação com os problemas nacionais. Portanto, ainda está viva uma tentativa de gerar, fazer nascer e crescer uma autêntica universidade brasileira. São sinais dessa conquista os esforços que fazem tantos intelectuais, dentro e fora do Brasil, de mostrar a realidade em que se move a nação; de propor um abrir de olhos aos responsáveis pelos seus destinos. Por outro lado, as camadas sociais se manifestam, os estudantes tentam se agrupar para pensar o que fazer, discutir o seu papel, descobrir o seu caminho, criar uma forma de atuação e interferência nos nossos destinos. É nestes termos que escutamos com esperança certos anúncios proféticos como, por exemplo, este da Conferência Episcopal Latino-Americana (Celam):

> estamos com uma educação uniforme em um momento em que a comunidade latino-americana despertou para a riqueza de seu pluralismo humano; passiva, quando já soou a hora para nossos povos de descobrirem seu próprio ser, pleno de originalidade; está orientada no sentido de sustentar uma economia baseada na ânsia do "ter mais", quando a juventude latino-americana exige "ser mais", na posse de sua autorrealização pelo serviço e no amor. Em especial a formação de nível médio e superior sacrifica com frequência a profundidade humana em nome do pragmatismo e do imediatismo para ajustar-se às exigências do

mercado de trabalho. Este tipo de educação é responsável pela colocação do homem a serviço da economia e não desta a serviço do homem.[16]

As bases universitárias, insatisfeitas com as tomadas de posição e com as decisões autoritárias, a exemplo da Lei n. 5.540/68 (Lei da Reforma Universitária), cujos efeitos, hoje, são nada animadores, mantêm acesa a esperança de que seja revitalizado o processo de transformação da universidade brasileira, ao lado do sistema educacional, ao tempo em que estuda para descobrir como interferir nos rumos da educação nacional.

E, então, na perspectiva de participar e interferir que a universidade é, urgentemente, chamada a abandonar seu papel tradicional de receptora e transmissora de uma cultura técnico-científica importada, com o rótulo de "desinteressada", e assumir a luta pela conquista de uma cultura, um saber comprometido com os interesses nacionais. Ela é chamada a assumir a formação de uma personalidade brasileira em diálogo, de igual para igual, com os demais centros de saber e da cultura, sem perder de vista que nós temos de reelaborar o

saber da humanidade em função de nossos problemas específicos, o primeiro dos quais é a busca de nossa identidade e autonomia culturais.[17]

Desse rápido mergulho na história da universidade podemos, em síntese, destacar alguns sinais da universidade que queremos: da Antiguidade Clássica, a comunidade de discípulos que, ouvindo e refletindo, tentava, ao redor de seu mestre, conservar e transmitir a cultura, os saberes e encaminhar cada um dos seus membros a tornar-se especialistas; da Idade Média, a universidade como órgão de elaboração do pensamento da época, identificada com sua cultura,

---

16. Conselho Episcopal Latino-Americano (Celam). Conclusões de Medellín sobre educação, *Cadernos da AEC do Brasil* — Documentos da Igreja sobre educação: AEC do Brasil, Rio de Janeiro, 1978. p. 43.

17. Casemiro dos R. FILHO. Op. cit., p. 200-1. Em vista de aprofundar toda uma análise da perspectiva da universidade latino-americana e em particular a brasileira, sugerimos a leitura de: Darcy RIBEIRO. Op. cit. ID., *UnB*: invenção e descaminho; Florestan FERNANDES. *Universidade brasileira*: reforma ou revolução.

centro de debates e discussões e a exigência de seriedade, rigor e lógica na demonstração das verdades; da universidade alemã, o seu entendimento como centro de pesquisa; de Newman, a dimensão de criação e difusão do saber e da cultura. Essas são manifestações efetivas do "fazer universidade" que a história registra. Faz-se necessário, no entanto, ressaltar que elas são fruto de um processo dialético: na Idade Média, por exemplo, se surgiu a universidade do debate, cria-se a vigilância da ortodoxia na produção intelectual. Saindo do clima de debates, a universidade assume, com a Renascença, uma postura de guardiã e defensora das verdades definidas e estáticas, para depois perceber que o conhecimento só evolui se é passível de crise, de questionamento.

Entre nós, no Brasil, o processo de nossa universidade não tem sido diferente: os primeiros sinais da instituição da universidade brasileira aparecem com a marca europeia da universidade napoleônica: são vários cursos profissionalizantes em instituições isoladas de nível superior. Na década de trinta nasce, com Anísio Teixeira, a ideia de uma universidade centro livre de debate das ideias, que é sepultada pelo Estado Novo. Novamente ideias tomam corpo e ressurgem esperanças de uma universidade nova, livre, criadora, encarnada e crítica, a Universidade, de Brasília, bloqueada bruscamente pelo movimento de 1964, com seu característico patrulhamento ideológico.

Todos esses passos e crises do processo deixam evidente que ideias não morrem e que, dialeticamente, o homem inteligente sempre soube construir o novo com as lições incorporadas das refletidas experiências do passado.

É com essa fé que vemos renascer sinais de uma universidade brasileira que quer descobrir-se universidade, para poder conhecer cientificamente a nossa realidade, refletir, analisar, criar proposições novas, sugerir e avaliar; não mais apenas repetir e importar; universidade voltada para o homem e não a exclusivo serviço da economia polarizada pelo lucro, desvinculada do sentido do homem, escravizada à tecnocracia. Na expectativa, enfim, de criar um clima de reflexão, de esperança, luta e transformação na história da universidade, pela qual somos corresponsáveis, é que lançamos os olhos sobre a universidade que temos e a denunciamos, enquanto abrimos os olhos para a universidade que almejamos e nos propomos a conquistar, construir.

## 2. A universidade que não queremos

Não queremos uma universidade-escola, em que se faça tão somente ensino, onde não exista efetivamente campo, abertura e infraestrutura que permitam e incentivem a pesquisa. Uma universidade sem pesquisa não deve, rigorosamente, ser chamada de universidade.

O ensino repetitivo é, geralmente, verbalístico, livresco e desvinculado da realidade concreta em que estamos. As aulas são constituídas por falações do professor e audições dos alunos, normalmente desmotivados. O aprendizado é medido pelo volume de "conhecimentos", informações memorizadas e facilmente repetidas nas provas, nunca refletidas ou analisadas.

Rejeitamos um modelo de universidade que não exercita a criatividade, não identifica nem analisa problemas concretos a serem estudados, que não incentiva o hábito do estudo crítico. Estudar, nesse modelo, é, simplesmente, ler matéria a fim de se preparar para fazer provas, e todo um processo de crescimento intelectual e aprofundamento, em determinada área ou disciplina, fica encerrado com o anúncio da nota ou conceito obtido na prova. O melhor professor é aquele que traz maior número de informações, erudições; o melhor aluno é o que mais fielmente repete o professor e seus eventuais textos nas provas.

Não queremos uma universidade desvinculada, alheia à realidade onde está plantada, simplesmente como uma parasita ou um quisto. Ser alheia, desvinculada ou descomprometida com a realidade é sinônimo de fazer coisas, executar ensino, onde o conteúdo como a forma não dizem respeito a um espaço geográfico e a um momento histórico concretos. Em outros termos, é verbalizar "conhecimentos", "erudições" sem uma paralela visão do contexto social, real e concreto. E vociferar indistintamente as mesmas coisas ditas na França, Estados

Unidos, URSS, Japão etc., sem levar em conta, criticamente, a heterogeneidade de lugar, de cultura, de tempo e das reais necessidades do aqui e do agora. Verdades estudadas há dez, cinco anos passados podem até continuar válidas, hoje, mas o jeito de estudá-las, de percebê-las é necessariamente novo, porque em dez, cinco, um ano, a realidade muda. Sacralizar verdades, conteúdos e formas é implicitamente apregoar uma mentalidade estática, avessa às modificações, dócil ao *status quo*, bloqueadora de qualquer crise, portanto, contrária ao crescimento, à evolução no sentido de construir um mundo onde o homem seja mais homem, sujeito de um processo e construtor de sua história.

Não queremos uma universidade na qual o professor aparece como o único sujeito, o *magister*, o mestre que fala, diz verdades já prontas, estruturadas, indiscutivelmente certas e detém os critérios incontestáveis do certo e do errado. O aluno é o ouvinte, o receptor passivo do que é emitido pelo professor-mestre; sua função é, portanto, de ouvir, aprender, isto é, memorizar e repetir bem o que lhe é transmitido. Trata-se de uma função nitidamente objetificante, porque resta ao aluno-objeto pouca ou nenhuma possibilidade de criação, de argumentação, a não ser aquela ditada pelo professor.

Percebemos que esse clima de estudo é objetificante e orientado para uma simples repetição cultural, reprodução de ideias sem qualquer força de criação contínua, de produção nova, uma vez que se bloqueia a fecundidade e o exercício da crítica.

Não queremos uma universidade onde a direção-administração — integrante fundamental do conjunto, mas nunca a definição última da universidade — surja a partir de organismos e razões outros que não os eminentemente pedagógicos e didáticos, indicada pura e simplesmente pelos donos do poder político e econômico sem a interferência de sua célula básica — aluno e professor — e aja como se fosse senhora de tudo, o centro da sabedoria e das decisões, à revelia do corpo de professores e alunos.

Em síntese, não queremos uma universidade originada da imposição e meramente discursiva.

## 3. A universidade que queremos

Queremos construir uma universidade, não uma simples escola de nível superior. Presumimos que, nessa universidade, todo o seu corpo seja constituído por pessoas adultas: todos já sabem muitas coisas a respeito de muitas coisas; portanto, por pessoas capazes de refletir e abertas à reflexão, ao intercâmbio das ideias, à participação em iniciativas construtivas. Nestes termos, todo o corpo universitário, professores — alunos — administração, precisa comprometer-se com a reflexão, criando-a, provocando-a, permitindo-a e lutando continuadamente para conquistar espaços de liberdade que assegurem a reflexão. Sem um mínimo de clima de liberdade, é impossível uma universidade centro de reflexão crítica.

Nesse centro buscaremos o máximo possível de informações a todos os níveis, a fim de que a realidade seja percebida, questionada, avaliada, estudada e entendida em todos os seus ângulos e relações, com rigor, para que possa ser continuamente transformada. Buscaremos, ainda, estabelecer uma mentalidade criativa, comprometida exclusivamente com a busca cada vez mais séria da verdade, através do exercício da assimilação — não simples deglutição — da comparação, da análise, da avaliação das proposições e dos conhecimentos.

A pesquisa será, em consequência, a atividade fundamental desse centro. Todas as demais atividades tomarão significado só na medida em que concorram para proporcionar a pesquisa, a investigação crítica, o trabalho criativo no sentido de aumentar o cabedal cognitivo da humanidade. Uma universidade que se propõe a ser crítica e aberta não tem o direito de estratificar, absolutizar qualquer conhecimento como um valor em si; ao contrário, reconhece que toda conquista do pensamento do homem passa a ser relativa, na medida em que se espaço-temporaliza. Há sempre a necessidade de um entendimento novo.

Por conseguinte, formando profissionais de alto nível tecnológico e fazendo ciência, a universidade deve ser o lugar por excelência do cultivo do espírito, do saber, e onde se desenvolvem as mais altas formas da cultura e da reflexão. A universidade que não torna a si esta tarefa de refletir criticamente e de maneira continuada sobre o momento histórico em que ela vive, sobre o projeto de sua comunidade, não está realizando sua essência, sua característica que a especifica como tal crítica. Isto nos quer dizer que a universidade é, por excelência, razão concretizada, inteligência institucionalizada, daí ser, por natureza, crítica, porque a razão é eminentemente crítica. Se entendemos a função específica da universidade como desenvolvimento da dimensão de racionalidade, poderemos visualizar o processar-se dessa mesma racionalidade em dois momentos complementares: primeiro, a racionalidade instrumental-crítica, porque tem a universidade a responsabilidade de formar os quadros superiores exigidos pelo desenvolvimento do país; segundo, a racionalidade crítico-criadora, porque sua missão não se esgota na mera transmissão do que já está sabido, ela deve fazer avançar o saber. Criadora e crítica, porque além de tomar consciência continuamente do que faz, deve se colocar em um processo permanente de revisão de suas próprias categorias, porque isso marca a historicidade crítica de uma instituição humana; criadora e crítica, porque específico da universidade é o esforço de ser e desenvolver nos seus membros a dimensão de uma consciência crítica, ou seja, aquele potencial humano racional constantemente ativo na leitura dos acontecimentos da realidade, para ver, para analisar, comparar, julgar, discernir e, finalmente, propor perspectivas racionais de ação, em acordo sempre com as exigências do homem que aspira a *sermais*, dentro do processo histórico. Para ser consciência crítica, portanto, a universidade deve estar continuamente em interação com a sociedade, a realidade que a gera e sustenta.[18]

Com essas pretensões, queremos construir uma universidade plantada em uma realidade concreta, na qual terá suas raízes, para que possa criticamente identificar e estudar seus reais e significativos problemas e desafios.

---

18. Essa temática foi objeto da Aula Inaugural da Universidade de Feira de Santana, por ocasião da abertura do ano acadêmico de 1978, dia 10 de março, proferida pelo professor Newton Sucupira. Na mesma perspectiva convém ler ainda: Délcio Vieira SALOMON. *Como fazer uma monografia*, p. 12-5.

Queremos uma universidade onde se torne possível e habitual trabalhar, refletir a nossa realidade histórico-geográfica nos seus níveis social, político, econômico e cultural, desde a esfera mais próxima, o município, a microrregião, o Estado, a região, o país, até as esferas mais remotas, o continente latino-americano, o Terceiro Mundo, o planeta. Estar atentos para os desafios dessa nossa realidade e estudá-los é a grande tarefa do corpo universitário.

Queremos, enfim, uma universidade "consciência crítica da sociedade", ou seja, um corpo responsável por indagar, questionar, investigar, debater, discernir, propor caminhos de soluções, avaliar, na medida em que exercita as funções de criação, conservação e transmissão da cultura. A universidade, entretanto, só poderá desempenhar tais funções quando for capaz de formar especialistas para os quadros dirigentes da própria universidade, do município, do Estado, da nação, com aguda consciência de nossa realidade social, política, econômica e cultural e equipada com adequado instrumental científico e técnico que, permitindo ampliar o poder do homem sobre a natureza, ponha a serviço da realização de cada pessoa as conquistas do saber humano. Propondo-se a formar cientistas, profissionais do saber, a universidade ajuda a sociedade na busca de encontrar os instrumentos intelectuais que, dando ao homem consciência de suas necessidades, lhe possibilitam escolher meios de superação das estruturas que o oprimem. Podíamos sintetizar as funções da universidade no esforço para imprimir eficácia na ação transformadora do homem sobre si mesmo e sobre as instituições que historicamente criou.[19]

Queremos produzir conhecimento a partir de uma realidade vivida e não de critérios estereotipados e pré-definidos por situações culturais distantes e alheias às que temos aqui e agora. Nesse contexto a validez de qualquer conhecimento será mensurada na proporção em que este possa, ou não, fazer entender melhor e mais profundamente a realidade concreta.

---

19. Casemiro dos R. FILHO. Op. cit., p. 208.

Queremos uma universidade em contínuo fazer-se. Não imaginamos um modelo definitivo de universidade, mas pretendemos achar, inventar, conquistar nosso modelo, na medida em que a estivermos construindo. Nesses termos, queremos criar um inter-relacionamento professor-aluno, fundamentado no princípio do incentivo à criatividade, à crítica, ao debate, ao estudo e, com isso, marcando a corresponsabilidade na condução do próprio processo. Trata-se, portanto, de criar uma relação entre dois sujeitos empenhados em edificar a reflexão crítica: de um lado o professor, sujeito de criação, coordenação, proposição de estudos, questionamentos e debates; de outro, o aluno, sujeito — nunca objeto — de seu aprendizado, exercitando e desenvolvendo seu potencial crítico, através de um esforço inteligente de assimilação, de criação, de questionamento.

Para que um tal clima se faça, é obviamente necessário que o professor esteja sempre bem informado da realidade como um todo, e de sua área de especialização em particular, através do estudo e pesquisa, a fim de que possa proporcionar a seus alunos temas de reflexão concretos, problemas e fontes de estudos, proposições criativas e originais, decorrentes da incessante observação crítica da realidade. Ocasionando o desenvolvimento do potencial de reflexão crítica dos alunos, o professor se torna um motivador do saber. Dessa forma não se trata mais de uma universidade em que um sabe e muitos não sabem, mas em que muitos sabem algo e querem saber muito mais. Enfim, uma universidade onde, além de se consumir conhecimento, professor e aluno optaram por criá-lo e produzi-lo. É nesse sentido que o Celam se expressa:

> o educando é o primeiro agente do processo educativo, é ele quem se educa a si mesmo[20]; ao educador compete apenas estimular e ordenar

---

20. [N.R.] A expressão de que é o educando "quem se educa a si mesmo" foi bastante utilizada entre os educadores, especialmente nos anos 1980, sob influência de Paulo Freire, que insistentemente chamou a atenção para a necessidade de que o educando fosse considerado um sujeito ativo. Todavia, importa saber que, de fato, o educando é o sujeito agente de sua educação, porém, ele não fará isso sozinho. Afinal, "nenhum homem é uma ilha", mas todos crescem juntos, numa relação dialética entre ensinante e ensinado, sendo que, em determinado momento,

inteligentemente esse processo, de maneira que não seja anulada a espontaneidade e criatividade do educando; pelo contrário, deve chegar a expressar em forma autenticamente pessoal o seu conteúdo.[21]

Enfim, cabe ao professor-educador descobrir, efetivamente, como ser *sujeito* em diálogo com a realidade, com o aluno; ao aluno, fazer-se *sujeito* em diálogo com o professor, com os demais companheiros, com a realidade social, política, econômica e cultural, para que nessa busca de interação seja construída a universidade, que jamais poderá existir sem professor e aluno voltados para a criação e construção do saber engajado, por isso transformador.

Queremos uma universidade democrática e voltada inteiramente para as lutas democráticas. O corpo universitário, professor-aluno e administração, necessita de espaço para assumir, cada um a seu nível, a responsabilidade pelo todo. É nesses termos que pretendemos um corpo universitário que lute para eleger seus diretores a partir de critérios que correspondam aos objetivos da universidade. Um corpo universitário não mais deve presenciar passivamente a nomeação de dirigentes universitários estribada em critérios antidemocráticos de simpatia, serviçalismo e subserviência ao poder dominante, político ou econômico.

Queremos, enfim, uma universidade onde possamos lutar para conquistar espaços de liberdade. Enquanto pensamos livremente, questionamos livremente, propomos livremente e livremente avaliamos a nossa responsabilidade.

---

um ensina e outro aprende. Os denominados "meninos lobos", como não tinham parceiros humanos, aprenderam com os animais, com os quais conviveram. Na prática educativa, há, pois, necessidade de um educador, um adulto com quem o educando se relaciona e aprende.

21. CELAM. Op. cit. p. 49.

**PARTE II**

# Produção e transmissão do conhecimento como forma de fazer universidade

**[N.R.]** Imbuído da compreensão do significado do "fazer universidade", o estudante, agora, é convidado a assumir o seu papel de sujeito do conhecimento, aquele que se dedica a compreender a realidade e a tornar pública essa compreensão como um recurso necessário a si e aos outros para o bem viver.

A Segunda Parte deste livro é dedicada à produção e transmissão do conhecimento como missão própria da universidade. A universidade se faz universidade à medida que pratica atos cotidianos de pesquisar, ensinar e divulgar conhecimentos.Dessa forma, importa que metodologicamente o estudante compreenda o que é o conhecimento e seu papel na vida humana (cap. 1), os tipos de conhecimento que compete à universidade cuidar (cap. 2), as condutas éticas do pesquisador (cap. 3) e, por último, um pouco de história da produção e transmissão do conhecimento no Brasil (cap. 4). Com o estudo dos capítulos desta parte do livro esperamos e desejamos que o estudante universitário incorpore e transpire em seus atos a universidade como uma instituição viva. Nada se faz na vida que não tenha uma conotação ética. Como é agir eticamente na produção e transmissão do conhecimento? De fato, formar-se metodologicamente, assimilando, produzindo e transmitindo conhecimentos, significa aprender a agir eticamente como pesquisador e divulgador de conhecimentos, isto é, um ser humano que incorporou a universidade como uma instituição viva. Então, o propósito desta Terceira Parte do livro — estudando o conhecimento, condutas na sua produção e a história da produção de conhecimento no país — é auxiliar o educando a imbuir-se do papel de sujeito do conhecimento.

# O conhecimento como compreensão do mundo e como fundamentação da ação

**CAPÍTULO 1**

[N.R.] Compreender o que é o conhecimento, assim como seu papel na vida humana, é ponto de partida para poder servir-se de recursos metodológicos para apreendê-lo e produzi-lo, tendo em vista colocá-lo a serviço da vida. Este capítulo tem a intenção de possibilitar aos educandos a compreensão do que é o conhecimento, do ato de conhecer, bem como o seu significado na vida individual e coletiva. Os autores acreditam que o papel do educador é auxiliar cada educando a compreender isso, verificando a importância do ato de conhecer para si mesmo e para o seu relacionamento com o mundo. Conhecer é um ato fundamental e libertador na vida humana. Quem conhece sabe *o que* fazer, assim como *o modo* de agir.

Agimos entendendo e entendemos agindo! Dois atos nossos que, evidentes, saltam-nos aos olhos, imediatamente, quando nos colocamos a mirar o nosso modo de ser. Na medida em que agimos, buscamos compreender o mundo no qual e com o qual agimos e, na medida em que o compreendemos, cuidamos de reordenar e reorientar nossa ação, "iluminados" pelo entendimento conseguido.

A ação é elemento fundamental — é básico — para que haja entendimento e o entendimento transforma-se em suporte poderoso da condução da ação. Imbricadamente, num todo que só didaticamente podem ser separados, os atos de "agir entendendo" e de "entender agindo" caracterizam, distintivamente, o modo de ser do ser humano.

O conhecimento — como entendimento do mundo — não é, pois, um enfeite ou uma ilustração da mente e da memória, mas um mecanismo fundamental para tornar a vida mais satisfatória e mais plenamente realizada.

Pretendemos, aqui, neste capítulo de abertura das discussões das questões do conhecimento, discuti-lo como uma forma ao mesmo tempo teórico-prática e prático-teórica de compreender a realidade que nos cerca e não simplesmente como uma "ilustração verbalística" da mente, processada, no geral, pela educação institucionalizada. Ou seja, pretendemos meditar em torno da ideia de que o conhecimento é o produto de um enfrentamento do mundo realizado pelo ser humano que só faz plenamente sentido na medida em que o produzimos e o retemos como um modo de entender a realidade, que nos facilite e nos melhore o modo de viver, e não, pura e simplesmente, como uma forma enfadonha e desinteressante de memorizar fórmulas abstratas e inúteis para a nossa vivência e convivência *no* e *com* o mundo.

## 1. O conhecimento como mecanismo de compreensão e transformação do mundo

Estamos no mundo e enfrentamos os seus desafios. Ao nascermos, somos dados *num* mundo e submetidos às suas leis, ao mesmo tempo em que, ao longo da duração, o enfrentamos e *com ele* fazemos muitas coisas. Transformamo-lo, segundo nossas necessidades, tornando-o "dócil" ao nossos anseios.

Dentro deste mundo no qual somos dados, percebemo-nos diversos dele e compreendemo-lo como "outro", como um contexto que nos desafia com suas resistências a que o enfrentemos e o tornemos mais nosso, no sentido de que ele seja arrumado e ordenado segundo o nosso modo de ser. Fazemos do mundo, que nos é dado, um mundo propriamente humano: um mundo cultural. E isso se dá pela prática do nosso viver e sobreviver neste mundo.

Isto significa, entre outras coisas, que temos o mundo às mãos, com os seus seres, com os seus elementos. Nossa vida, no mundo, consiste, pois, em tratar com as coisas, sob diversas formas. Elas estão aí na nossa vida e para a nossa vida. O nosso tratamento com elas manifesta-se de modo enormemente variado. Enquanto vivemos no mundo e com o mundo, praticamos variadíssimos atos: observamos a natureza e nos alegramos com ela e, às vezes, a tememos; plantamos árvores, modificamos paisagens, construímos equipamentos, nos relacionamos com outras pessoas, transpomos distâncias... Todos estes atos e muitíssimos outros são acompanhados de um ato especial: o ato de pensar. Praticamos ações com as coisas do mundo, ao mesmo tempo em que pensamos nelas, no seu modo de ser e no seu modo de reagir à nossa ação. Pensamos, também, em nosso próprio ato de praticar. Somos capazes de nos ver a praticar estes atos, entendendo o que está ocorrendo. Ou seja, somos seres de *re-flexão*: possuímos a capacidade de fletir (dobrar) sobre nós mesmos e entendermo-nos em nosso modo de ser e entender o mundo em seu modo de ser. Compreendemos o mundo, enquanto com ele praticamos e nos compreendemos em nossa própria prática.

Nesse nosso processo de compreender o mundo, vamos identificando que parte dos seus elementos nos são úteis, que outros nos são agradáveis, que outros, ainda, nos são inúteis e desagradáveis, [...] e que muitos nos opõem resistência, nos dificultam a vida. E, para viver, temos que enfrentá-los, temos que contorná-los, temos que estabelecer *rodeios*, para encontrar o meio de compreendê-los e transformá-los em realidade satisfatória às nossas necessidades. Desde a mais tenra infância até a mais vetusta idade, teremos no mundo uma fonte constante de mistérios que nos desafiam a imaginação e a inteligência, na busca de compreensão, na busca de entendimento.

Esta ação de pensar as coisas com as quais vivemos, dá uma dimensão nova a tudo: a dimensão significativa da compreensão. Enquanto não entram na esfera da compreensão, as coisas do mundo são somente seres existentes e não objetos para o ser humano. Estando no mundo, submetido às suas leis, conseguimos, pelo processo de entendimento, desvencilhar-nos dessa submissão, na medida mesmo em que agimos sobre ele, nos distanciamos, transcendendo-o. Pelo ato dialético de entender, entranhado em nossos atos de transformar, as coisas adquirem um modo de ser: não são mais coisas opacas e sim "iluminadas", conhecidas, entendidas.

Temos como pressupostos básicos que o conhecimento só nasce da prática com o mundo, enfrentando os seus desafios e resistências e que o conhecimento só tem seu sentido pleno na sua relação com a realidade. Muitas de nossas práticas escolares — a maioria delas —, por não levar a sério esta compreensão do fenômeno do conhecimento, escamoteiam-no. Substituem, falsamente, os desafios da realidade por desafios (armadilhas) articulados em "tarefas" e testes ditos "difíceis". As dificuldades naturais, desafiadoras da imaginação criativa, são substituídas por dificuldades falsas e abstratas, impostas por um modelo autoritário do sistema educacional. O que importa, na escola, na maioria das vezes, não é conhecer o mundo e a realidade, mas "saber responder", à imagem e semelhança do mestre, as questões que ele coloca. Torna-se, assim, mais importante satisfazer o autoritarismo do mestre que a verdadeira autoridade da realidade.

O conhecimento, enquanto entendimento e compreensão da realidade, faz o ser humano um ser diverso dos demais, na medida em que lhe possibilita fugir da submissão à natureza.

Enquanto o animal se submete à natureza — nos diz Leônidas Hegemberg —, o homem aprendeu a discernir, no que o cerca, aquilo que lhe causa mágoa e terror daquilo que lhe agrada e lhe é útil. Aprendeu a usar os objetos para adaptar-se à circunstância ou para modificá-la, tornando-a mais acolhedora e agradável. O caos se altera: sobre o enigmático dado primitivo constrói-se um *mundo*, isto é, uma circunstância dotada de uma interpretação. O homem altera o meio, dá-lhe contornos e organização, transforma-o em mundo, local em que pode viver com maior ou menor facilidade, porque muitas coisas já não são misteriosas, mas úteis ou inúteis, atraentes ou repugnantes.[1]

A submissão ao peso e opacidade do mundo é substituída pela transcendência decorrente do entendimento, tornando o ser humano "senhor da situação". O fato de conseguir organizar os dados do mundo, segundo o nosso modo de ser e segundo as nossas necessidades, significa que, pela nossa ação e entendimento, conseguimos superar as regras do mundo, às quais estaríamos submetidos caso não existisse a nossa capacidade de conhecer. Os animais vivem no mundo, exclusivamente submetidos às suas leis; nós, seres humanos, vivemos no mundo e com o mundo, porque estamos aí, mas possuímos a capacidade de "fazer coisas" *com* o mundo, tornando-o nosso, satisfatório às nossas necessidades. Transcendemo-lo!

Por conhecimento, pois, aqui, entendemos não só a compreensão teórica de alguma coisa, mas também a sua tradução em "modo de fazer", em tecnologia. Aliás, entendimento e "modo de fazer" são duas faces inseparáveis do mesmo ato de conhecer. Teoria e prática, ação e reflexão são elementos indissociáveis de um todo, que só didaticamente podem ser distinguidos.

Na medida em que não conhecemos suficientemente uma situação, podemos ser o seu objeto, por estarmos inteiramente submetidos a ela,

---

1. Leônidas HEGEMBERG. *Explicações científicas*, p. 21.

por estarmos quase que "afogados" nela. Lembremo-nos de situações onde cada um de nós, por desconhecer o significado das coisas e suas relações, entramos praticamente em pânico. Situações sociais, situações psicológicas, situações de saúde... O desconhecimento nos magnetiza pelo medo. Proporcionalmente, enquanto vamos saindo do nosso estado de ignorância a respeito de uma dada situação, vamos nos tornando o "seu senhor", dominando-a, pela compreensão teórico-prática, pela transformação tecnológica. A saída da ignorância é um dos modos de libertar-nos da sujeição e processarmos a transcendência.

O conhecimento é uma capacidade disponível a nós, seres humanos, para que processemos de forma mais adequada a nossa vida, com menos riscos e menos perigos. O conhecimento tem o poder de transformar a opacidade da realidade em caminho "iluminado", de tal forma que nos permite agir com certeza, segurança e previsão.

O entendimento do mundo — como conhecimento — se faz tanto em situações simples do dia a dia quanto em situações complexas dos laboratórios científicos. Pode ser produzido em todas as situações em que nos encontramos: diante de um desafio, diante de uma impossibilidade que nos obstaculize a ação. Estas oportunidades impeditivas da ação podem ocorrer-nos tanto na cozinha da nossa casa quanto na rua, no trabalho do campo quanto na indústria, nas brincadeiras das crianças quanto nos laboratórios de pesquisa. A prática do conhecimento não é, pois, privilégio de ninguém. Mas um direito de todos os seres humanos, dotados de consciência. O privilegiamento que se faz do contexto escolar, como o nicho sagrado onde se produz e de onde emana o conhecimento, está baseado num posicionamento ideológico que pretende obscurecer o fato de que todos conhecem e podem conhecer, assegurando um esquema de autoritarismo, onde a verdade deve ser ditada pelos mestres para os discípulos, pelos escolarizados para os não escolarizados.

Para esclarecer este ponto de vista vamos aos fatos, ainda que fictícios. Fictícios, sim, porém suficientemente generalizadores e representativos de nossas práticas constantes do conhecimento.

Um camponês, por exemplo, pratica o plantio de um determinado produto, numa determinada terra, numa determinada época do ano, com determinado modo de plantar. Passados os intervalos de germinação, crescimento e maturação, o seu plantio não apresenta os resultados esperados. O impasse está posto, uma resistência da realidade à ação humana. Que foi que houve? Por que a roça não produziu? Essas e muitas outras perguntas são geradas na intimidade mesma da prática. E, então, passar-se-á a verificar se foi a qualidade da terra que não era boa para o tipo de produto cultivado, se o plantio foi feito em período inadequado do ano, se as sementes eram de qualidade satisfatória. Enfim, se faz um esforço de identificar onde está a possível explicação do desfecho malsucedido da prática do plantio. Encontrada uma resposta plausível para o impasse, será necessário testá-lo novamente na prática do roçado, a fim de verificar se a resposta inventada sobre os dados observados tem sustentação, ou seja, se ela será "bem-sucedida" e, consequentemente, certa. Se for certa, garantirá a "alimentação" de um agir mais satisfatório, mais seguro, pois que se saberá evitar o erro anterior. Se não surgirem novos desvios decorrentes de fatores ainda não conhecidos e controlados, os resultados futuros da ação serão previsíveis e, evidentemente, satisfatórios. Ter-se-á, assim, adquirido um novo conhecimento, uma nova compreensão da realidade, procedente da tomada de consciência sobre uma prática exercitada no dia a dia.

Na vida social e política cotidiana, ouvimos os discursos dos pretendentes a postos parlamentares. Aceitamos, por vezes, as suas posturas, compromissos públicos, mas só os fatos, a sua prática parlamentar, nos garantirão um conhecimento crítico do seu modo de ser e de agir. Só ao longo da observação da prática dos nossos representantes políticos, que podemos adquirir um efetivo conhecimento de como eles efetivamente são. Só através desse mecanismo, podemos descobrir — conhecer o seu modo de ser.

Muitas outras situações do dia a dia poderiam ser relembradas aqui, a título de exemplificar o fato de que o conhecimento se dá em todas e quaisquer situações das mais corriqueiras às mais elaboradas.

Num processo de laboratório, o conhecimento realizar-se-á de maneira semelhante. O pesquisador profissional, após observação de certos "impedimentos", certos desafios apresentados pela realidade à prática humana, inventará hipóteses explicativas para esses fatos e passará a testá-las em laboratório, tendo em vista verificar a sua verdade ou não. O seu problema de pesquisa nasce da observação de práticas de outras pessoas ou de sua própria prática; e o teste de suas hipóteses explicativas é prático, também. O cientista, prevendo resultados de sua experiência, executa-a, controlando variáveis, na tentativa de identificar a resposta correta para o impasse observado. Encontrada a solução "bem-sucedida", tem-se um novo conhecimento — que se traduz em uma nova compreensão do mundo circundante — que possibilitará nova ação, com mais segurança e mais previsão.[2]

O mesmo processo ocorre com a busca de compreensões morais e jurídicas que norteiem a prática social de um determinado grupamento humano. Cada povo, dentro de suas relações e práticas históricas, busca e encontra compreensões valorativas que ditem as regras sociais e morais do "jogo da vida" entre as pessoas. Na medida em que uma cultura entra em crise, os seus valores são revistos e reinventados. Os velhos valores são substituídos dialeticamente por novos. As anteriores compreensões valorativas da vida são substituídas por novas que vêm atender às necessidades emergentes.

Não há, pois, conhecimento que se faça fora da prática do sujeito com o mundo que o cerca, e ao qual é necessário compreender, pela criação de significados e sentidos.[3]

Os conhecimentos que ocorrem parceladamente, nas diversas práticas, físicas ou espirituais, na sua síntese, compõem uma compreensão geral do mundo, que possibilita uma ação coerente e globalmente direcionada. O mundo, ao menos o mundo perceptível por cada um,

---

2. [N.R.] Hoje, está claríssimo que a investigação científica se assenta sobre quatro práticas fundamentais: ter um problema de investigação, claro e preciso; ter uma hipótese plausível de interpretação ("leitura") da realidade investigada; coletar dados da realidade compatíveis com o problema e a hipótese formulados; por último, proceder a uma consistente leitura dos dados, justificando ou negando a hipótese de resposta ao problema. Sem esses cuidados, não se tem ciência.

3. Sobre o tema da prática como elemento fundamental para a produção do conhecimento poder-se-á estudar com muito proveito o livro *Dialética do conhecimento*, de Caio Prado JÚNIOR, publicado pela Editora Brasiliense.

deve ser entendido globalmente para que se possa desenvolver uma ação coerente e adequada.

Contudo, esse conhecimento, que vimos analisando, não se processa tão individualmente como pode estar parecendo. Ele se dá no social e no histórico.[4] A realidade do mundo, que nos circunda, mediatiza as nossas consciências. Serve de núcleo e objeto de pensamento e reflexão de diversos indivíduos, ao mesmo tempo. Numa roda de samba, o que une as pessoas é o ritmo e harmonia da música que faz com que cada um saia de si mesmo e se coloque no movimento do grupo. Todos são mediatizados pela música, como fator que une a todos. A realidade, no caso do conhecimento, é o fator que une todas as consciências no esforço de busca de sua compreensão. Não é um indivíduo sozinho, como um bruxo fechado e isolado em seu sótão, que vai encontrar a solução e a saída para os impasses que a vida lhe apresenta. Mas é o indivíduo relacionado a outros indivíduos pela mediação da realidade, que poderá encontrar uma saída. *O conhecimento é social.*

Se, aqui e agora, não existem outras pessoas discutindo conosco, neste mesmo momento, existem outras pessoas pensando sobre a mesma realidade, comunicando seus pensamentos, seja de modo oral, seja de modo escrito. O entendimento que adquiro da realidade não é um entendimento somente meu. Faço-o sinteticamente, na medida mesma em que me ilumino na relação com outras consciências.

Além de ser social, o conhecimento que, aqui e agora, produzimos, não nasce "de pronto", "ex-abrupto". *Ele é histórico.* Nada se apresenta como definitivamente pronto, sem que antes tenha sido germinado no tempo.[5] Para produzirmos a compreensão que temos de um impasse que se nos apresenta hoje, utilizamos múltiplas contribuições do

---

4. [N.R.] Hoje, temos clareza de que um pesquisador é dialeticamente condicionado e condicionador de sua época. Suas pesquisas nascem no seio da ciência existente, mas, ao mesmo tempo, têm por objetivo responder àquilo que ainda não foi solucionado. O pesquisador representa sua época, e, concomitantemente, abre portas para o futuro. Ele recebe influências socioculturais de sua época e, simultaneamente, subsidia o presente e o futuro. Há aí uma relação dialética entre indivíduo (pesquisador) e coletivo (cultura).

5. Cf. Pierre Teilhard de CHARDIN. *O fenômeno humano.*

passado, mesmo que se manifestem como entendimentos de partes isoladas do nosso presente objeto de discussão. Para exemplificar: uma caneta esferográfica que agora tenho aqui em minha frente, deposita-da no porta-canetas, não é fruto só deste momento atual de criação. Ela é totalmente nova, mas traz, entranhada em si, toda uma história de contribuições. As primeiras preocupações com a escrita, a escrita com carvão, a invenção das tintas coloridas, a produção de escrita com penas de aves, a invenção das penas de metal, as canetas-tinteiro... todos são exemplos de conhecimentos precedentes e protótipos histó-ricos que possibilitaram a criação de uma caneta totalmente nova, diferente de todas as anteriores, mas abeberando-se de todas as suas contribuições: a esferográfica.

A compreensão do mundo que possuímos hoje, seja nos seus as-pectos diários, seja nos seus aspectos científicos, seja nos seus aspectos filosóficos, é produto de uma prática que se faz social e historicamen-te situada.

## 2. O conhecimento como uma necessidade para a ação

Além da capacidade distintiva do ser humano, que se manifesta pelo exercício do entendimento e organização do mundo, o conheci-mento é uma necessidade.

Em primeiro lugar, o conhecimento é uma necessidade enquan-to *modo de "iluminação" da realidade*. Não se pode agir a não ser que se "veja" o caminho. Na nossa prática de visão física, sabemos que não conseguimos nos movimentar, sem que tenhamos o senso da direção e o dimensionamento dos obstáculos e das passagens livres. Quando, estando em um ambiente qualquer, falta, inesperadamente, a incidência de luz, sentimo-nos um tanto inseguros e isto se mani-festa pelo nosso ato de parar imediatamente, tentando algum tipo de acomodação visual. No momento em que os vultos dos objetos se nos delineiam novamente, reiniciamos nossos movimentos, movimentos gerais evidentemente, desde que ações minuciosas dependerão de incidência de claridade suficiente para o seu exercício. Analogicamente, isto também ocorre com o conhecimento. Ele é necessário como uma "luz" que ilumina o nosso caminho, na prática da ação com as coisas do mundo circundante. Não haverá, aqui também, como agir com critério, sem que se tenha uma clareza de como é a realidade, quais são suas resistências, os modos (rodeios) necessários para dominá-la. Por desconhecermos o modo de agir adequadamente sobre alguma resistência do mundo, em nossa ação, nem sempre conseguimos atingir aquilo a que nos propomos. Se conhecêssemos tudo, tanto nos aspectos teóricos quanto tecnológicos, certamente que não teríamos erros e dificuldades na tentativa de atingir os nossos objetivos.

Sempre algum tipo de explicação para a realidade torna-se necessário, mesmo que seja mágico. Os nossos indígenas, os grupamentos humanos intitulados de primitivos, e mesmo grupos humanos hodiernos manifestam interpretações da realidade que não têm sustentação na realidade, mas que são compreensões provisórias, porque é necessário ter alguma compreensão. Para exemplificar, vamos nos lembrar do fato que para os nossos indígenas o trovão significava a ira da divindade. Essa compreensão não é compatível com a realidade das descargas elétricas atmosféricas constitutivas do trovão, todavia era um tipo de compreensão que lhes dava uma segurança. A segurança de que com rituais mágicos disponíveis conseguiriam aplacar a divindade e livrar-se do perigo. Quantos de nossas famílias, ainda hoje, diante das tempestades, não acendem velas bentas e queimam palmas da semana santa? Quantos não recorrem ainda aos "bozós",[6] seja para retirar o "mau olhado" ou para botá-lo? Compatível ou não com a realidade, uma forma de compreensão torna-se necessária, pois que não se consegue viver e sobreviver sem algum tipo de acomodação cognitiva sobre o mundo.

---

6. [N.R.] O termo "bozó" é comum na cultura do Nordeste do Brasil para designar um ritual mágico, utilizado a favor ou contra alguma coisa ou alguém. Usualmente são "oferendas" dedicadas a determinadas entidades do "mundo espiritual", pedindo um benefício ou um mal para outros e sempre um benefício para si.

Todavia, sabemos que o conhecimento necessário para o ser humano é o conhecimento verdadeiro, compatível com a realidade e suficientemente funcional para a vida humana. Só a criticidade do conhecimento pode fazê-lo satisfatório.

Decorrente deste primeiro aspecto, o segundo que se nos apresenta é que o conhecimento é necessário para o progresso, para o desenvolvimento de um mundo cada vez mais adaptado ao atendimento das necessidades do ser humano. Isto não quer dizer que tudo o que já se tenha feito com o conhecimento tenha sido para o bem estar do ser humano. Muita coisa já foi realizada com este mesmo mecanismo em detrimento de necessidades humanas básicas. Contudo, o conhecimento é uma carência que, se não atendida, o desenvolvimento não se faz. Como temos visto anteriormente, ele é condição da ação adequada. E o progresso só pode ser feito com ações adequadas.[7]

## 3. O conhecimento como elemento de libertação

O conhecimento, como compreensão da realidade e como necessidade para o ser humano, pode ter uma função de libertação ou de opressão.

Enquanto o conhecimento serve de mecanismo ao ser humano para que atue de maneira mais adequada e mais condizente com suas necessidades, é libertador.

Liberta o sujeito do temor do desconhecido, colocando-o como "senhor da situação" e não como seu "objeto". Uma situação absolutamente desconhecida pode ser temerosa e apavorante. Não se sabe o que fazer com todos os seus elementos, pois que eles nada dizem e podem nos inibir totalmente, agredindo-nos, inclusive.

---

7. [N.R.] A expressão "ações adequadas" necessita ser compreendida de dois pontos de vista: 1) adequadas porque sustentadas num conhecimento comprovadamente certo, segundo os limites da metodologia existente, e 2) adequadas porque justas do ponto de vista da ética, isto é, da relação com o outro.

O conhecimento liberta o sujeito porque lhe dá independência e autonomia. Desde que se saiba, que se conheça, pode-se agir sem estar dependendo da alienação de nossas necessidades a outros. Isto não quer, de forma alguma, negar a necessidade que possuímos de interrelação social. Falamos aqui da alienação mesmo, isto é, entrega do poder pessoal ao outro, devido ignorância de como agir.[8] Quando não sabemos como cuidar do nosso corpo, alienamo-lo ao médico, confiando que ele seja profissionalmente competente e moralmente idôneo. Infelizmente, nem sempre o é. Quando não podemos, por dispositivos de lei, gerir nossos interesses jurídicos, alienamos nossos direitos ao advogado, que, munido de aparatos socialmente definidos e aceitos na maior parte das vezes, usufrui dessa situação. Desconhecer nossos direitos torna-nos seres dependentes. Ignorar nossas capacidades e nossos poderes de luta e transformação conduz-nos ao entreguismo e ao comodismo social e histórico. Os detentores de qualquer tipo[9] de poder aproveitam-se de nossas alienações.

O conhecimento pode ser libertador não só de indivíduos como de grupos humanos e de nações. Nos tempos atuais, a detenção do conhecimento é um tipo de poder disputado entre as nações. Conhecimentos de diversos âmbitos, são transformados em "segredos de Estado", a fim de que não sejam repassados a outras nações e possam vir a ser utilizados no futuro com exclusividade, tendo em vista o aumento do próprio poder.

As nações desenvolvidas e avançadas, num processo de preservação do seu poder, impedem, por todos os meios possíveis, que os países subdesenvolvidos e em vias de desenvolvimento processem conhecimentos novos. Os países não avançados da civilização ocidental, segundo esta posição, devem manter-se fiéis na dependência cultural e, evidentemente, política e econômica. As grandes indústrias multinacionais não investem em educação e pesquisa nos países

---

8. [N.R.] Para esta edição, tendo em vista precisar como está sendo compreendido o termo "alienação", foi acrescentada à frase original de 1984 a expressão: "[...] isto é, entrega do poder pessoal ao outro, devido ignorância de como agir".

9. Cf. José Leite LOPES. *Ciência e libertação*.

periféricos[10] do Terceiro Mundo. Investem, sim, em seus países de origem, de onde devem vir os conhecimentos e as tecnologias a serem consumidas pelos povos subdesenvolvidos ou em vias de desenvolvimento. Diante disso, está claro que o conhecimento e sua produção independente é uma das formas de libertação. Só para exemplificar, importa lembrar que, em 1948, aproximadamente, havia no Rio de Janeiro, no Brasil, um grupo de cientistas, físicos especialmente, preocupados com a energia nuclear. Por mais que profetizassem e fizessem projetos e propostas ao governo brasileiro, não conseguiram suficiente ajuda para desenvolver os conhecimentos sobre energia nuclear em nosso país. Agora, na década de 1980,[11] trinta anos após aquelas propostas, estamos, dependentemente, comprando um sistema gerador de energia nuclear de povos colonialistas,[12] tornando-nos mais dependentes do que já o somos. No entanto, se os cientistas de 1948 tivessem sido ouvidos, o país, hoje, não só não necessitaria de estar a adquirir sistemas desconhecidos de energia nuclear, mas poderia estar a oferecer e a permutar esses sistemas, desde que teria desenvolvido conhecimentos suficientes para a sua independência.

Contudo, se o conhecimento é um mecanismo de libertação, pode ser usado também como um mecanismo de opressão dos outros. Do ponto de vista individual, praticamente todos os profissionais podem usar o seu conhecimento em detrimento do seu cliente. Nem sempre é assim, todavia, pode acontecer. Psicólogos, médicos, advogados, professores, vigários, pastores, marceneiros, pedreiros,

---

10. [N.R.] No texto de 1984, dizia-se "[...] nos países marginais e periféricos...". Como o termo "marginal" é equívoco, preferimos suprimi-lo nesta 17ª edição, mantendo somente o adjetivo "periférico", suficiente para expressar a compreensão exposta na frase.

11. [N.R.] Na leitura dessa afirmação, importa ter presente que a referência aos anos 1980 tem a ver com a época em que a edição original deste livro fora publicada.

12. [N.R.] Nos anos 1980, os povos hoje denominados "desenvolvidos" eram usualmente denominados "colonialistas", pois que praticamente todos os povos europeus foram colonialistas no passado, atuando no Oriente, na África e nas Américas — Central e do Sul. Também naqueles anos denominava-se "colonialismo contemporâneo" a postura dos governos norte-americanos de atuar junto aos povos subdesenvolvidos ou em vias de desenvolvimento nesses mesmos espaços geográficos, usualmente através de empresas transnacionais e de expansão monolítica de sua cultura e seu modo de ver a vida e o mundo.

alfaiates, eletricistas e tantos outros... podem fazer uso do seu saber, de modo eticamente inadequado. Quantos não usam os conhecimentos que detém para atuar ostensiva como negativamente sobre os outros?[13]

Isso que ocorre com os indivíduos pode ser transposto para os povos e para as nações. Quantas não são as nações que se utilizam dos conhecimentos que detêm para oprimir? O Vietnã, a Nicarágua, El Salvador,[14] são os exemplos mais gritantes e violentos destes últimos tempos. Porém, situações menos agressivas estão presentes em toda a história das relações colonialistas entre os povos. No Brasil, no período colonial, não se permitiu a criação de escolas superiores, não se permitiu a imprensa, não se permitiram empresas gráficas. Ou seja, todos os fatores que poderiam conduzir à produção e divulgação de conhecimentos foram reprimidos, pois que poderiam ser veículos de libertação. E sabemos bem como tem sido difícil o caminho da produção de conhecimentos no Brasil e nos países do Terceiro Mundo, em geral.

A pesquisa, em nosso país, tem sofrido percalços para ganhar foros de cidadania, pois que os países metropolitanos fazem tudo para manter a sua hegemonia na veiculação e imposição de conhecimentos e tecnologias aos países subdesenvolvidos. Nos Estados Unidos existem, inclusive, instituições responsáveis para verificar os tipos de conhecimento que devem ser remetidos aos países subdesenvolvidos, até sob as formas de "pacotes" educacionais.

---

13. [N.R.] O presente parágrafo substituiu um parágrafo inteiro da edição de 1984, que tinha a seguinte redação: "Contudo, se o conhecimento é um mecanismo de libertação, pode ser usado também como um mecanismo de opressão dos outros. O psicólogo analista pode tornar o seu cliente um eterno dependente de seus conselhos, devido ao fato de deter um tipo de conhecimento e de poder com o qual trabalha, sob pagamento, "servindo" aos seus clientes. Quantas pessoas não deixaram de ser dependentes dos confessionários dos padres para assumir dependência dos psicanalistas e psiquiatras? O médico, o advogado, o professor..., quantos não usam os conhecimentos que detêm para exercer uma atividade de opressão sobre os outros?" A razão da substituição é que, de alguma forma, estava presente certa desqualificação de profissionais específicos.

14. [N.R.] Esses eram os países que se encontravam em guerra nos anos 1980. Importa ler a frase tendo presente essa informação, pois que ela necessita de ser compreendida no contexto em que fora escrita.

O conhecimento, pois, essa capacidade distintiva do ser humano, que serve para a libertação e independência das pessoas e dos povos, pode ser usado para a opressão dos outros.

\* \* \*

A reflexão que vimos fazendo sobre o conhecimento, no decorrer deste capítulo, nos permite concluir que o conhecimento, em primeiro lugar e antes que tudo, é uma forma teórico-prática de compreensão do mundo. Isso nos permite avaliar a nossa prática escolar que está muito mais preocupada com a repetição de conhecimentos já envelhecidos do que em orientar e estimular a criatividade construtiva dos educandos. Uma prática escolar adequada e, por consequência, uma prática universitária satisfatória, deve ter presente este entendimento do conhecimento e seu processo. É impossível fazer da universidade um centro crítico de produção de conhecimento, caso não se assuma o significado fundamental do ato de conhecer e seus mecanismos epistemológicos.

O papel de consciência crítica que possui a universidade, como tivemos oportunidade de definir em momento anterior desta publicação, não poderá ser realizado sem que se compreenda o conhecimento como um entendimento do mundo e que essa compreensão oriente os menores atos pedagógicos e acadêmicos da prática universitária. A nossa prática pedagógica universitária — prática de professores e alunos, de educadores e educandos — não poderá desvincular-se desse entendimento e orientação sem que se caia no perigo constante de fazer da instituição de ensino superior um "escolão" retentor e repetidor de velhas fórmulas já desacreditadas pelo tempo.

A compreensão epistemológica do conhecimento — como entendimento do mundo — deve ser um dos meios teóricos que norteiem a nossa prática universitária sadia, se queremos efetivamente "fazer a universidade".

# Conhecimento filosófico e científico

**CAPÍTULO 2**

[N.R.] O conhecimento apresenta qualidades diferenciadas, em conformidade com as categorias dentro das quais se situa. Existe uma modalidade de conhecimento denominada senso comum, que é universal, pertence a todos. Todos os homens, mulheres, adolescentes e crianças — cada um em sua faixa etária — são possuidores de conhecimento no nível do senso comum, que é genérico e adquirido através da convivência diária com uma determinada cultura, assim como com determinada comunidade. Contudo, existe outra modalidade de conhecimento, denominada crítico. Isso significa que é um conhecimento obtido por investigação, por busca consciente e determinada. A universidade tem como meta produzir conhecimento crítico, isto é, conhecimento que é ciente de sua validade e certeza, porque baseado na busca de provas sustentada em dados ou em valores consistentemente estabelecidos. Este capítulo destina-se tanto a subsidiar o professor de Metodologia quanto seu estudante a estarem atentos ao tipo de conhecimento que necessitam buscar, tendo em vista cumprir a meta do "fazer universidade". Ele é um convite a tomar posse de uma compreensão do tipo de conhecimento ao qual deve dedicar-se o professor universitário, bem como seu estudante.

No capítulo anterior, discutimos o conhecimento como uma necessidade humana de compreensão e transformação da realidade circundante. Lá, o conhecimento apresentou-se-nos uno, desde que o tratamos a partir de sua finalidade geral, que é tornar o mundo inteligível, esclarecido nos seus elementos e modo de ser. Aqui, vamos estudá-lo a partir de pontos de vista diferentes e, então, teremos oportunidade de verificar a sua divisibilidade e consequente diversidade, tomando como critério não a finalidade geral do ato de conhecer, mas sim os objetos e os respectivos métodos de abordagem.

Não vamos, evidentemente, dedicar-nos a um estudo exaustivo das possíveis classificações do conhecimento, pois que isso seria impossível no contexto e limite deste nosso trabalho. Mais que isso, não interessa ao alcance e à amplitude que pretendemos dar a este nosso estudo, um tipo de tratamento com tais características e monta. Voltaremos nossa atenção a dois tipos fundamentais de conhecimento que têm especial lugar na vida humana, com os quais nos confrontamos constantemente e que possuem um significativo papel na vida universitária: o conhecimento filosófico e científico.

Antes, porém, de entrarmos no estudo específico destas formas de conhecer, utilizaremos um momento inicial de reflexão para elucidar alguns conceitos básicos que orientarão e subsidiarão nossa discussão posterior: as questões relativas ao conhecimento do aparente e do oculto. O desvendamento dessas questões nos auxiliará a entender o significado que têm a filosofia e a ciência na vida e na prática humana.

# 1. O conhecimento do aparente e do oculto

O objetivo do conhecimento é o desvendamento e o domínio da realidade, o seu esclarecimento, segundo uma perspectiva que se caracteriza como a mais abrangente possível. Segundo uma categoria de totalidade, como se diz! O que quer dizer que o conhecimento, para ser adequado, não pode delimitar-se e circunscrever-se por uma abordagem focalista e reducionista.

Com isso, estamos nos referindo ao fato de que qualquer situação dada não existe isoladamente. Ela se dá num certo conjunto de fenômenos interligados. Sem a visão desse conjunto de elementos inter-relacionados, a nossa interpretação da situação estará sofrendo desvios, pois que estará atrelada a um ou a poucos e reduzidos aspectos do fato que estamos estudando. Estaremos, assim, tendo uma visão focalista e reducionista da realidade.

A interpretação focalista ou reducionista da realidade nos dá um conhecimento aparente da mesma, pois que ele estará baseado nas primeiras e primárias impressões que o mundo circundante nos oferece. O conhecimento, por outro lado, que produz unia interpretação dos dados do mundo a partir de uma visão de globalidade, de conjunto, irá em busca do oculto, pois as relações entre os fatos não são "visíveis", de imediato, mas tão somente através de determinados recursos de investigação e raciocínio. Assim sendo, o conhecimento do aparente é aquele que se apresenta reducionista e focalista; o conhecimento do oculto é aquele que vai em busca das relações, tendo seu fundamento na categoria de totalidade.

Para exemplificar, vamos tomar como objeto de nosso estudo um professor generoso, não autoritário, bem relacionado com os educandos, promotor do ensino-aprendizagem como processo de conhecimento da realidade. Um bom professor, afinal! Tomando-o como objeto de nosso ato de conhecer a realidade escolar, chegaríamos à conclusão de que a escola é ótima, excelente promotora do desenvolvimento dos educandos.

A partir desse entendimento reduzido e parcial da realidade — visão focalista —, estaríamos generalizando para a realidade toda. Do professor, em particular, para a prática escolar, como um todo.

O *concreto*, que é o conjunto de fatos e dados do mundo inter-relacionados e que delimita um objeto de estudo, neste caso, fica reduzido a um pseudoconcreto,[1] desde que apartado e isolado do todo. A parte pode ser concreta e o é, do ponto de vista factual. Porém, a sua tomada, como se ela fosse o todo, essa ampliação indevida de sua delimitação é que a faz, do ponto de vista do conhecimento, *pseudoconcreta*. A generalização indevida não possui sustentação.

Tomar a postura ou as posturas do professor de nosso exemplo como manifestação do todo é um grandiosíssimo desvio, pois que os elementos da realidade educacional, em geral, não nos permitem, de forma alguma, afirmar que a educação, praticada atualmente de forma institucionalizada, conduz os educandos ao desenvolvimento pessoal. Ao contrário, ela tem servido como instrumento de redução de sua capacidade criativa, seja pelas exigências do autoritarismo magisterial, seja pelas características do didaticismo pedagógico.

Então, o conhecimento, que produzimos por esta forma focalista, nos impede de possuir um "justo" senso do mundo circundante, o que quer dizer que, por este caminho, o nosso conhecimento atinge a superficialidade das coisas — a sua *aparência*.

O conhecimento assim obtido vem sendo denominado, por vários autores, de "senso comum", "ingênuo", "a-crítico" etc. São todas denominações que revelam uma forma de interpretar a realidade com base nas primeiras e primárias impressões que atingem o sistema receptor do sujeito do conhecimento; um conhecimento obtido "por via econômica", ou seja, obtido pelo dispêndio do menor esforço possível e, pois, de reduzidos recursos metodológicos.

---

1. Os termos concreto e pseudoconcreto encontram-se no livro *Dialética do concreto*, de Karel KOSIK, no capítulo intitulado "O mundo da pseudoconcreticidade e a sua destruição". O termo aqui é utilizado sem o caráter de falsidade interpretativa imposta à mente do povo pela fetichização dos objetos e do mundo, como propõe Kosik. Aqui usamos o termo exclusivamente no sentido de que o reducionismo impede uma visão mais adequada da realidade.

Este é o conhecimento do dia a dia; aquele tipo de conhecimento que orienta a maior parte de nossas atividades no cotidiano. As ações são praticadas como se nada existisse atrás e além delas. Assim, usamos muitos alimentos sem nos perguntar-mos pela sua qualidade nutritiva. Desde que estejam nas prateleiras dos supermercados, admitimos que são bons... inadvertidamente! Votamos nas eleições federais, estaduais e municipais, sem nos perguntarmos pelo *efetivo* valor do nosso voto. Afirmamos que o mármore é frio, sem nos dedicarmos à observação que assim ele se manifesta porque está unido a uma fonte de baixa temperatura. Enfim, no nível de conhecimento que estamos falando, tomamos o objeto como se ele existisse isolado, independente de um conjunto de relações. Vemos a realidade como se ela fosse constituída de uma porção de elementos seccionados cada um se explicando a si mesmo.

As características principais deste tipo de conhecimento são:

— *direto e imediato*: não, há exercitação metodológica para consegui-lo. Ele provém da acumulação da experiência diária introjetada e não refletida;

— *não revisto*: os conhecimentos se acumulam sem que se procure perguntar pela sua validade e pelo seu significado. Vão sendo utilizados, sempre. Por isso, muitas vezes, se tornam dogmáticos;

— *superficial*: Não se dedica a ir buscar significados que estão para além das aparências.

Por outro lado, o conhecimento que tem por objetivo buscar o "oculto", o essencial, aquilo que não aparece à primeira vista, que está baseado na compreensão das relações, da visão de conjunto, esse conhecimento vem sendo denominado de crítico, adequado, certo, verdadeiro. E claro, todas essas denominações são discutíveis. Aqui, para o nosso caso, vamos torná-las todas como indicadoras do tipo de conhecimento que vai além das aparências, que se funda no *concreto*, entendido como o objeto na sua rede de relações.

É o tipo do conhecimento que não se satisfaz com as primeiras e primárias impressões, mas que, por algum tipo de esforço metodológico, por rodeios imaginativos de investigação e de raciocínio lógico, consegue penetrar no "mistério" do objeto, elucidando-o, esclarecendo-o.

O objeto de estudo é abordado em suas relações com outros fatos que compõem o todo da realidade. Quanto mais se descobrir as relações do objeto de nosso estudo com outros objetos, mais próximos estaremos de descobrir aquilo que está "oculto" aos olhos, no primeiro momento.[2] A autonomia dos fatos fica superada, desde que as relações sejam identificadas. Então, o mármore não é frio, mas condutível de temperatura. Ele não está isolado, mas unido a uma fonte de temperatura — alta ou baixa. O voto não será, simplesmente, depositar uma cédula preenchida em uma urna oficial, auxiliando quem quer que seja a assumir um posto público. Será, sim, a expressão de uma decisão política consciente, sabendo-se dos seus limites de validade, frente à estrutura de poder que existe em nossa sociedade.

O conhecimento, que vimos descrevendo, possui as características que se seguem, entre outras.

*É metódico.* Buscar alguma forma de "rodeio"[3]de investigação e raciocínio, até que consegue identificar a compreensão mais abrangente e mais adequada para a realidade. É, pois, mediato.

*Não é reducionista.* É o tipo do conhecimento que, obrigatoriamente, deve estar baseado em uma categoria de totalidade, no entendimento de cada fato dentro do conjunto de relações a que ele pertence ou pode pertencer.

*É dinâmico.* O conhecimento do oculto está sempre em processo de revisão, porque o conhecimento não chega ao seu final, de imediato. Demanda tempo, esforço e tenacidade no decorrer do tempo. Mais:

---

2. [N.R.] Tendo em vista compreender o que significa um determinado objeto de estudo, importa observar e compreender suas relações. O uso do conceito de "causa" nos mostra com clareza o que significa o fato de que, para compreender alguma coisa, importa compreender suas relações. O conceito de causa é um conceito próprio dessa compreensão, ou seja, "alguma coisa é causada por alguma outra coisa". Relação de causa e efeito. De forma assemelhada ocorre quando tomamos "múltiplos determinantes de alguma coisa". Será uma múltipla causalidade. As situações mostram que as coisas se dão sempre em relações e, para compreendê-las criticamente, importa desvendar a tramas de relações que a constitui.

3. [N.R.] "Rodeio metodológico" ou *detour* metodológico (como será encontrado mais à frente) são expressões que denotam os usos de recursos teóricos e técnicos que o investigador utiliza para desvendar o seu objeto de estudo. Propriamente são os meios utilizados pelo pesquisador para "obrigar a natureza" a dizer como ela é e como funciona.

determinadas relações que podemos identificar hoje, poderão ser insuficientes para a compreensão do que temos pela frente. Só a descoberta de novas relações nos conduzirão a um entendimento mais adequado da realidade. Por isso, é uma forma de conhecimento dinâmico. O conhecimento de um objeto evolui, no tempo.

*Fundamenta uma ação consciente.* Enquanto o conhecimento da práxis utilitária leva a uma ação rotineira, este tipo de conhecimento leva a uma forma de agir plenamente consciente, visto que se sabe a "razão de ser das coisas". Age-se com conhecimento de causa. Quem agir "por ordem de outro", sem o devido conhecimento da situação, poderá até produzir uma ação transformadora, mas sem a devida consciência.

Podemos concluir que a *aparência manifesta* dos objetos e das situações que se dão ao conhecimento humano e a sua *essência* (a sua verdade) não coincidem. Se assim não fosse, todos os nossos atos de conhecer, todas as nossas práticas humanas teriam o mesmo nível de validade e eficiência, de tal modo que o exercício mais rigoroso da prática do conhecimento seria dispensável. As formas metodologicamente organizadas de conhecer, tais como a filosofia, a ciência, a teologia... seriam dispensáveis.

Para que, afinal, dever-se-ia fazer um esforço metodológico imenso, se a compreensão suficiente e satisfatória de cada situação estaria facilmente à nossa frente, a "olhos vistos", como se diz? O conhecimento adequado das coisas se dá num entendimento daquilo que não se manifesta, de imediato, na aparência, porém, sim, no oculto.

Exatamente por não ocorrer coincidência entre o aparente e o oculto é que formas metodologicamente organizadas do conhecimento se fazem necessárias. E aqui vale ressaltar, por formas de conhecer metodologicamente organizadas não queremos entender, exclusivamente, os modos escolarizados de processar o conhecimento. Criticidade no conhecimento não equivale à escolarização do conhecimento. Significa, sim, um modo de conhecer que se utiliza da categoria de totalidade e de determinados recursos ordenados de investigação, tendo em vista desocultar o significado do mundo.[4]

---

4. Ver Karel KOSIK, no capítulo indicado na nota anterior.

Como dissemos no início desta nossa reflexão, vamos privilegiar o conhecimento filosófico e científico como fatores mais constantes e presentes em nossa prática diária e universitária.

## 2. O conhecimento filosófico

A Filosofia — como qualquer outra forma de conhecer — tem por finalidade geral estabelecer uma forma de compreensão e transformação da realidade. Acompanha o ser humano desde o momento em que buscou um norte, uma orientação para a sua prática. E isso, querendo ou não, sempre houve. Os grupamentos humanos, como conjuntos, ou os indivíduos em particular, não vivem e sobrevivem sem alguma orientação finalística. Não se vive sem ter algum ideal a ser atingido. A vida é uma prática para atender a um determinado fim. Até mesmo, de forma inconsciente, somos orientados por algum encaminhamento filosófico.

Se a Filosofia é um posicionamento crítico, conforme dissemos antes, cabe a pergunta: como pode, até inconscientemente, a filosofia orientar alguma prática humana? Ocorre que se não nos dedicamos a pensar, criticamente, a orientação para a nossa prática, alguém, em algum lugar e situação, estará pensando por nós e, ao mesmo tempo, decidindo. Neste caso, nós estaremos agindo a-criticamente, orientados por um pensamento crítico de outros. Ou seja, submissos às decisões de outros. Normalmente, estaremos sendo submissos às decisões dos poderes oficiais sobre as orientações que devem nortear a vida social.

Não há como alguém escapar ao fato de que se age em função de algum entendimento finalístico da vida — o que vem a ser o papel da reflexão filosófica; do conhecimento filosófico, afinal! Ocorre certa condenação, vamos assim dizer, do ser humano a viver sob algum tipo de orientação filosófica. A prática humana não é e não pode ser neutra, de forma alguma.

Esse entendimento nos conduz à seguinte definição: a filosofia é uma concepção geral do mundo da qual decorre uma forma de agir.[5]

---

5. Cf. Georges POLITZER. *Princípios fundamentais da filosofia*, p. 14-6.

A compreensão filosófica do mundo apresenta-se como uma forma necessária de conhecimento que se estabelece como a constituição de pressupostos críticos que orientam a ação. Isto quer dizer que, na medida em que vivenciamos uma determinada prática, dinamicamente, vamos definindo o nosso rumo, rumo que orientará nossa ação subsequente.

"A filosofia, portanto, não é alheia ou estranha à vida humana, porque é a própria vida humana procurando tomar consciência de si mesma, de sua origem, de sua essência e significação".[6]

A Filosofia é, então, uma forma de conhecimento pela qual o ser humano toma consciência de si, do sentido da sua história, do significado do projeto do futuro.

A ação consciente não se dá ao léu. Mas sim a partir dos pressupostos que estabelecemos. Criamos pressupostos para a educação, para a ciência, para a política, para a economia, para a arte etc. A Filosofia, pois, tem um campo próprio de reflexão que não pertence a nenhum outro tipo de conhecimento. Seu objeto de reflexão são os *princípios* norteadores de nossas ações. São as orientações que pautam o nosso exercício nos diversos setores da prática humana.

A título de exemplo, podemos citar a prática educacional. Ela não é, por essência, uma prática neutra, isenta de uma orientação finalística. Poderá ocorrer — e realmente ocorre — que professores desenvolvam o seu exercício profissional (deem aulas, orientem seus alunos etc.) como se estivessem fazendo alguma coisa neutra, sem implicações filosóficas. Fazem-no desta forma, ingenuamente, desde que não estão conscientes dos princípios filosóficos que orientam a sua prática, estarão agindo, obrigatoriamente, por valores definidos e divulgados por outros (normalmente os poderes constituídos) e assumidos a-criticamente. É a questão dos valores inconscientes que orientam a ação, conforme definimos antes.

O mesmo ocorre na prática moral — e em outras práticas humanas. Ou nos conscientizamos dos valores pelos quais exercitamos nossos

---

6. Roland CORBISIER. *Filosofia e crítica radical*, p. 10.

atos morais em sociedade ou estaremos exercitando-os em função de decisões alheias, alienando nosso poder de decisão e nossa consciência. A título de exemplo, podemos lembrar o consumismo, que é o princípio norteador da sociedade capitalista na qual vivemos. "Produzir mais, para vender mais e consumir mais", eis o lema moral de nossa sociedade. Ter, ter, ter... Nossa prática tem sido orientada por este princípio, ainda que, na maior parte das vezes, sem nossa aquiescência consciente.

Então, é um fato: a Filosofia não é um castelo abstrato, estéril e distante de ideias. Ideias difíceis e herméticas, como, às vezes, de forma detratora, se diz. Ela é uma forma de conhecimento prática, orientadora do exercício de nossa sobrevivência em sociedade. Ela pode não garantir o "ganha-pão", como se diz vulgarmente, mas certamente que é com ela e com sua ajuda que conseguimos o "pão nosso de cada dia", pois que dela depende o encaminhamento de nossa ação.

Contudo, como a reflexão filosófica opera o seu *detour*, o seu rodeio metodológico, a fim de produzir uma interpretação da realidade que vá para além das aparências? Como a Filosofia desoculta a realidade?

Aqui a Filosofia se manifesta com um "tribunal de razão",[7] um tribunal crítico de julgamento dos valores que norteiam a prática social. A Filosofia é, em primeiro lugar, uma reflexão crítica, por isso, traz para diante de si os valores de uma sociedade e os analisa, buscando o seu sentido mais abrangente, a sua raiz, o seu fundamento. Ela se pergunta qual é o significado de tal fenômeno ou situação, e porque é este e não outro significado. Neste processo, ela criva os valores vigentes numa sociedade, confirmando sua validade; negando-os, se for o caso, e reconstruindo-os, a seguir. Reconstrução, sim, mas numa perspectiva nova, tentando sistematizar os anseios e desejos do grupamento humano dentro do qual ela está sendo praticada.

Padre Vaz nos diz que "o surgimento da Filosofia é marcado por uma ruptura, por uma cisão interna de uma sociedade cujos valores e

---

7. Cf. Henrique Cláudio Lima VAZ. Filosofia no Brasil hoje. *Cadernos Seaf*, ano 1, n. 1, p. 8, ago. 1978.

representações se tornaram questionáveis e que, por isso mesmo, não consegue mais viver a vida em sua imediatidade. Quer dizer, num determinado momento histórico, a Filosofia é a resposta que uma sociedade traz à dupla exigência de refletir criticamente e de explicar teoricamente quanto aos valores e representações que tornam inteligíveis, ou pelo menos aceitáveis para os indivíduos que nela vivem, um modo de ser, isto é, um modo de viver e de morrer, de imaginar e de conhecer, de amar e de trabalhar, de mandar e de obedecer...".[8]

A Filosofia é a detectadora crítica das aspirações do grupamento humano a que serve, sistematizando-os lógica e coerentemente. Descobre os anseios no "fluído" da vivência humana e os explicita de tal forma que serve de denúncia dos desvios existentes e de anúncio do mundo que deve ser construído. Essa explicitação vai servir de pressuposto para a ação subsequente. Os valores que não servem mais são criticados e descartados e novos valores são compostos, pois que nenhuma sociedade vive sem um rumo que a norteie.

A exemplo desse processo, podemos citar o já decantado nascimento da Filosofia grega. Os valores que orientavam a vida grega até, aproximadamente, o século VI a.C., eram místicos.[9] Por esse período, a reflexão filosófica racional nasce, aí, como uma crítica aos valores vigentes, propondo novos valores. O intercâmbio comercial primariamente e cultural secundariamente com outros povos, obrigatoriamente conduziu o povo grego à crítica de seus valores, exigindo-lhe uma racionalidade aplicada na busca de entendimento dos fins que orientavam sua prática social e dos fins que deveriam vir a orientá-la. Ocorreu aí a passagem do *mitos* para o *logos*. Houve uma ruptura entre os valores anteriores e os novos valores, no contexto da sociedade grega. Esse é o *detour* metodológico da Filosofia.

A reflexão filosófica é, assim, uma *reflexão situada* que julga criticamente os valores vigentes, propondo outros. Deste modo, ela nasce

---

8. Idem, p. 7.

9. [N.R.] De fato, o pensamento grego, anterior ao século IV antes de Cristo, era "mítico", configurado pela mitologia, e não "místico", que seria configurado por experiências religiosas.

da história; sob a sua influência, contudo, também a condiciona. E fruto de um tempo e um espaço definidos, mas, desde que estabelecida, oferece, também, limites a contornos ao processo histórico futuro.

O rodeio metodológico do qual falamos é o esforço que faz o sujeito que medita filosoficamente de buscar, para além do aparente, nas múltiplas concepções da realidade e da prática humana, os valores que devem ser explicitados como aqueles que sintetizam, e sistematizam os anseios e as aspirações de um povo, de um grupamento humano ou de uma classe social e que orientarão o processo histórico subsequente.

Assim entendida, a meditação filosófica não será privilégio de escolarizados ou de profissionais da Filosofia. Todos — tanto os escolarizados quanto os iletrados, tanto os filósofos profissionais quanto outros profissionais — todos poderão e deverão exercitar a reflexão filosófica. Afinal, a meditação filosófica não é privilégio de ninguém. O que pode ocorrer e, de fato, ocorre é que quanto mais se pratique o *detour* metodológico da reflexão filosófica mais hábil se tornará o sujeito para detectar o oculto por detrás do aparente. Quanto menos exercitar, mais comumente estará exposto a tomar o aparente pelo essencial.

O leigo — em termos de filosofia profissional — os cientistas em geral, os filósofos profissionais, todos podem e devem exercitar esta meditação fundamental, que, criticamente, estabelece os pressupostos do viver e do sobreviver em sociedade. O homem da rua, os cientistas em seu labor cultural, os filósofos profissionais em seu esforço de sistematização das aspirações do povo, todos, ao mesmo tempo, e cada um, por seu turno, cooperam para a explicitação de uma concepção geral do mundo, da qual deve decorrer uma forma de agir. Todos têm esta obrigação e compromisso, pois que dela depende não só a contemplação do mundo, mas também a sua transformação.[10]

---

10. [N.R.] No momento em que escrevêramos esse texto, estávamos preocupados com valorizar a cultura emergente da população no seu cotidiano. Nos anos 1980, no Brasil, havia uma revalorização da cultura popular, por vezes, até em detrimento das formas críticas do conheci-

# 3. O conhecimento científico

Diversamente da Filosofia, que se propõe como um tribunal de desvendamento e julgamento dos valores de uma sociedade, a ciência tem por objetivo estudar e esclarecer as ocorrências do universo enquanto acontecimentos factuais. O conhecimento científico ocupa-se dos fenômenos da natureza (físicos, biológicos, químicos...), dos objetos ideais (lógicos e matemáticos) e dos fenômenos culturais (relações sociais, processos históricos, produção cultural etc.). São estes os três campos do conhecimento científico, definidos teoricamente: ciências empírico-formais (Física, Química, Biologia etc.), ciências formais (Lógica e Matemática), ciências hermenêuticas (Sociologia, História, Etnologia etc.).[11] O objeto de tratamento, pois, da Filosofia e da ciência são diversos. Daí os seus campos e seus modos de abordar e produzir o conhecimento serem diferentes.

Objetos de estudo e formas de abordagem diferentes propiciam, pois, formas diversas de interpretar a realidade. Enquanto o resultado do pensamento filosófico tende a ser normativo, no sentido de indicar um modo de ser, um "dever-ser", o conhecimento científico tende a ser *descritivo-explicativo* nas ciências chamadas empírico-formais, onde se busca as relações causais entre os fenômenos; *descritivo-implicativo* nas ciências formais, onde se busca estabelecer as relações e implicações lógicas entre os elementos ideais e abstratos; *descritivo-compreensivo* nas ciências hermenêuticas, onde se procura obter a compreensão da situação pela vivência do seu significado (significado existente e realizado na vida dos grupos humanos). O que o conhecimento científico, *no geral*, pretende é estabelecer uma forma de conexão inteligível entre os elementos identificados, seja nas ciências da natureza, seja nas ciências matemáticas, seja nas ciências da cultura. Esclarecer, tornando-os

---

mento, tais como a ciência e a filosofia. Nesse sentido, vale a pena lembrar que existe um filosofar no cotidiano, que usualmente se sustenta no senso comum e não no senso crítico. A filosofia, como conhecimento crítico, sustenta-se no senso crítico. No senso comum, há uma filosofia? Com certeza, como orientadora da vida, mas no limite do senso comum.

11. Ver o livro de Jean PIAGET. *A situação das ciências humanas no sistema das ciências.*

inteligíveis pela descoberta ou estabelecimento de conexões lógicas entre os mesmos; é o objetivo da ciência.

Assim sendo, o conhecimento científico pretende esclarecer as ocorrências factuais do universo, produzindo um entendimento de parcelas do "mundo", descrevendo-as e criando as conexões lógicas e compreensíveis entre os seus componentes. A partir da identificação descritiva dos dados, estabelece-se um entendimento da realidade, pela verificação de como cada coisa, cada fenômeno se nos dá, possibilitando sua inteligibilidade a partir de seus contornos e elementos constitutivos.

De um lado, a atividade de produção do conhecimento científico exige a identificação descritiva do objeto do conhecimento. Assim, no âmbito da física, não há como conhecer a estrutura do átomo sem descrevê-la em seus elementos constitutivos. Poder-se-á perguntar — e historicamente se perguntou — como estes elementos se interagem; contudo, de início, importa constatar minuciosamente quais são e como são eles. O segundo momento do processo de produção do conhecimento científico é estabelecer o entendimento das coisas, conseguindo descobrir como elas ocorrem e por que se processam deste modo. E, então, no caso do exemplo acima, procurar-se-á saber porque tal elemento ou outro possui esta ou aquela reação. Num outro âmbito de atividade científica, ocorre o mesmo processo. A exemplo, poderíamos, na condição de antropólogos, estar a estudar um ritual determinado numa sociedade qualquer. Então, o que estaríamos fazendo? Em primeiro lugar, identificando e descrevendo minuciosamente o ritual em todos os seus desenvolvimentos e movimentos; num segundo momento, iríamos formando o entendimento do nosso objeto de estudo, buscando, além das aparências, as relações e os significados. É neste segundo nível que encontramos o esclarecimento da realidade: a descoberta daquilo que está oculto na aparência dos fatos. Este segundo momento é onde propriamente se produz a ciência, pois que é nele que surge o entendimento novo do objeto que temos pela frente. É neste momento, vamos dizer, que produzimos a teoria sobre os dados da realidade.

Sem os dois elementos — identificação descritiva e entendimento — não há ciência. A descrição somente é insuficiente, enquanto ela delimita os contornos do objeto de estudo, e o entendimento sozinho é impossível, pois que ele se faz criativamente sobre dados identificados.

O conhecimento científico nos é funcional para o desvendamento das ocorrências factuais do universo. Ele nos oferece uma luz, um esclarecimento sobre os meandros, aparentemente caóticos, presentes na multiplicidade das coisas. Com o conhecimento científico adquirimos um instrumento de sobrevivência, pois através dele obtemos uma forma de agir mais adequada e eficiente.

Como no âmbito da Filosofia, para a produção do conhecimento científico é preciso um *detour*, um rodeio metodológico. O conhecimento científico não ocorre espontaneamente, mas a partir de um certo esforço organizado e sequente na busca de um entendimento do mundo que não se apresenta, de imediato, na aparência das coisas.

Como acontece o entendimento das ocorrências factuais do universo? Ele se processa através da suposição de um modelo de funcionamento da realidade. O conhecimento científico está baseado na suposição de que é possível encontrar uma "ordem" no mundo dos fatos, aparentemente, caóticos. Um modelo que coloque cada coisa no seu lugar e nos dê o esclarecimento sobre o "bom" ou "mau" funcionamento que observamos.

Para facilitar a compreensão do que estamos colocando, vamos tomar um exemplo mecânico e corriqueiro. Suponhamos que uma lâmpada de nossa casa não está acendendo. É um fato observado e um problema para nós. Somos absolutamente ignorantes a respeito de instalação elétrica. Mas sabemos, como todos sabem em nossas cidades modernas, que a energia elétrica vem da rua por uma rede de fios condutíveis. Então, onde estaria, de fato, o impedimento de que nossa lâmpada se acenda? Descritivamente, observando a nossa instalação elétrica, observamos que há uma lâmpada acoplada a fios por um terminal; que estes fios estão ligados em dois pontos diferentes do terminal; um fio provém de uma rede geral da instalação da casa e o outro vem do interruptor que se encontra à parede de nossa sala; que o interruptor está também ligado ao outro fio da rede geral; seguindo os fios, descobrimos que eles estão conectados com a rede externa, através de um marcador de uso de energia. Então, aí temos a descritiva da nossa rede e podemos descobrir o "modelo" de condução de energia para que nossa lâmpada se acenda. Um fio que vem direto da rede geral para a lâmpada; outro que tem a possibilidade de ser interrompido e que tem a possibilidade de ser acionado pelo interruptor; uma lâmpada que recebe a carga de energia e se acende. Com este modelo, podemos levantar muitas hipóteses de entendimento porque nossa lâmpada não se acende. Por exemplo — o mais simples e imediato de todos — "a lâmpada está com defeito". Testamos a lâmpada. Se estiver com defeito, substituímo-la e nosso problema estará sanado e, então, teríamos conhecimento de nossa situação problemática. Mas supondo que não é a lâmpada. Poderia ser "falta de energia na rede geral da rua". Vamos testá-la? Não há falta de energia na rua. Então, onde está o defeito? No interruptor? Vamos estudá-lo? Não é no interruptor. Então, pode ser que "algum fio esteja rompido". Vamos verificá-lo? Observemos que cada uma destas hipóteses de entendimento do problema, que temos pela frente, só faz sentido e é plausível dentro do "modelo" da rede elétrica de nossa casa. Caso não fosse este o modelo, estas nossas hipóteses de entendimento seriam sem significado, pois que não possuiriam a possibilidade de trazer um esclarecimento à nossa dificuldade.

O "modelo" é o nosso instrumento para ver para além dos fatos.[12] Da "ordem" suposta do nosso modelo decorrem o sentido e a plausibilidade de nossas hipóteses. O modelo nos auxilia a descobrir a relação entre os elementos que compõem o mesmo. Sem a sua identificação ou a sua suposição, não há como inventar hipóteses de entendimento que sejam possíveis e plausíveis, pois que ele possibilita o entendimento lógico das relações e conexões entre as partes.

---

12. Sobre esta questão da utilização de um "modelo" para a interpretação da realidade, ver o livro de Rubem ALVES, *Filosofia da ciência*: introdução ao jogo e suas regras.

O nosso exemplo é corriqueiro e mecânico, mas suficiente para nos demonstrar o modo de funcionamento da produção científica, na tentativa de tornar as ocorrências factuais inteligíveis.

É a partir de um modelo, de uma "ordem" suposta que fazemos previsões possíveis de seu modo de ser, de seu sentido, de sua inteligibilidade. Sem isto, não há como encontrar o "fio de meada" que nos conduza ao objetivo que temos. A inteligibilidade é o "salto" que damos, para além dos contornos observados e descritos, tendo como suporte básico o modelo de entendimento. Um cientista, quando questiona a realidade, quase sempre sabe que sua hipótese vai se verificar como verdadeira, pois que ela é plausível dentro da "ordem" de entendimento que possui.

Não foi exatamente isto que quis dizer Kant — o sintetizador do espírito da ciência no século XVIII? Senão vejamos!

> Quando Galileu fez com que esferas, de pesos previamente determinados, rolassem em plano inclinado; quando Torricelli atribuiu ao ar um peso que, segundo seus cálculos, era igual ao peso de uma coluna de água definida; ou quando, mais recentemente, Sthal transformou metais em cal e este, por sua vez, em metais, subtraindo-lhe ou devolvendo-lhe algo, uma luz raiou para todos os pesquisadores de física. Eles compreenderam que a razão só pode compreender aquilo que ela mesma elaborou, segundo um plano prévio. A razão deve ir à frente, com os princípios que regem o seu raciocínio, obrigando a natureza a dar respostas ao que ela mesma propôs. Observações acidentais, feitas sem nenhum plano prévio, não podem produzir uma lei, uma conexão necessária, que é aquilo que a razão busca e necessita. A razão, deste modo, será instruída pela natureza [...] não como o aluno que ouve tudo aquilo que o mestre quis dizer, mas como um juiz que obriga as testemunhas a responder as perguntas que faz.[13]

___

13. Immanuel KANT. *Crítica da razão pura*. Prefácio à 2ª edição. Para uma tradução livre desse parágrafo foram usadas as traduções de Valério Rholden, Editora Abril, 1980. (Col. Os Pensadores); tradução de Manuel Fernandez Nurez, Buenos Aires: Libreria "El Ateneo", 1950; tradução de A. Tremesagnes e B. Pacand, Presses Universitaires de France, 1950.

E Kant completa este pensamento, dizendo:

> a Ciência da natureza, através disso (da utilização de planos prévios), foi posta no caminho seguro de uma ciência, já que muitos séculos nada mais havia sido que um simples tatear.[14]

Temos claro, então, que o conhecimento científico tem por finalidade esclarecer as ocorrências da realidade. Mais: isso se dá a partir da utilização de um modelo, uma matriz de análise da realidade, reconhecida ou suposta. Contudo, que passos específicos temos que dar para processar a produção desse entendimento? No que se segue, vamos tentar detalhar este caminho metodológico.

A sensibilidade para *perceber os fenômenos e perguntar sobre eles* é o ponto de partida para se fazer ciência. Enquanto não houver dúvida, impasse ou dificuldade, as coisas continuam linearmente entendidas. Não havendo problema, não há o que investigar; não ocorre necessidade da produção de novo entendimento, pois que tudo (ao menos o necessário, por ora) já está suficientemente esclarecido.

A concorrência de um inesperado, de um fato incomum ou a insuficiência de um entendimento já existente sobre alguma coisa pode nos chamar a atenção, de tal forma pressionante, que sentimos necessidade de encontrar-lhe uma compreensão, uma resposta, uma explicação.

Contudo, posto o problema, como nasce o entendimento novo de que começamos a necessitar? O primeiro esforço é *tentar hipóteses de entendimento*. Este é o segundo passo do nosso *detour* metodológico. Inventar respostas plausíveis para o que temos à frente, a partir de um modelo que supomos ser o da realidade. Imaginamos criativamente hipóteses de solução para o impasse que enfrentamos. As hipóteses são afirmações ou negações (respostas supostas) à pergunta que formulamos, a partir da observação dos dados do mundo que nos assediam. Supostas, sim, são as hipóteses; todavia, plausíveis, pois que elas

---

14. Idem.

são elaboradas a partir do modelo que possuímos, ainda que provisoriamente, de entendimento do mundo.

Com a hipótese em mãos, nosso terceiro passo, saímos à caça de informações, dados específicos de que necessitamos para *julgar a validade ou não de nossa suposição*. A hipótese é o elemento norteador de nosso trabalho, no sentido de obtermos intencional e seletivamente os elementos que venham sustentar ou negar o valor da resposta que estamos supondo. O plano da pesquisa, calcado no modelo que temos da realidade, é a armadilha que estruturamos para que a realidade obrigue-se a dizer "sim" ou "não" à nossa suposição hipotética.

Para a obtenção dos dados relevantes e necessários à demonstração de nossa hipótese, temos dois caminhos a seguir:

*a*) podemos estar atentos para os fenômenos que ocorrem no dia a dia ou na história, recolhendo os acontecimentos e organizando-os lógica e coerentemente de tal forma que sirva de fundamentação para a afirmação de nossas suposições;

*b*) podemos criar, artificial e intencionalmente, situações específicas onde controlamos os resultados de tal forma que elas nos deem subsídios para o que estamos pretendendo: verificação da hipótese que formulamos. Este é o caminho da experimentação, que se apresenta como uma espécie de "tortura" a que submetemos a realidade, para que ela nos "diga" se estamos certos ou não em nossas suposições de entendimento.

Verificada a hipótese, positivamente, temos um conhecimento novo estabelecido sobre os dados do mundo. Todavia, uma só verificação não é suficiente para nos garantir a certeza do nosso conhecimento. Por isso, torna-se necessário um quarto passo metodológico que é a busca e obtenção de *uma constante de resultados*. No caso de coleta de dados já existentes nos acontecimentos do presente e do passado, temos necessidade de acumular informações suficientes que nos garantam a validade de nossa hipótese. No caso da experimentação, outras situações experimentais deverão ser criadas, a fim de que os resultados obtidos manifestem-se estáveis, fato este que demonstraria, pela constância de resultados idênticos, a validade do conhecimento que estabelecemos.

Só após a obtenção de uma constância de resultados, é que podemos chegar ao nosso quinto passo, que é *tentar generalizar* a nossa interpretação do mundo circundante analisado. Ou seja, com a segurança e a certeza que nos dá a constante obtenção de resultados idênticos, podemos, a seguir, dizer que o entendimento obtido da realidade está suficientemente certo, de tal forma que em qualquer circunstância que ocorra manifestação semelhante à estudada, esse entendimento poderá ser utilizado como verdadeiro.

Então, aí, o conhecimento científico que produzimos se transforma em lei científica, ou seja, um conhecimento certo que possibilita previsões do comportamento da realidade. E, assim sendo, o conhecimento científico propicia uma ação muito mais eficaz, pois que é previsível o que pode acontecer com a realidade e que ações podemos intencionalmente exercitar sobre ela, tendo conhecimento dos resultados que ela poderá manifestar.

Esse conhecimento, assim, metodologicamente construído e comprovado, não é privilégio de escolarizados, como a filosofia também não é, segundo vimos anteriormente. Ainda que haja maiores possibilidades de que um escolarizado venha a aplicar mais constantemente uma metodologia científica na produção do seu entendimento do mundo, um não escolarizado poderá seguir, vamos dizer intuitivamente, este caminho da produção do conhecimento certo.

A exemplo, sabemos que do século XVI para cá, em todos os laboratórios do mundo, este esquema metodológico vem sendo utilizado e aperfeiçoado. Contudo, também fora das instituições o homem continuou a produzir o seu entendimento das ocorrências factuais do universo, por vezes, com suficiente rigor. E, antes do aparecimento do dito método experimental, como o ser humano produzia o seu entendimento da realidade? Cremos que desta mesma forma, desde que este é um mecanismo lógico do pensamento formalizado. Desde a antiguidade, temos menções do conhecimento das ocorrências deste mundo, ainda que, às vezes, de forma pejorativa. Parmênides, entre os gregos pré-socráticos, falava do conhecimento das coisas mutáveis; Platão falava do conhecimento das coisas que são "sombras" da verdadeira realidade; Aristóteles falou do conhecimento das coisas sensíveis. Como isso ocorria? Por este mesmo *detour*, contudo sem admitir que o conhecimento das ocorrências da realidade tivesse a primazia que tem hoje, tão somente por questões históricas.

Deste modo, no campo, na indústria, no laboratório empresarial ou universitário, poderá ser produzido um conhecimento que possua o caráter de científico, ou seja, aquele que oferece um entendimento adequado dos dados do mundo, não a partir das simples aparências, mas a partir das relações que são "invisíveis" num primeiro momento.

## 4. Conclusão

Filosofia e ciência são duas formas de conhecimento que procuram, com rigor, utilizando-se de um instrumental metodológico, buscar um entendimento do mundo que auxilie o ser humano a viver melhor e mais adequadamente, desde que ambos, em seus diversos âmbitos, tornam o mundo mais compreensível e, por isso mesmo, mais transformável segundo suas necessidades.

Como temos visto, ambos os tipos de conhecimento não são prerrogativas de escolarizados.

Na nossa prática cotidiana, ocorre um entendimento social de que o conhecimento filosófico e científico significativo só é aquele que é produzido dentro dos muros das escolas, dos gabinetes e dos laboratórios. Não haveria, pois, lugar para que todas as pessoas, na sua prática não escolarizada, pudessem conseguir entendimentos da realidade que fossem além das simples aparências. Isso é falso. O conhecimento certo e adequado é um direito e um poder de todos. Basta exercitá-los criticamente, utilizando-se de recursos metodológicos, como anteriormente discutimos. Isto não implica uma desvalorização da prática escolarizada do conhecimento, mas sim na sua desmistificação. Em nossa sociedade, só se torna importante e significativo aquilo que é feito sob a égide de um diploma universitário, de graduado ou pós-graduado.

Certamente que um escolarizado tem por obrigação moral proceder metodológica e criticamente no entendimento da realidade, desde que a sociedade fez dispêndios econômicos para que assim se desse. Todavia, nem sempre isto ocorre. Ou, na maior parte das vezes, isto não ocorre, desde que os compromissos sociais "interesseiros" impedem uma visão de totalidade metodologicamente desenvolvida. Porém, essa "obrigação moral", nem sempre cumprida, não implica que só o escolarizado produza conhecimentos significativos. Todos podem fazê-lo, pois que este é o caminho da libertação.

No contexto da universidade, contudo, definida como centro de consciência crítica, é preciso agir de tal forma que estes tipos de conhecimento atinjam os seus objetivos epistemológicos. Não basta ficar na repetição de conhecimentos já existentes. É preciso colocarmo-nos a produzir o nosso entendimento da realidade, utilizando-nos de instrumentos metodológicos que nos são disponíveis. Não basta sabermos o que é a filosofia ou a ciência. Não basta sabermos repetir boas definições. Importa, sim, saber operar com os recursos lógicos e metodológicos tendo em vista conseguir o melhor e o mais adequado entendimento da realidade. Só pela dedicação voluntária à produção do entendimento novo da realidade é que a universidade estará se encaminhando para o cumprimento de sua missão histórica e legalmente definida.

# CAPÍTULO 3

# Conduta na produção do conhecimento

[N.R.] Todas as ações humanas estão comprometidas com a ética, isto é, com parâmetros mínimos necessários para que uma atividade possa ser exercida de forma adequada e responsável. O conhecimento, para ser minimamente válido, necessita ser produzido com alguns parâmetros de cuidados e atenção, o que denominamos "ética intelectual", como poderá ser visto no decorrer deste capítulo. O pesquisador, o professor e o estudante não poderão inventar regras pessoais para se conduzir na produção de conhecimentos. A comunidade de professores e pesquisadores estabeleceu padrões de conduta na investigação, tendo em vista o fato de que os resultados obtidos tenham a validade necessária. Neste capítulo, professores e estudantes encontrarão indicações de condutas mínimas necessárias a serem praticadas por aqueles que investigam para que os resultados de sua pesquisa tenham validade.

$P$roduzir conhecimento é uma capacidade e uma necessidade humana. Para tanto, temos disponíveis certos recursos lógicos e metodológicos que nos auxiliam a obter um conhecimento mais adequado e mais desvendador dos significados que podem ter uma manifestação do mundo circundante. Estes foram os objetivos das discussões nos dois capítulos anteriores desta publicação. Cremos que não basta, como autores de conhecimentos novos, só nos dispormos a utilizar princípios lógicos e metodológicos. Como seres humanos que somos, devemos, para com o nosso exercício de desvendamento da realidade e sua consequente divulgação, nos ater a um conjunto de procedimentos que pertencem a um âmbito de reflexão que poderíamos chamar de "moral intelectual".[1] São certos princípios que devem orientar a conduta de todos aqueles que, aqui e acolá, se dedicam a exercer a ação de conhecer, discutir e divulgar conhecimentos.

Serão princípios que, em parte, apresentam certos elementos de conduta metodológica e, em parte, certos elementos de conduta moral. Não nos importa, aqui, possuir um purismo de características,

---

1. [N.R.] Lawrence Kholberg, psicólogo norte-americano, no final dos anos 1960 estabeleceu três níveis de desenvolvimento ético do ser humano, denominados pré-convencional (caracterizado como infantil = tudo para mim), convencional (caracterizado como adulto ou jurídico = respeito aos contratos entre pares) e pós-convencional (caracterizado como serviço à vida = para além dos contratos, servir à vida). Para praticar a "ética intelectual" proposta neste capítulo, minimamente, o pesquisador, o professor e o estudante devem ter atingido, no mínimo, o nível convencional do desenvolvimento, ou seja, ser capazes de cumprir as normas. O ideal seria se chegassem ao pós-convencional, colocando sua ação a serviço da vida.

mas sim a indicação de elementos que permitam a reflexão e a assunção de um posicionamento crítico no processo de construção de conhecimentos novos e na divulgação dos mesmos.

Recursos lógicos e metodológicos que vimos antes se complementam com posturas morais, pois que o ser humano, por sua natureza, é um ser social e político. E qualquer atividade sua estará envolvida por tal situação.

No que se segue, explicitaremos um conjunto desses princípios da "moral intelectual", sem que tenhamos a pretensão de esgotá-los todos ou de tratá-los exaustivamente. Pretendemos, sim, que esta reflexão sirva de provocação à discussão, ao aprofundamento e à assunção política desses elementos.

## 1. Orientar-se pelo espírito crítico

Espírito crítico vem a ser a busca de ver, o mais objetivamente possível, a realidade; analisá-la. Discernir seus diversos componentes significa escolher, num processo reflexivo, as possibilidades de encaminhamento que a própria realidade exige para seu crescimento e transformação. Não há espírito crítico sem compromisso com a transformação da realidade.

Orientar-se pelo espírito crítico significa analisar rigorosamente as circunstâncias e fenômenos, buscando observar se "as conclusões" ou "afirmações" emitidas sobre os mesmos resistem a um confronto com os dados. Quando as afirmações e conceitos não resistem a esse confronto, isso significa que eram subjetivas, quando não puramente preconceituosas. Significa que o conhecimento era falso e, por conseguinte, não merecedor de aceitação.

O espírito crítico a que nos referimos, embora peculiar ao indivíduo, não nasce com ele. É fruto de uma conquista ao mesmo tempo pessoal e histórica. É resultante de um longo processo, para cujo crescimento e amadurecimento são fundamentais atitudes tais como:

## 1.1 Busca do sentido da prova

Equivale à busca de afirmar, com segurança, aquilo que possua suficiente fundamentação para ser afirmado. É despir-se de preconceitos e ser capaz de submeter, com isenção, as próprias afirmações e descobertas à discussão, ao debate e à avaliação, mantendo sempre a disposição necessária a mudar os posicionamentos e pontos de vista, desde que se mostrem inconsistentes. Em outras palavras, é ser capaz de acatar os resultados do processo crítico acima mencionado, mesmo que este se mostre contrário ao que se pensava ou se pretendia que a realidade fosse.

Exemplificando: alguém, a partir de informações de amigos e colegas, formou uma opinião a respeito da prática pedagógica de determinado professor. Mais tarde, tornou-se aluno daquele professor. Surge, assim, uma oportunidade para testar a própria opinião sobre o referido professor, principalmente porque a mesma fora formada em base a informações e experiências de terceiros. É o momento de confronto da realidade com as opiniões e pontos de vista existentes sobre a mesma. É o confronto entre os resultados do conhecimento sobre a realidade e a realidade ela própria. Este confronto traz consigo duas possibilidades de encaminhamento: *a primeira*, palmilhada por aqueles que possuem o sentido da prova; *a segunda*, seguida por aqueles que se deixam levar e guiar pelos preconceitos e pela incapacidade de obter um conhecimento fidedigno. *No primeiro* procedimento, os fatos serão chamados simplesmente a confirmar ou não as opiniões ou pontos de vista que se possui sobre a realidade. Ao lado disso, o sujeito manterá a disposição necessária, não apenas à possível confirmação do ponto de vista, como também à sua modificação, caso os fatos assim o exijam. *No segundo* procedimento, ante a inexistência do sentido de prova e a predominância do preconceito, o sujeito cognoscente torna-se incapaz de ouvir a voz dos fatos e da realidade. Por isso, busca apenas os elementos que corroborem a afirmação já anteriormente elaborada e emitida. Retomando o nosso exemplo, em meio às mais variadas manifestações do professor, escolher-se-á simplesmente aquelas que "sirvam" para "comprovar" a afirmação, já antecipadamente feita sobre o mesmo. Trata-se, por conseguinte, da busca de manutenção de verdades e interesses.

O sentido da prova conduz o sujeito a um conhecimento fidedigno, porque próximo de ser expressão da realidade. A falta de sentido da prova conduz, em vez, a pretensas conclusões e conhecimentos, úteis não à humanidade mas, exclusivamente, às pretensões dos grupos e pessoas que os produzem. Justamente por isso é que, no momento do confronto entre o conhecimento e a realidade, os dados que não servem a estes interesses e pretensões são sumariamente rechaçados. Nossa vida, no seu dia a dia, está repleta de acontecimentos deste último nível.[2]

Em síntese: a falta de sentido de prova faz com que vejamos a realidade não como ela, de fato, é, mas como queremos vê-la e como os nossos interesses impõem.

O conhecimento obtido sem o sentido da prova carece de fundamentação, de força, de objetividade. É um conhecimento aceito apenas pelos próprios interessados, pois que pautado na própria conveniência. A conveniência própria e o próprio interesse, no entanto, são valores que não se coadunam com o espírito crítico. Por esta razão, deve o espírito crítico romper constantemente as imposições mais variadas, quer sejam elas provenientes de elementos biopsicológicos (tendências, paixões etc.), quer de elementos sociais (tradições, costumes, estruturas etc.).

## 1.2 Opor-se ao dogmatismo

O segundo caráter do ato de guiar-se pelo espírito crítico é "opor-se ao dogmatismo". O homem é um ser "datado e situado" historicamen-

---

2. [N.R.] Aqui, suprimimos dois parágrafos, presentes na edição de 1984, devido a sua generalização, que, nos anos 1980, pareciam razoáveis para auxiliar a compreender o que se entende por "ausência de provas" e "preconceitos". Porém, hoje, trinta anos depois, os parágrafos já não nos pareceram satisfatórios para tal objetivo.

te. Pertence a um grupo, uma época, um povo. Possui, a partir de sua cultura e ambientação, determinada e específica maneira de encarar a vida. Cria, neste contexto, seus princípios de vida, seus esquemas, suas estruturas, seus valores, seus interesses. Cada povo, em cada tempo, incorpora e recria estes elementos de maneira sempre diversificada daquela em que o fazem outros povos. Também por estas razões, não há duas pessoas idênticas e, mais ainda, povo igual ou com valores totalmente idênticos aos de outro povo.

Por conveniência, comodismo e outros interesses, desenvolve-se, constantemente, nas pessoas e nos povos, a tendência de não questionar e ou modificar os modos e valores vitais que lhes são próprios. Algumas vezes, porém, ao lado desta tendência ao não questionamento, desenvolve-se, também, o gosto de impor a outras pessoas e povos a própria maneira de ver e se relacionar com o mundo.

É o dogmatismo, em virtude do qual, o homem, ao analisar e estudar a realidade, só se torna capaz de ver aqueles aspectos que comprovam a própria opinião, encontrando-os até mesmo onde eles não existem. O dogmatismo faz com que o sujeito se apegue exageradamente às próprias afirmações e pontos de vista e despreze o debate, a reflexão e, até mesmo, a refutação daquilo que pensa e afirma. Razões não lhe interessam, por mais evidentes que possam ser! O que convém, isso sim, é impor o próprio modo de ver e de viver aos outros.

Essa imposição se efetua de vários modos: pelo autoritarismo evidente ou disfarçado; pela força, bruta ou camuflada; pelo poder; pela violência, nas suas mais variadas formas. Exemplos evidentes de dogmatismo, em escala maior e mais ampla, são as ditaduras, com seus requintes e disfarces, todas elas massacradoras da capacidade de questionamento e de crítica dos homens. Não é em vão que todas as ditaduras dedicam amor todo especial à repressão, à censura, aos casuísmos, à sonegação de informações, à propaganda ideológica, que, quanto mais sub-reptícia, melhor.

Dogmatismo significa, por conseguinte, de um lado, a incapacidade de ver e interpretar a realidade diversamente da indicada pelos esquemas, interesses, valores e conveniências pessoais; de um outro, significa, também, a tentativa de impor este mesmo conjunto de valores e interesses aos outros. A máxima do dogmatismo é a seguinte: a certeza não provém da correspondência entre o que se diz e a realidade; algo é certo porque foi um "eu" que disse. Assim sendo, o próximo passo é a imposição do que esse "eu" disse àqueles que nada disseram e dos quais se subtrai o poder e a capacidade de dizer a própria palavra. Exemplifiquemos: em determinada construção há o engenheiro responsável pelo projeto e o mestre de obras. O engenheiro, orientando a realização de determinada parte da obra, determinou como algumas tarefas deveriam ser executadas tecnicamente. Ao tomar conhecimento das determinações, o mestre de obras tentou mostrar ao engenheiro que aquelas tarefas poderiam ser realizadas de outra maneira, com mais eficiência e economia. A principal fonte de argumentação do mestre de obras foi a sua própria experiência em matéria de construção; experiência prática muito mais ampla que aquela do engenheiro. Engenheiro e mestre de obra, analisando o assunto e as opções de trabalho concluíram que a alternativa oferecida pelo mestre de obras era realmente melhor. No caso, não houve dogmatismo. Não houve imposições. Cada um teve o direito de "dizer a sua palavra" sobre o problema, e o engenheiro, coisa rara, foi capaz de ver a realidade objetiva a partir da ótica de um operário.

Frequentemente, acontece justamente o inverso. O engenheiro, possuidor de um "saber universitário", não vai se "rebaixar" a discutir suas "ordens" com um operário, no mais das vezes iletrado e sem condições de acesso ao tipo de "saber técnico-científico" de que o engenheiro é portador. O engenheiro, então, cassa a palavra e o saber do operário. Impõe suas visões e perspectivas, sem admitir discussão. Estamos claramente diante de um processo de dogmatismo.

Se exemplificamos com um engenheiro, podemos igualmente transpor o problema para nossa vida cotidiana onde, muitas vezes, por uma simples questão de "não dar o braço a torcer", um diálogo é interrompido; um trabalho não é sequenciado; uma verdade não é reconhecida; os valores das coisas lhes são negados; os pacotes são editados;[3] pessoas se tornam incapazes de ver a realidade; povos inteiros são impedidos de decidir sobre seus próprios destinos; professores ditam dogmas e verdades prontas; alunos são silenciados e impedidos de desenvolver seu senso crítico; o homem, finalmente, é amordaçado.

Sendo o dogmatismo aquilo que acabamos de expor, é evidente que o espírito crítico não pode andar de mãos dadas com ele. São valores absolutamente opostos.

## 1.3 Possuir firmeza nas afirmações

O espírito crítico não se coaduna com imposição e dogmatismo, nem sobrevive sem a firmeza necessária nas afirmações. Uma atitude de segurança é necessária. O ponto de vista defendido não pode e não deve ser modificado ao sabor dos ventos, sem razões sérias e convincentes. Se assim fosse, dificilmente se construiria o edifício do conhecimento humano.

Firmeza não significa, aqui, intransigência, mas um posicionamento de clareza sobre o que se afirma. Ela exige um esforço de objetividade e de fuga da imaturidade do entendimento.

## 2. Orientar-se pelo senso de realidade

Ter o senso de realidade deve ser, também, uma preocupação básica do sujeito do conhecimento. Isso significa uma atitude de abertura à realidade, na disponibilidade constante de apreendê-la como ela é, mesmo que isto não se apresente como conveniente. É uma atitude de humilde submissão à realidade.

---

3. [N.R.] A expressão "pacotes editados" refere-se a um conjunto de decisões que eram tomadas no período do governo militar brasileiro, que determinava "pacotes" de medidas impositivas à população, isto é, um conjunto de medidas não discutíveis e usualmente antipopulares. Anda hoje usamos essa denominação para indicar um conjunto de medidas tomadas pelo poder constituído.

Senso de realidade não pode ser entendido como sinônimo de passividade no ato de conhecer e nem se equipara, neste processo, ao simples ato de registrar, como uma câmera fotográfica, os fatos que acontecem. Deve, antes, ser entendido como um momento dialético de tensão e equilíbrio entre duas tendências opostas e sempre presentes ao ato de conhecer: a que confia ao homem que conhece apenas o papel de registrador passivo dos acontecimentos e "aquel'outra" que, acentuando exageradamente o subjetivismo, termina por depauperar a dimensão universal e objetiva do conhecimento humano. De fato, o sujeito cognoscente e o objeto conhecido comungam mutuamente no processo de conhecimento e é, justamente, desta comunhão que decorre o que denominamos senso de realidade, base indispensável para conduzir o sujeito à obtenção de um conhecimento fidedigno. Senso de realidade, por conseguinte, é uma atitude que exige, *por um lado*, reconhecimento e respeito pelas qualidades fundamentais do sujeito que conhece — sua cultura, suas estruturas lógicas, sua participação pessoal no processo, sua história, seu modo de ser — e, *por outro*, exige que este mesmo sujeito, assim constituído e valorizado, se esforce para, em vez de projetar seus preconceitos e perspectivas sobre o objeto a ser conhecido, manter uma abertura constante ao real e realize um conhecimento, o mais possível, próximo à realidade.

Em outras palavras, senso de realidade significa justamente o esforço que deve fazer o sujeito no sentido de manter constante e perene a sua abertura ao real e, por conseguinte, não impor seus esquemas à realidade. É esta abertura que o tornará capaz de não somente superar seus próprios esquemas, preconceitos e interesses, como também de constatar se suas "verdades e certezas" possuem ou não um fundamento real.

Algo é fundamental para que isso aconteça: o sujeito cognoscente deverá esforçar-se, ao máximo, para manter a distância entre o *eu* (quem conhece, com seus interesses, preconceitos, opiniões preformadas etc.) e o *outro* (objeto a ser conhecido ou estudado).[4]

---

4. [N.R.] Hoje sabemos com clareza que a biografia pessoal interfere bastante na forma como o adulto se porta e se conduz na vida pessoal e na vida social, fato que, com certeza, vai influir

Esta distância evitará que os preconceitos, interesses, tabus, valores etc. do sujeito cognoscente interfiram em medida demasiada no resultado do conhecimento.

Alcançada esta alteridade (distância) que garante a obtenção de um conhecimento com um mínimo de isenção e dosagem de realidade, o senso de realidade exige, ainda, uma outra atitude por parte do sujeito cognoscente: a submissão do conhecimento obtido à crítica da comunidade dos pesquisadores, seja qual for a tendência a que eles se filiem ou pertençam. Por esta via será testada a alteridade do conhecer e, deste modo, as descobertas e conclusões, finalmente, obtidas estarão mais perto do real.

## 3. Orientar-se pela humildade

Imaginemos que alguém, querendo explicar e encontrar soluções para determinado problema, lança algumas hipóteses explicativas do mesmo. Parte, em seguida, para testar qual destas hipóteses levantadas traz realmente a solução desejada. O teste realizado indica que nenhuma das hipóteses tem consistência e possibilidade de trazer soluções. Ser humilde, no caso, significa a coragem de reconhecer que as explicações hipotéticas, até então consideradas válidas, não eram suficientemente convincentes. Em outras palavras, é ser capaz de reconhecer que a realidade é, de fato, diversa daquilo que se imaginava que ela fosse.

Suponhamos, no entanto, que, ao ser testada, uma hipótese se revele consistente e aceitável. Ser humilde, então, é ser igualmente capaz de constatar que a explicação levantada é válida e aceitável.

Humildade, pois, não tem nada a ver, como geralmente se apresenta, com renúncia àquilo que se conquistou ou que se é. Ao contrário, ela tem muito a ver com a verdade, a objetividade, a certeza e valores afins, que não são virtudes negativas e castradoras.

---

também em seu modo de produzir conhecimentos. Afinal, somos condicionados pela nossa experiência e, simultaneamente, nossa experiência condiciona a cultura.

No processo do conhecimento, a humildade manterá o homem em atitude de abertura e disponibilidade a escutar o que diz a realidade, quer seja a realidade das nossas experiências, quer seja das experiências dos outros.

## 4. Agir corajosamente

Uma das principais finalidades do conhecimento é proporcionar ao homem condições e possibilidades de uma avaliação crítica do seu modo pessoal e social de viver. Assim, o conhecimento se torna uma mola propulsora de mudanças e transformações sociais. Necessário se faz, para tanto, que o sujeito cognoscente possua coragem. Caso contrário, como se opor, quando necessário, aos hábitos arraigados, às interpretações críticas da realidade, ao poder que pretende amordaçar o conhecimento, às honrarias e recompensas que, em determinadas ocasiões, funcionam como verdadeiros obstáculos na estrada da obtenção da certeza e da busca da verdade?

É preciso coragem para não colocar o conhecimento a serviço de um poder repressor e destruidor de valores, e sim a serviço da libertação e do crescimento dos homens.

## 5. Agir com capacidade de comunhão[5]

O conhecimento humano nem é fruto do esforço isolado de uma pessoa, nem resultado apenas de um determinado momento histórico. Para se atingir o estágio atual foi necessário muita dedicação, sacrifício, contribuição e participação de inúmeras pessoas, grupos, povos e civilizações. O que se possui hoje, em termos de conhecimen-

---

5. [N.R.] O termo "comunhão" — que tem conotações religiosas, especialmente utilizadas na Igreja Católica —, neste texto, está sendo tomado como a capacidade de partilhar e ser solidário com o outro na construção do conhecimento válido. A possibilidade que temos de construir conhecimentos significativos e válidos está comprometida com uma experiência coletiva solidária e construtiva. Todos contribuem: os do passado, os do presente e — por que não? — os do futuro.

to, é resultado de uma imensa trajetória que deve ser continuada, pois a vocação do homem não é apenas a de usufruir do produto do esforço dos outros, mas sim de se engajar ativa e criticamente no processo do conhecimento.

O engajamento no processo do conhecer requer de cada pessoa e de cada comunidade um grande espírito de comunhão. Espírito de abertura e de união aos outros na busca da verdade. Espírito de universalidade que conduz o homem à certeza de não poder fechar-se em si mesmo.

A preocupação básica do homem deve ser a de se caracterizar como membro de uma comunidade inteligente, crítica, criativa, dedicada a descobrir, avaliar, redescobrir, criticar e assim por diante.

É imprescindível que cada um se conscientize de que muito daquilo que descobre e afirma traz ainda a marca de sua formação intelectual e moral, a marca de seus princípios, de seus gostos, de seus preconceitos etc. É preciso não perder de vista que, por mais objetiva que se julgue uma conclusão e afirmação, ela, de um lado, permanece vinculada aos valores pessoais e grupais do autor do texto e de outro, não passa de uma conclusão, uma afirmação, um ponto de vista. Muitos outros, então, ainda são e serão possíveis. Somente a abertura consciente e crítica à avaliação e questionamentos dos outros é que garantirá a superação dos limites do conhecimento produzido, possibilitando o progresso e evitando o dogmatismo.

Foi a crítica que garantiu a não estagnação do conhecimento e o seu consequente progresso até os nossos dias. Será igualmente a crítica às posições assumidas hoje que garantirá o seu crescimento futuro.

Essa crítica não se efetua sem o espírito de comunhão, sem que se perceba que a verdade não é propriedade de nenhuma época, de nenhuma pessoa, de nenhuma religião, de nenhum credo político, de nenhuma corrente de pensamento. Por isso, todas as descobertas, por mais próximas que as julguemos da verdade, devem ser analisadas, retestadas, avaliadas, complementadas, negadas até.

Isso é saber comungar!

# 6. Agir de modo questionador e criativo

Nenhum conhecimento é definitivo. Nenhum resultado é já exaustivo. Em realidade, todo e qualquer conhecimento que se obtém nos revela apenas uma faceta, um aspecto da realidade estudada. O conhecimento nos mostra que, em nossa busca, chegamos a um enfoque, um ponto de vista, uma determinada interpretação da realidade. Não há conhecimento que se possa arvorar o poder de desvelador da totalidade. Todo e qualquer conhecimento é realizado dentro de determinados tempos e espaços. É efetuado por sujeitos determinados e com objetivos determinados. Por conseguinte, todo e qualquer conhecimento é relativo e, deste modo, insuficiente e imperfeito. A própria sistematização do conhecimento, com a especialização que comporta e que, dia a dia, se intensifica, é uma prova inequívoca disso que afirmamos.

Esse fato obriga o homem, inserido no processo do conhecer, a envolver-se, em vez de no manto das verdades prontas, estáticas e definitivas, naquele da certeza de que toda descoberta nada mais é do que um conhecimento provisório da realidade analisada. Inserido, pois, no processo evolutivo do conhecimento, o homem nunca se poderá dar por satisfeito.

Desenvolvendo suas atividades de conhecer, deve, então, ser eminentemente parentético, crítico. Efetivamente, se não questionamos, é sinal de que apenas usufruímos, sem pensar e sem refletir.

O questionamento age como elemento desinstalador, porque aponta sempre para o dinâmico, para a retomada das questões, para o aprofundamento dos temas, para a modificação da realidade, para o futuro do homem. O questionamento criativo e crítico levanta-se contra o comodismo, contra a instalação, garantindo, assim, que o conhecimento não entre em defasagem, mas acompanhe o ritmo evolutivo da própria realidade.

É evidente que o questionamento se constitui em atitude incômoda tanto para quem o realiza quanto, de modo especial, para quem já se acostumou às verdades e certezas que possui e, assim, tem medo de que elas sofram alguma transformação. Não foram, contudo, os comodistas os autores das grandes transformações que a história registra.

Questionar por questionar, no entanto, não conduz a nada. O questionamento é parte integrante de um processo mais amplo que exige, ao mesmo tempo, a identificação de encaminhamentos válidos para as problematizações levantadas. Encaminhamentos estes que devem trazer a marca inconfundível da criatividade e da originalidade. Nunca da repetição.

Quem não questiona e não cria, não conhece. Decora e engole dogmas e receitas. Nunca se torna capaz de estabelecer um diálogo fecundo com a realidade.

## 7. Agir com perseverança e tenácia

Há, em muitas descobertas, uma certa dose de acaso. O resultado efetivo e final de uma pesquisa, no entanto, nunca é ocasional. É sempre fruto de um processo intencional, no mais das vezes, longo, cansativo e desgastante.

Por esta razão, o processo do conhecimento exige muita perseverança e tenácia de quem o realiza, para que se possa evitar o risco da desistência ou do abandono, a meio caminho, de objetivos prestes a serem alcançados.

Há um exemplo clássico a este respeito. De Edison, inventor da lâmpada incandescente, conta-se que, após cerca de 700 tentativas fracassadas, um seu discípulo lhe sugeriu que desistisse do projeto. Edison, então, retrucou: "Não posso. Agora, ao menos, sei muitos modos de não fazer a lâmpada incandescente. Devo estar, por conseguinte, mais próximo de descobri-la".

Sobre a perseverança no conhecer, dificilmente se poderá dizer algo mais profundo. Importa, ao trabalhar na produção de conhecimento, ter sempre presente que o caminho nem sempre é leve e rápido. Fator este que exige determinação voluntária por parte do sujeito.

## 8. Conclusão

Existem pistas e orientações para indicar os caminhos metodológicos a serem seguidos no próprio processar-se do conhecimento sistemático, independendo das pessoas que o realizam e das circunstâncias em que o mesmo acontece. A estas regras e pistas chamamos de métodos do conhecimento, diversificados a depender do ramo específico em que se efetua o conhecer.

Existem também princípios que devem nortear a conduta humana daqueles que se dedicam ao conhecer, independente do ramo específico em que este mesmo conhecer se efetua.

Existe igualmente uma dependência mútua entre os métodos do conhecimento e os princípios norteadores da conduta do pesquisador. Uns e outros são interdependentes e se intercomplementam.

Não é de estranhar que nossa reflexão, mesmo buscando detalhar as características morais e intelectuais do procedimento do sujeito cognoscente, haja retomado e até aprofundado aspectos atinentes à metodologia da ciência, à sua filosofia, enfim, ao método e filosofia do próprio conhecimento sistemático. Nossa ótica, porém, sempre foi aquela de levantar principalmente reflexões pertinentes à conduta do ser humano que quer conhecer.

Ao concluir estas reflexões, importa mais uma vez ressaltar o fato de que os princípios e valores aqui analisados não se constituem em sistemas fechados e definitivos. Não pretendem ser a última palavra. O que aqui refletimos e analisamos encontra-se em constante devir. Em constante fazer-se. Devir e fazer-se em dupla dimensão. Em primeiro lugar, *enquanto prática*, na conduta existencial e histórica de todo aquele que os assume e com eles se compromete; em segundo lugar, *enquanto princípios de conduta*, porque aqui se submetem ao questionamento crítico e criativo dos que o fazem, justamente porque neles acreditam.

Os princípios aqui refletidos e principalmente a prática dos mesmos nos serão de grande valia na vida; na universidade ou fora dela;

ao fazer ciência, ao participar de uma aula ou debate; ao pesquisar e buscar conhecer melhor a realidade que nos cerca, para, ante ela, assumirmos os posicionamentos que se fizerem necessários; ao tentar conhecer o nosso mundo, quer diretamente através de nossa experiência, quer através dos relatos escritos, orais e visuais das experiências de outras pessoas.

Afinal, agir criticamente, com senso de realidade, buscando conhecer a realidade como ela é e despindo-se, para tanto, de preconceitos, tabus e imposições quaisquer que sejam, não é e não pode ser peculiaridade exclusiva de cientistas, pesquisadores, filósofos e nem dos que frequentam a universidade. É, antes de mais nada, a marca de todo ser humano que, consciente de seu papel na história, se propõe a analisar reflexiva e criticamente o seu mundo, as suas circunstâncias e aí detectar as soluções que os problemas e impasses do mundo de hoje exigem de todo aquele que não renunciou ao seu papel fundamental de ser sujeito da história.

# Produção e transmissão de conhecimento no Brasil

## CAPÍTULO 4

[N.R.] Após compreender o que é o conhecimento, a dinâmica do ato de conhecer, os tipos de conhecimento — comum e crítico —, os padrões éticos de conduta do pesquisador, nada mais justo que completar essa unidade de entendimentos — que fundamentam a conduta metodológica — com um estudo do que ocorreu com a produção e divulgação do conhecimento no país. Na perspectiva da criticidade, importa ter ciência dos eventos significativos da história que nos antecedeu, assim como da forma como ela chegou até nós. Este capítulo introduz o leitor nessa seara. Vamos penetrar no mundo dos caminhos e dos descaminhos do conhecer em nosso país, no desejo de que essa compreensão nos coloque no desejo efetivo de mudar o rumo das coisas, isto é, tornar-nos independentes e autônomos na área do conhecer e da acumulação de conhecimentos, não por oposição ao estrangeiro, mas sim somando com ele. Hoje, o planeta é denominado e efetivamente é uma "aldeia global". Assim sendo, qual a razão para não nos irmanarmos como um todo em busca de novos e necessários conhecimentos? Este capítulo está posto como um convite a esse caminhar.

Até o momento, em nossas análises anteriores, temos dado atenção aos aspectos mais epistemológicos e morais da prática da produção do conhecimento. Contudo, este exercício não ocorre independente do tempo e do espaço. Ele se dá situado, por um lado, sofrendo as interferências desses elementos e, por outro, atuando sobre eles.

O estudo que desenvolvemos a seguir objetiva exatamente isso: situar a prática do conhecimento em nosso espaço geográfico e histórico. Teremos, pois, uma verificação de como a prática do conhecimento e sua consequente divulgação não são uma coisa inócua, mas profundamente política. Depende de como ela é feita e para que ela é feita. Assim como essa prática, em si, tem possibilidades de auxiliar e promover a libertação, tem também a possibilidade de ser usada para a opressão, seja pela proibição pura e simples do desenvolvimento do ato de conhecer, seja pela escamoteação do adequado desvendamento da realidade.

Nessa abordagem, inicialmente daremos atenção ao fato da dependência brasileira no que se refere à produção do conhecimento,[1] quer no período colonial, quer no período imperial ou republicano. Num segundo momento, nos dedicaremos à reflexão sobre a questão da transmissão dos resultados do conhecimento, voltando-nos para os mesmos períodos históricos.

---

1. [N.R.] Importa observar que, nos anos 1980, estávamos muito mais dependentes do que estamos hoje (ano 2012) em termos de produção de conhecimentos. Neste momento histórico, o Brasil já desponta junto de outros parceiros, na cena internacional, no que se refere à quantidade e à qualidade de produção de conhecimentos. Certamente que ainda não nos igualamos a muitos outros países, mas demos largos passos.

Apesar de nossa abordagem se manifestar com caracteres gerais da produção e transmissão do conhecimento no país, damos especial atenção aos encaminhamentos desses processos através da prática educacional instalada e vivenciada em nossa terra. A educação escolarizada, como instituição oficial, apresenta-nos, de imediato, o senso que orienta essas práticas em nossa história. Ela é o meio pelo qual a oficialidade deixa vazar o seu modo de entender e praticar a política, no caso, a política do conhecimento. A educação institucionalizada não é o núcleo temático de nossa reflexão, mas ela serve como instrumento de análise, como veremos.

## 1. A produção de conhecimento no Brasil

### 1.1 Colonialismo e produção de conhecimento

Colonizar é

relacionar-se com os países novos para tirar benefícios dos recursos de qualquer natureza destes países, aproveitá-los no interesse nacional e, ao mesmo tempo, levar às populações primitivas, que delas se encontram privadas, as vantagens da cultura intelectual, social, científica, moral, artística, literária, comercial e industrial, apanágio das raças superiores.[2]

Assim entendida, a colonização implica necessariamente na implantação de:

— *uma dependência jurídica* — a Metrópole administra a Colônia;

— *uma dependência econômica* — a economia da Colônia é reserva e está basicamente voltada para os interesses da Metrópole;

— *uma dependência cultural* — o colonizado deve simplesmente receber as "vantagens da cultura" das raças superiores.[3]

---

2. Maria Ieda LINHARES. *A luta contra a Metrópole* (Ásia e África), p. 35.

3. Idem, p. 40 ss.

Constituindo-se basicamente num processo circunstancial de espoliação, a colonização necessita de justificativas, no mais das vezes, de caráter humanitário. Por esta razão é que o colonizador, inicialmente, se reveste de características humanísticas e filantrópicas. Em seguida, porém, cai inevitavelmente no etnocentrismo e no racismo, processos pelos quais analisa a "natureza" do colonizado como natureza incapaz, não inteligente e, então, impossibilitada de produzir conhecimentos válidos, de fazer ciência, de se autogovernar. A decorrência lógica de tudo isto é, *por parte do colonizador*, a imposição de sua cultura, ideias, modos de viver, valores, religião, conhecimentos etc.; *por parte do colonizado*, a obrigação que lhe é imposta de receber, sem questionar e avaliar, tudo aquilo que é trazido pelo colonizador e, concomitantemente, levar a vida pedindo permissão, importando, renunciando àquilo que é especificamente seu.

> O estatuto filosófico do país colonial é o seguinte: a Colônia não é sujeito, é objeto; não é forma, é matéria; não é centro, é periferia; não é cultura, é natureza; não é história, é geografia [...] o país colonial é um país oco, cuja vida não passa de um reflexo da vida da metrópole. E esta tem sido a vida da América. Vida reflexa, sem conteúdo próprio, sem densidade ontológica específica.[4]

O conhecimento não existe como uma entidade autônoma, independente das condições sociais, econômicas e políticas da sociedade em que é produzido; embora possa ser ele um instrumento de modificação destas circunstâncias, é também profundamente tributário delas. Por esta razão, é dentro do contexto acima delimitado em relação à colonização que importa entender a nossa história, no Brasil, naquilo que se refere concretamente à produção de conhecimento.

Os portugueses aportaram no Brasil como "descobridores", "benfeitores", portadores que eram da cultura das raças superiores; trouxeram a fé, os valores, os costumes europeus, ao lado de seus conhe-

---

4. Cf. Roland CORBISIER. Filosofia no Brasil. *Encontros com a civilização brasileira*. Civilização Brasileira, n. 4, p. 56, 1978; cf. também do mesmo autor no Prefácio da edição brasileira do livro de Albert MEMMI, *Retrato do colonizado precedido pelo retrato do colonizador*, p. 8-10.

cimentos e técnicas. Não trouxeram estes elementos, porém, para o estabelecimento de uma relação dialética com a cultura já aqui existente e, a partir daí, a geração e criação de algo novo e mais significativo; a bagagem trazida por eles o foi em termos absolutos. Era uma bagagem de imposição.

Assim sendo, que teriam a oferecer os nativos e "selvagens" desta terra? Nada mais que mão de obra escrava para os projetos portugueses de exploração da terra e de suas riquezas. Culturalmente, não lhes era facultada a palavra.

Como se manifestava a vida em nosso processo colonial?

a) A atividade econômica se dirigia exclusivamente para a satisfação da burguesia comercial da Europa; a colônia era instrumento de poder da Metrópole;

b) As condições da Colônia eram profundamente adversas à produção de qualquer conhecimento

— a escola, mantida pelos jesuítas, destinava-se mais aos filhos das famílias ligadas ao cultivo do açúcar; eram, ao lado disso, mais um instrumento de dominação que de criação de uma mentalidade capaz de produzir os conhecimentos necessários à vida autônoma do país;

— a catequese, dirigida também a índios e escravos; era mais uma imposição de valores e interesses do Reino conquistador. Pouco tinha de proposta de fé. Cristianização e aportuguesamento eram tarefas sinônimas, indissociáveis e identificáveis entre si... Pela vinculação estreita mantida com a cultura portuguesa do século, a catequese deve ser analisada como fator de colonização e, dadas as circunstâncias, como instrumento de imposição cultural, sendo recebida assim pelos índios.[5]

— a imprensa era proibida. Proibida também a impressão de livros, revistas, obras e papéis por parte da colônia; registra-se que o jesuíta padre Francisco de Faria fundou, no Rio de Janeiro, no século XVIII, a primeira oficina tipográfica, que foi destruída, mais

---

5. Cf. José Maria PAIVA. *Colonização e catequese*, p. 13 ss.

tarde, por ordem do governo português (Carta Régia de 6 de junho de 1747), que mandou sequestrar e remeter para Portugal as letras de imprensa, proibindo que se imprimissem livros, obras ou papéis avulsos e cominando a pena de prisão para o Reino;[6]

— não existiam universidades; era proibido, além do mais, o intercâmbio comercial e/ou cultural com outras partes do mundo;

— poucos brasileiros estudavam e os que o faziam realizavam seus estudos na Europa; inibia-se qualquer tipo de produção intelectual; os estudos realizados eram simplesmente os ligados aos interesses de administração da colônia.[7]

Se esta era a situação nos tempos de Colônia, não muito diversa será ela na ocasião do Império e da Primeira República. O modelo econômico continua aquele agroexportador, baseado em exportação de produtos agrícolas para as metrópoles. A dependência econômica e, em consequência, política se tornará cada vez mais massacrante, principalmente em relação à Inglaterra. Analisando a penetração imperialista da Inglaterra no Brasil — Império e Colônia —, Leôncio Basbaum apresenta uma série de dados relativos aos empréstimos tomados pelo Brasil em Londres, relatando, ao mesmo tempo, algumas das imposições feitas pelos ingleses como condições para liberação dos empréstimos. Jornais ingleses chegaram a fazer afirmativas como a que se segue:

estamos intervindo nos negócios do Brasil porque estamos intervindo em nossa casa: temos lá £ 84.000.000.[8]

Sinteticamente, o que dizer de nossa produção de conhecimento nestas épocas? A nós, ao Brasil, não foi facultado dizer a nossa palavra, descobrir o nosso lugar, assumir nossa posição e, a partir daí, pensar a nossa realidade. A sociedade colonial era uma sociedade baseada em

---

6. Cf. Fernando de AZEVEDO. *A cultura brasileira*, p. 528.

7. Cf. R. MOREL. *Ciência e Estado*: a política científica no Brasil, p. 26 e 55.

8. Cf. Leôncio BASBAUM. *História sincera da república, 1889-1930*, p. 29 e especialmente 134-6.

imposições em todos os sentidos e dimensões. Os pretos tiveram castrado todo seu potencial cultural e criativo. Eram, simplesmente, escravos. Os índios, por reagirem às propostas portuguesas de fé e costumes, terminaram sendo confinados em aldeias administradas pelos jesuítas. Estes se fixavam na posição de que somente com o aldeamento e sujeição era possível fazer alguma coisa, pois os índios não tinham capacidade para a fé; estavam mais próximos dos animais brutos que dos homens; não estavam maduros e voltariam atrás quando se relaxasse o aldeamento e a sujeição. Serafim Leite afirma mesmo que era necessário mudar o sistema social e econômico dos índios, o que não se faria fora do aldeamento.[9]

Hoje em dia, criticamos e nos lamentamos da série de imposições econômicas, sociais e culturais que os regimes fazem cair sobre nossas cabeças. Popularmente estas imposições são denominadas de "pacotes". Onde encontrar a raiz desta prática, no entanto, senão no nosso passado colonialista? Ele, com efeito, reservou para os portugueses a perspectiva de ser sujeito e de ser centro das decisões; reservou, ao mesmo tempo, para os negros e os índios a perspectiva diversa, de ser periferia e objeto. Índios e pretos, com efeito, eram simplesmente considerados criaturas inferiores e incapazes de produzir; suas culturas, suas manifestações religiosas e suas organizações sociais foram estigmatizadas de retardadas, pecaminosas e de segunda categoria. Como a raças inferiores, somente lhes era confiado o papel de receber, aceitar e repetir. E, como "colaboração" ao mundo "bondoso" que lhes "oferecia" sua cultura, deviam também enviar suas riquezas e as de suas terras para serem usufruídas por aqueles que os exploravam.

Aos invasores e colonizadores, por conseguinte, tudo era garantido: pela lei, pela religião, pela organização, pela força.

As outras raças e povos, o que competia? Enviar riquezas... tornar-se escravo... perder o direito... as liberdades. Repetir. Esperar. Suplicar. Esta a tarefa reservada aos que construíam o Brasil com a

---

9. Cf. J. Maria PAIVA. Op. cit., p. 86-91.

força de seus braços e de seu sangue. Ao Brasil, então, não foi permitido falar.

Ainda hoje, se analisarmos a realidade, não é diferente a nossa prática.

Não é de estranhar, por conseguinte, que possuindo raízes num passado tal, hoje, sejamos ainda considerados, como povo, incapazes de votar direito; de definir realmente os rumos do país; de eleger prefeitos de capitais e presidente da República;[10] de decidir o que deverão ser e fazer as nossas universidades. Nossa tarefa, neste particular, é ainda aquela de receber as ordens e de cumpri-las com fidelidade e dedicação. Assim desejam os detentores do poder.

Naquela época, nem mesmo as medidas liberalizantes, que advieram com a mudança da Corte para o Brasil, transformaram muito os rumos das coisas. Houve a abertura dos portos... criaram-se mais escolas... fundou-se a imprensa régia... criou-se o primeiro jornal brasileiro... Mas a situação jurídica e econômica de espoliação continuou a mesma. E as modificações a que nos referimos o foram mais em benefício da própria coroa, da corte e dos que a ela estavam ligados. Sede do Reino de Portugal, o Brasil o era enquanto Colônia. Nunca de modo autônomo e independente. O próprio Reino era de Portugal. Não do Brasil.

A conclusão última de todo este processo é a seguinte: vivíamos, pelas imposições que eram jogadas sobre nós, de costas voltadas para o país, debruçados sobre a Europa, consumindo imoderadamente o produto europeu, de maneira não crítica e não reflexiva, dominados por um "temor referencial". Periféricos, pobres, atrasados, subdesenvolvidos, debruçávamo-nos, genuflexos, diante de toda e qualquer obra europeia. Isso porque a posição de colonizado não se manifesta apenas em aspectos econômicos. Generaliza-se para todas as áreas. Por isso é que ser culto no Brasil, a partir de então e até hoje, é viver

---

10. [N.R.] Para compreender esses impedimentos, lembrar que o texto foi escrito no início dos anos 1980 e publicado em 1984, quando, no Brasil, saíamos do longo período do governo militar, quando votar e ser votado era uma impossibilidade pelas imposições do regime.

fazendo do europeu, do americano, do japonês o seu principal personagem; cultura, no Brasil, é acumular informações sobre um "não brasileiro":[11] europeu, americano, inglês, alemão, japonês.

Por isso que esquecemos o que passa à nossa volta para nos dedicarmos com mais liberdade àquilo que acontece nos outros centros de cultura. Vivemos, então, num mundo não nosso. Pensando e analisando urgências e necessidades que são dos outros e não nossas. Presos a problemas, perspectivas e soluções que o são apenas para aqueles que nô-las impõem.[12] Assim, pois, não era possível produzir, porém, só consumir conhecimentos.

## 1.2  Desenvolvimento dependente e produção de conhecimento

Nossa história registra, após a fase de agroexportação, uma época denominada de *substituição das importações* e marcada especificamente pelo esforço de aumentar a industrialização, a fim de que se conseguisse produzir bens de consumo que eram por nós importados. O início deste passo histórico foi forçado pela grande crise do café em 1929, juntamente com a falta de divisas.

Como país e como povo não havíamos, até então, produzido nada de pensamento próprio e de ciência própria. Era natural e lógico, na sequência do próprio processo colonial que não havia sido rompido, que, modificando-se apenas o processo de produção e comercialização, se mantivesse o estilo de dependência.

Na fase anterior, do Primeiro Império, numerosos sábios estrangeiros passaram pelo Brasil. Eram naturalistas, geólogos, geógrafos etc. Estes homens haviam passado por aqui, no entanto, sem deixar

---

11. [N.R.] Hoje, felizmente, já nos encontramos bem mais distantes do modelo de assumir o "não brasileiro" como o melhor. Ainda podemos, aqui e acolá, assumir essa postura, mas nada parecido com o que ocorria nos anos 1980 e anteriores.

12. Cf. Roland CORBISIER. Op. cit., p. 54 ss.; cf. também Roberto GOMES. *Crítica da razão tupiniquim*, p. 72-101.

seguidores e sem alterar a cultura nacional. Levaram consigo, no entanto, grande quantidade de material científico.

As escolas superiores que caracterizam o ensino brasileiro, nesta fase anterior, foram instituições importadas da Metrópole, no intuito de favorecer e incrementar a transposição cultural. Eram destinadas à formação de pessoas com aptidão a ocupar certos papéis na estrutura de poder político e das profissões liberais.

A restrita quantidade de pesquisa realizada até então se dera em centros que surgiram fora da órbita oficial e das escolas superiores. Assim foi com o Instituto Bacteriológico, onde trabalhou Adolfo Lutz, identificando doenças como febre tifoide, ameba, cólera etc.; de igual modo foi com o Instituto Butantã (1897-1934) e ainda com o Instituto de Manguinhos (1900), entre outros. Nunca, porém, estas instituições foram fruto de uma política consciente para pesquisa; e sim respostas a problemas e provocações específicas. Manguinhos, inclusive, a partir de 1907 passa a possuir padrão internacional de pesquisa.

E a partir de 1930, o que acontece?

Historicamente,[13] entramos na fase de expansão do capitalismo urbano industrial.

Cria-se, então, um maior número de escolas superiores para a formação dos recursos humanos necessários ao processo produtivo. Dá-se a expansão quantitativa do ensino superior, merecendo registro especial a criação da Universidade de São Paulo (1934) e a do Distrito Federal (1935), ao lado de outras criadas em tempos imediatamente próximos (Universidade do Rio de Janeiro — fundada em 1920 e reorganizada em 1937 —, de Minas Gerais — criada em 1927 —, e numerosas escolas).

Professores da França, Itália, Alemanha são contratados em perspectivas um pouco diversas dos sábios estrangeiros que por aqui haviam passado.

---

13. [N.R.] Neste parágrafo foi introduzido o advérbio "historicamente", para reforçar o momento histórico em que começamos, como país, a abrir os olhos para as necessidades de pesquisar e produzir conhecimentos.

Por parte da "comunidade científica" partem duas iniciativas fundamentais: organiza-se, em 1949, o Centro Brasileiro de Pesquisas sob a direção do professor Cesar Lattes, assumindo o professor José Leite Lopes o domínio da Física Teórica; cria-se, em 1948, a Sociedade Brasileira para o Progresso da Ciência, visando o robustecimento da organização científica nacional e a propagação da luta pela liberdade de pesquisa.

Não se constata, no entanto, uma linha sistemática de orientação do país no rumo da ciência e do conhecimento próprios. As várias iniciativas que surgem partem de grupos particulares e, por vezes, são fadadas ao desaparecimento pela falta de apoio oficial.[14]

Complementando o quadro, mais ou menos adverso ao desenvolvimento de uma mentalidade crítica e científica, há, na época, o que se poderia chamar de bacharelismo. Os pais queriam, a todo custo, "formar" seus filhos. Ao "doutor", com efeito, abriam-se mais facilmente as portas do funcionalismo público. Esta tendência nasceu desde a segunda década do século e, segundo L. Basbaum, este bacharelismo, espécie de cultura eterna, intocável, acabada, estandartizou as inteligências e emperrou o espírito criador e o desenvolvimento cultural por algumas gerações;[15] concomitantemente, criou-se para as "classes menos favorecidas" as escolas profissionalizantes, a exemplo dos liceus de artes e ofícios. Estas escolas criavam as condições para assegurar maior produtividade ao setor industrial e extrair maior parcela de "mais-valia" dos trabalhadores mais bem treinados.[16]

O conjunto de medidas educacionais do Estado Novo (1937-1945) nada faz sentir, no entanto, em relação à preocupação de incentivar a produção de um conhecimento mais especificamente brasileiro. Efetivamente, o bacharelismo e o simples treinamento de mão de obra a que poderiam conduzir, senão à repetição de técnicas e de conhecimentos importados?

---

14. Cf. R. MOREL. Op, cit., p. 29-44; cf. também Darcy RIBEIRO. *A universidade necessária*, p. 90 ss.

15. Cf. Leôncio BASBAUM. Op. cit., p. 196.

16. Cf. Bárbafa FREITAG. *Escola, Estado e sociedade*, p. 59 ss.

Gradativamente, este quadro vai se intensificando. Porque o capital estrangeiro, que já se fazia presente entre nós desde fins do Império, vai acentuar profundamente sua presença e sua ação em nosso meio. Começa, efetivamente, a fazer sombra ao próprio capital nacional.

A consolidação mais profunda do capital estrangeiro dar-se-á, em maior escala, na década de 1950. Redefinindo áreas de penetração, o capital estrangeiro se vinculará aos setores industriais mais dinâmicos, fornecendo a base tecnológica indispensável ao aumento da produtividade.

É também, nesta época, que se registra o surgimento do CNPq (1951) e da Capes (1951) numa busca de elevar o nível do ensino superior do Brasil e de produzir pesquisas que equiparassem o Brasil a outros países, especialmente no que se refere à pesquisa nuclear. Agrupando importantes cientistas no início do seu funcionamento, o CNPq teve suas verbas reduzidas a quase nada em fases posteriores. Presencia-se, assim, a emigração de cientistas e técnicos de nível superior para os Estados Unidos e outros países. Thales de Azevedo apresenta dados curiosos a este respeito: em 1956, 132 pessoas entre engenheiros, cientistas, técnicos etc. emigraram para os Estados Unidos; entre os anos 1962 e 1966, no entanto, esta cifra atinge a 567 pessoas. Os motivos apresentados são os mais variados: falta de condições técnicas de trabalho; falta de compensação financeira; incompatibilidade com a direção e questões ideológicas; desejo de ampliação de horizontes profissionais.[17]

Um registro especial deve ser feito em relação à criação da Fundação do Amparo à Pesquisa no Estado de São Paulo e à criação da Universidade de Brasília, esta última inspirada nos moldes da Universidade do Rio de Janeiro, nascida sob a inspiração de Anísio Teixeira e morta durante o Estado Novo.

Umas e outras tentativas irão se esbarrar, no entanto, contra o muro do golpe militar de 1964, baseadas exclusivamente no binômio

---

17. Cf. R. MOREL. Op. cit., p. 44-45.

desenvolvimento e segurança, garantidos por um Estado poderoso e forte.

Assim é que a dependência externa, injetada com grande euforia na fase do governo de Juscelino Kubitschek, através da introdução maciça de maior quantidade de capital e de tecnologia estrangeiros, se intensificará de tal modo, a partir de 1964, que começa a delinear-se, com mais clareza, o quadro de que ainda somos vítimas atualmente.

Hoje,[18] vivemos em pleno modelo de desenvolvimento dependente. Ou melhor dizendo: de espoliação disfarçada. Este modelo nos leva a situações tais como:

a) *importação tecnológica*. Possuímos um sistema industrial totalmente dependente do exterior. Isso significa dizer que a grande maioria dos produtos aqui industrializados o são a partir de técnicas, descobertas e orientações provenientes das matrizes das indústrias que aqui funcionam. Em outras palavras, nossas indústrias nada mais são do que filiais de sociedades estrangeiras, que possuem seus próprios cientistas, laboratórios, institutos de pesquisa etc., onde se efetuam as descobertas, equacionamentos de novos produtos e novos inventos. Estas indústrias instalam entre nós as suas fábricas, e os produtos montados o são segundo patentes pelas quais pagamos altos preços, tanto econômicos quanto políticos e sociais. Somos impedidos, por elas, de desenvolver o conhecimento a um nível mais crítico e mais nacional, dado que, de um lado, elas ditam, através de convênios entre o Brasil e os seus países de origem, até as linhas mestras de nossa educação, objetivando torná-la cada vez mais importadora, repetitiva, não criadora e não crítica; de outro, incentivam nossas universidades a que formem apenas profissionais que se enquadrem, com submissão, nas suas expectativas. Os profissionais mais críticos, simplesmente não encontram espaço no mercado, controlado por eles.

---

18. [N.R.] Ter presente que a expressão "hoje" faz referência à década de 1980.

*b)* *importação de ciência*. Iludimo-nos com o que se costuma chamar de neutralidade da ciência ou de sua universalidade.[19] Por isso, cremos que, se outros já descobriram e têm mais condições de o fazer do que nós, não vale a pena para nós fazer o esforço de criar e descobrir. Basta importar! Em base a esta ilusão é que importamos toda a nossa ciência. Acerca desta atitude ilusória, nos diz Leite Lopes:

> como conhecimento fundamental a ciência é universal. Os frutos e resultados da pesquisa científica, a possibilidade de aplicar as leis científicas e os mecanismos tecnológicos para o desenvolvimento social e econômico de comunidades humanas não são, contudo, universais. Como instrumento econômico, político e social a ciência e a técnica são obviamente universais *apenas* (grifo nosso) dentro do reduzido universo das nações ricas e avançadas.[20]

Que consequência tem para nós esta ilusão? Ela nos faz renunciar à atitude fundamental de busca, de valorização do que descobrimos, de voltarmo-nos à realidade nossa, para aí ler as solicitações que ela nos faz e, inclusive, as pistas de solução de problemas que ela oferece.

E, pior ainda, esta ilusão é produzida em nós, subliminarmente, pela propaganda, pelos cientistas, pelos livros e pelo próprio material

---

19. [N.R.] Os fenômenos "neutralidade" e "universalidade" da ciência estão tomados como se tivessem a mesma conotação epistemológica. Todavia, não têm. "Neutralidade da ciência" refere-se ao fato de que, metodológica e constitutivamente, a ciência não pode agir dirigida por qualquer escolha axiológica. Valores podem e devem compor os parâmetros de escolha do objeto de investigação, assim como de sua abordagem, todavia, não podem estar presentes no processo de investigação, sob pena de destruir a validade de qualquer resultado de investigação. O resultado de investigação não pode ser definido por escolhas, mas sim por aquilo que a realidade revela. "Universalidade da ciência", por outro lado, nos lembra que os resultados científicos obtidos aqui serão iguais aos obtidos ali, caso o objeto e a metodologia de investigação utilizada sejam os mesmos; o que conduz e afirma a universalidade da validade de suas descobertas e construções. Daí a existência de uma "comunidade internacional de cientistas" que cuidam para que os resultados da pesquisa sejam válidos no planeta. Os resultados de uma pesquisa não podem ser válidos aqui e ali não. Caso isso ocorra, há que se perguntar o que ocorreu nessa investigação para essa disparidade.

20. Cf. José Maria LOPES. *Ciência e libertação*, p. 79 ss.

didático que importamos dos países que nos colonizam cultural e economicamente.

O objetivo é sempre o mesmo: com a importação permanente inclusive ciência e tecnologia, o processo de colonização terá sua manutenção garantida através dos tempos.

Como? No início da colonização, os instrumentos eram a catequese, a força, as armas, a imposição pura e simples; hoje, os instrumentos de colonização são outros: o conhecimento, a transmissão de técnicas, *o know-how* dos quais seremos os eternos aplicadores, mas nunca os produtores.[21]

    *c)* *importação de modelos educacionais.* No campo educacional, repete-se o mesmo panorama. Inexiste a criação de propostas que respondam às nossas específicas necessidades. Presenciou-se e presencia-se, ainda hoje, a importação de modelos, por vezes já fracassados em outros países. Grande exemplo disso é a reforma universitária, decretada pela Lei n. 5.540/68, em base ao sistema universitário norte-americano e, segundo estudos realizados por uma comissão partidária composta de americanos e brasileiros, em base a um convênio realizado entre o MEC e a Usaid, com o compromisso do governo brasileiro de adotar, na reforma, as sugestões apresentadas pela referida comissão. A reforma universitária seguiu-se aquel'outra da reestruturação do primeiro e segundo graus, com a criação da terminalidade do segundo grau, igualmente baseada em modelos estrangeiros.[22]

A importação de modelos educacionais, que vimos de refletir, tem sido coadjuvada, na sua implantação, por uma linha de ação dela decorrente, a orientação, nos projetos e trabalhos educacionais, de se

---

21. [N.R.] Aqui, importa ter presentes os conceitos de "colonização clássica", que era de ocupação territorial, e de "colonização contemporânea", que tem a ver com a invasão socioeconômico-financeira e cultural.

22. Cf. Barbara FREITAG. Op. cit., p. 81 ss.; para melhores informações sobre o convênio MEC-Usaid ver J. ARAPIRACA. *O convênio MEC-Usaid.*

implantar, prioritariamente, o *treinamento*, em detrimento da linha criativa e crítica. Isso é bastante evidente em projetos como Pipmo-Senai-Senac-Mobral e outros, assim como nos cursos universitários de curta duração e em determinadas propostas que vemos surgir nos dias de hoje, aqui e ali, de implantar cursos universitários unicamente visando à formação de profissionais dissociados da pesquisa e da extensão cultural, sob a alegação de que essas duas últimas linhas de trabalho são por demais dispendiosas.

Todas estas iniciativas possuem um único objetivo e uma única filosofia: treinar para fazer. Nunca, entretanto, questionar, avaliar, criar, propor.

A importação de conhecimentos e técnicas, de um lado, e a castração da produção de conhecimento, por outro, foram profundamente incrementadas pela Revolução de 1964, através da *repressão ideoló*gica implantada no país e, em especial, nas Universidades e instituições de pesquisa. Esta repressão provocou um êxodo de intelectuais, cientistas, professores etc. e proibiu que nas universidades se discutisse a realidade nacional, sob a alegação de que ali se devia apenas "estudar". Exemplo desta repressão é a Lei Suplicy de Lacerda (1964) que extingue a UNE; é a própria reforma universitária nos moldes a que nos referimos acima e em decorrência da qual a universidade se tornou mais eficiente do ponto de vista técnico e mais restrita do ponto de vista político e crítico. Justamente por isso é que, conjuntamente com a reforma, o AI-5 (1968) punia cientistas, professores e intelectuais, exclusivamente por motivos ideológicos. Paralelamente, o Decreto n. 477 (1969) atribuía ao governo a função de punir professores, alunos, funcionários, por causa de "ditas" atividades subversivas.[23]

Em síntese: importamos tecnologia e ciência; importamos modelos educacionais de outros países; silenciamos nossos cientistas, alunos, professores e universidades. Impomos a repressão ideológica. Transformamos nossas universidades em servis cooptadoras do capital estrangeiro. Reprimimos o pensamento, a crítica e a criatividade.

---

23. Cf. R. MOREL. Op. cit. p. 61-3.

O que alcançamos com tudo isto?

Nada além da acentuação de nossa dependência. As metrópoles agora são outras. Mudaram-se os liames. Politicamente não somos mais colônia. Continuamos, no entanto, pedindo licença para tudo e eternamente dependentes. Para fazer a nossa vida, continuamos dependendo daquilo que os outros descobrem, pesquisam, fazem, inventam, nos vendem ou nos impõem.

E em termos de conhecimento?

Possuímos muitos conhecimentos no Brasil... poucos porém brasileiros. Os nossos pontos de referência são sempre os outros..., sempre o que os outros pensam e as necessidades e urgências deles.

Em termos de conhecimento, continuamos impedidos de dizer a nossa palavra, de decidir os nossos destinos.

Mudou-se a tática e transformou-se o estilo. A ocupação não se faz mais através das tropas. Realiza-se através do conhecimento e das técnicas. Continua, no entanto, o colonialismo. E continuamos sem produzir o nosso conhecimento.

## 2. A transmissão do conhecimento: serviço aos dominadores

Num rápido retrospecto de nossa história, constatamos que nossa situação de Colônia, quer nos moldes colonialistas antigos, quer nos atuais, nos impediu e impede de dizer a nossa palavra. Assim, há muito conhecimento no Brasil. Na sua maioria, porém, importado e a serviço dos dominadores. Inicialmente, a serviço dos colonizadores externos; posteriormente, a serviço destes e mais daqueles que, internamente, os representam.

E o que dizer da transmissão do conhecimento entre nós?

### 2.1 Colônia e Império

Os portugueses vieram ao Brasil como raça superior. Não trouxeram consigo, entretanto, nenhuma preocupação de valorizar o que aqui existia, em termos de cultura e de valores.

Encetaram, assim, um massacre e destruição do elemento cultural indígena e negro. Nisso, a transmissão do conhecimento desempenhou um papel fundamental.

Quais os conhecimentos transmitidos e o que determinou a sua escolha?

A escolha, naturalmente, foi determinada pelos interesses do sistema que se queria implantar. E, dentro do sistema colonial é o modelo agroexportador que vai orientar os conhecimentos que deverão ser transmitidos.

O tipo de cultura agrícola da época exigia um mínimo de qualificação da mão de obra; aliás, composta, na quase totalidade, de escravos.

A transmissão de conhecimentos se encarregava de garantir e reproduzir este quadro, trazendo apenas aos filhos dos senhores de engenho os conhecimentos necessários à formação dos quadros dirigentes do sistema. Neste contexto, a própria cultura clássica, transmitida pelos jesuítas, nada mais era que sinal de *status*, ao lado da posse dos bens. Era mais um luxo destinado à aristocracia da época.

Outro elemento determinante na transmissão do conhecimento era a profunda ligação existente, na época, entre Igreja e Estado.

J. M. Paiva diz que é a Igreja do padroado, onde "Estado e Igreja" se fundiam numa sociedade única, *sui generis*. Cristianização e aportuguesamento são tarefas sinônimas, indissociáveis e identificáveis entre si;[24] é o mesmo autor que, analisando a ação catequética dos jesuítas, afirma o que transcrevemos a seguir: "temos que considerá-los, os jesuítas, homens de sua sociedade, cumprindo uma tarefa imposta por esta sociedade, segundo seus moldes. Eles não foram instauradores de uma nova ordem social, olhando-se do lado português, mas fundadores, junto aos índios, da mesma ordem social que os enviou".[25] E... mais adiante:

---

24. Cf. J. Maria PANA. Op. cit., p. 13.

25. Idem, p. 53.

o índio não tinha opção. Ou se sujeitava ou era escravizado. O batismo abria as portas para esta sociedade. Destarte, a pregação jesuítica tinha um duplo caráter salvacionista: salvava o índio do inferno, pondo-o no céu; e salvava-o na sua situação inferior, introduzindo-o na sociedade portuguesa. Dificilmente se podia discernir entre uma e outra salvação.[26]

A religião transmitida levava consigo, assim, obrigatoriamente, os valores portugueses e funcionava profundamente mais como imposição de valores, veículo de escravização de mão de obra e instrumento de dominação que como proposta de fé.

Sinteticamente, em relação à transmissão do conhecimento podemos afirmar que:

— a transmissão em questão sempre se refere ao conhecimento do colonizador;

— esta transmissão se concretizava nos mais variados níveis, tanto nas dimensões religiosas como nas extrarreligiosas;

— a transmissão não foi dialogal e dialética. O índio brasileiro não era interlocutor. Ele não "falava", principalmente porque não tinha como "falar" diante de um estranho que vinha escudado por guerreiros poderosos;

— o mesmo se pode dizer em relação ao "negro". Foi "salvo" e silenciado;

— quanto aos destinatários da transmissão, observa-se o seguinte: de modo diferenciado, principalmente nos métodos, a catequese era destinada a todos: índios, portugueses e negros. O mesmo não acontecia, todavia, com o conteúdo da transmissão escolar. Serafim Leite nos mostra, com bastante clareza, o que acontecia:

é sabido que os portugueses, e esta é uma de suas glórias, nunca fizeram distinção de raças nas terras que a Providência confiou à sua colonização. Os jesuítas, portugueses e brasileiros, muito menos. Se não admitiram, nas escolas do Brasil, os escravos, a razão foi a mesma que atinge hoje a

---

26. Idem, p. 57.

grande massa do proletariado; não o permitiram as circunstâncias econômicas da terra e nem os senhores compravam escravos para os mandar estudar.[27]

## 2.2 A fase da substituição das importações

Da década de 1930 em diante, se processaram grandes modificações no que concerne à educação e ao papel do Estado no seu realizar-se. E a fase denominada de substituição das importações já comentada e refletida por nós em partes anteriores deste capítulo.

Realizaram-se, nesta fase, profundas mudanças no processo educativo-transmissor do conhecimento. Destacaram-se, entre outras, a criação de algumas universidades; a lei da obrigatoriedade do ensino primário; a criação de escolas profissionalizantes destinadas "às classes menos favorecidas", com o objetivo de se preparar a mão de obra de que se necessitava; a criação do Ministério da Educação e Saúde destinado a coordenar e supervisionar toda a atividade de ensino no Brasil, numa clara indicação de que ao governo interessava manter o pulso sobre todo este processo.

Proliferou o academicismo, ao lado de um ensino verbalista e repetitivo. Várias tentativas de reforma e modificação do processo educacional morreram ao nascer: a exemplo, citamos o Manifesto dos Pioneiros da Educação, em 1932; a tentativa de fazer uma universidade brasileira, encetada por Anísio Teixeira e assassinada pelo Estado Novo.

Por que isso?

Uma é a razão fundamental e óbvia. A transmissão de conhecimento devia ser um instrumento fundamental de manipulação das classes subalternas por aquelas que estavam no poder ou ascendiam a ele. A escola devia estar cada dia mais a serviço da manutenção do sistema,

---

27. Cf. Serafim LEITE. *História da Companhia de Jesus*, v. 1, p. 91.

FAZER UNIVERSIDADE

de sua ideologia e de suas propostas. Isso se evidenciou em vários pontos da organização escolar de então, principalmente no fato de que o Estado, que ora passava a agir como agente planificador, se esforçava ao máximo por manter o controle total do processo educacional.

## 2.3  Os nossos dias

O mesmo que constatamos na Colônia, no Império e nas fases iniciais da República é o fenômeno que se repete em nossos dias. O conhecimento não é transmitido em moldes criativos e críticos, mas em perspectivas que simplesmente acentuam a subjugação das classes subalternas.

Vejamos alguns aspectos desta realidade:

### 2.3.1  A distorção ideológica da realidade e da história

#### 2.3.1.1  A realidade distorcida

Os textos escolares de transmissão de conhecimento abordam quase todos os aspectos da vida humana: a família, a escola, o trabalho, a religião etc. Ao fazê-lo, todavia, o fazem de uma maneira tão ingênua, inofensiva e bondosa que terminam por abordar uma outra realidade que não a realmente nossa. Os problemas não aparecem; as injustas e gritantes desigualdades não existem; o trabalho é sempre bem recompensado; quem não trabalha é porque não quer ou porque é preguiçoso; há trabalho suficiente para todos na sociedade; não há nenhum problema na relação trabalhista entre patrão e empregado; não há injustiça e exploração. O mundo é um mundo profundamente *harmônico*. A moradia é sempre ampla e possuída por todos; a família é sempre feliz; a justiça é como que uma concessão que os ricos fazem aos pobres e não um direito destes; a pátria, a nossa pátria brasileira, é palco constante de uma igualdade sem rival, na história, entre brancos, pretos e índios.

Por que a realidade é assim apresentada? A resposta é simples e, nisso, fazemos nossas as reflexões de Maria de Lourdes Deiró Nosella:

> pretende-se criar um mundo coerente, justo e belo, ao nível da imaginação, para mascarar o mundo real existente, cuja continuação é do interesse das classes dominadoras; pretende-se fixar este mundo fora do tempo e do espaço afastando, assim, qualquer possibilidade de mudança das regras existentes de fato; pretende-se incentivar o relacionamento vertical doador-receptor; colonizador-colonizado; pretende-se valorizar o sacrifício para que se suporte melhor as injustiças e a exploração existentes; pretende-se firmar a ideia da inexistência de problemas e, finalmente, condicionar um procedimento de passividade diante do modelo de sociedade vigente.[28]

2.3.1.2 A distorção da história. A nossa história é totalmente comunicada do ponto de vista do dominador e a seu serviço

*a) O índio*

Sobre o índio se diz: *existia* no Brasil na época do descobrimento; *falava* uma língua estranha; *vivia* em tribos; *caçava* e não trabalhava; não aceitou as normas dos brancos... principalmente porque era *indolente* e *ignorante*. É como se o índio não existisse, não tivesse uma cultura, uma história, valores específicos. É como se a exploração do índio, o seu massacre, a ocupação de suas terras não se perpetuasse ainda hoje. Não há a mínima referência aos sangrentos massacres dos índios, uma das principais razões do sucesso da colonização portuguesa.

O que é transmitido e debatido sobre o índio, por conseguinte, é no sentido de torna-lo, cada vez mais, um ser existente apenas no passado. O que ajuda e intensifica, efetivamente, o massacre atual das tribos indígenas e a pilhagem de suas terras e desrespeito aos seus valores. O conhecimento histórico comunicado pela educação é falso, pois, a exemplo do que se fez com o tema do índio.

---

28. Cf. M. de Lourdes C. D. NOSELLA, *As belas mentiras*; cf. também Filomena RÊGO. *A aprendizagem da ordem*; cf. também Maria Tereza NIDELCOFF. *Uma escola para o povo*; CECCOM et al. *A vida na escola e a escola na vida*.

## b) O negro

O racismo, no Brasil, apresentado como um problema do passado, resolvido uma vez por todas pelo decreto da abolição da escravatura(!). Nunca se comenta a ausência, ainda hoje, das condições para que esta abolição se torne, de fato, uma realidade. Assim como não se discutem os interesses outros que motivaram a abolição, que não apenas a bondade dos que promoveram e assinaram a lei.

Colocando o problema do negro no passado, esquecemo-nos de que "todos os países que foram um dia colônias de metrópoles brancas conhecem inevitavelmente o racismo". E de que "o mito da democracia racial brasileira é uma forma brasileiríssima de controle social".[29] É uma tática para esconder os conflitos.

### c) Uma história de fatos isolados e de heróis

A nossa história, conforme relatada nos livros, não é uma história de um povo e sim de indivíduos especiais, dotados de coragem e características especiais e sobre-humanas, capazes, por isso, de se sobrepor, isoladamente, às condições adversas que a realidade lhe impõe. Ela será automaticamente suplantada por eles. Na sua grande maioria, estes heróis são militares!

Por ser uma história de heróis, nada se registra sobre as lutas, dificuldades e espaços abertos pelo próprio povo. O que o povo tem lhe foi e é outorgado quer pela luta encetada pelos heróis, quer pelas leis, decretos e proclamações levadas a efeito por seus governantes e legisladores.

Hoje em dia, o problema da abertura é uma reminiscência e um exemplo clássico disso. Para uns, os governantes, a abertura é do presidente, fruto do seu espírito democrático e bondoso, assim como de sua mão estendida. Para outros, os que lutam, é resultado de uma longa história de lutas, revezes, espaços abertos pelos grupos sociais, nos seus mais diversos níveis.

Povo que recebe, por outorga, tudo que hoje integra a sua vida, é povo que não luta e não conquista. Por isso é que não se dá significado

---

29. Joel RUFINO. *O que é o racismo*, p. 18 e 45.

histórico às lutas populares, como os Quilombos, Canudos e outros. O registro que delas se faz é como se fosse um quisto, provocado por fanáticos, loucos e visionários e cuja extinção foi necessária, até pela força, a bem da própria comunidade brasileira.

De igual modo, se esconde a violência, através dos mitos da concórdia, do jeito, da não violência brasileira. Assim é que os índios foram aculturados e expulsos de suas terras..., sem violência; o escravismo foi implantado e sedimentado... sem violência; os conflitos sociais nunca existiram... a Igreja sempre foi apenas missionária... o latifúndio é apenas uma questão de ocupação de terras... o preconceito não existe. As revoltas dos negros, as revoltas dos índios, os movimentos messiânicos, o banditismo foram anomalias, como anomalia seria, hoje em dia, qualquer atitude de violência, mesmo que em resposta à violência institucionalizada.

Nos livros de ensino, não se trata e não se analisa a violência que se institucionalizou e se legalizou pela colonização, suas leis e organização. Não se trata das revoltas dos índios e pretos como resposta a esta violência. Não se trata da violência em que se constitui a omissão intencional destas violências ocorridas na nossa história.[30]

A história é de pessoas e não de um povo; é a história de fatos isolados e não de um processo. Fácil se torna, então, a manipulação. Porque não são vistas e analisadas as lutas, anseios de libertação e problemas de hoje em relação àqueles de ontem; porque não se descobrem no ontem as raízes da dependência, da violência, da opressão, do racismo e de muitas outras formas de exploração ainda vigentes em nossa terra. Sem referir-se a um passado, para entender suas raízes e origem, difícil se torna, a um povo, analisar o seu presente e projetar o seu futuro.

A história, em síntese, é sempre apresentada sob a ótica do colonizador e do dominador. O povo é sempre apresentado como objeto desta história. Nunca como seu sujeito. Se a história é mestra da vida,

---

30. Cf. Gislene NEDER. Conciliação e violência na história do Brasil. In: *Encontros com a Civilização Brasileira*, n. 2, p. 189 ss., 1978.

a nossa, como é apresentada, é mestra da subserviência, da passividade e da dependência.

O conhecimento transmitido sobre a realidade e a história de nosso povo é uma escamoteação. É a forma mais cabal de negar aquilo que vimos apresentando e discutindo sobre o que vem a ser o conhecimento e seu processo crítico de produção e divulgação.

## 2.3.2 A publicidade aos livros didáticos

Os livros-textos de primeiro e segundo graus se constituem em veemente apelo ao quietismo, à morte da criatividade e do senso crítico, tanto para alunos quanto para professores. Não contentes com isso, ultimamente, eles estão eivados de publicidades.

A publicidade é um conhecimento-informação veiculado subliminarmente para induzir as pessoas. Isto está sendo feito, impunemente, através do livro didático, sobre as nossas crianças, público obrigatório deste tipo de livro. Dentre as várias maneiras como este fenômeno está se apresentando, destacamos dois:

a) inicialmente, aquela em que a propaganda é colocada e transmitida no livro-texto, conclamando-se o professor e o aluno a trabalharem com a mesma como se se tratasse de um outro texto qualquer, da literatura, da ciência etc. Há uma proposital equiparação entre os vários textos, colocando-se a publicidade em pé de igualdade com qualquer outro material, numa clara indicação da utilização ideológica que se faz no processo.

Analisa-se, por vezes, a própria dimensão artística e de beleza dos cartazes. Nada existe, no entanto, nos textos, que suscite uma maior reflexão sobre a dimensão de manipulação específica destes processos propagandísticos.

b) outras vezes, sob o pretexto de realizar um estudo da linguagem publicitária, são apresentadas e analisadas publicidades e mais publicidades, como se fossem objetos neutros e inócuos de estudo. Tomando em conjunto as duas modalidades de utilização da propaganda, nos textos didáticos, elencamos, em alguns poucos livros, publicidades das seguintes firmas e produtos: Chamburcy (iogurte); lençóis; perfumes; produtos infantis e de higiene da criança; automóvel Dodge Dart; poupança Itaú; cadernetas de poupanças estaduais; telefones e shopping centers; Bradesco; automóvel Opala; Transbrasil; Companhia Meridional de Seguros Gerais etc.[31]

Trata-se, evidentemente, da difusão das técnicas e valores do sistema capitalista, acentuando-se ainda a específica veiculação da propaganda de firmas e de produtos, até mesmo com a insinuação de que correspondem a anseios, desejos e/ou necessidades. É a manipulação do homem a serviço do lucro e do interesse dos grupos econômicos. É a utilização da escola, do livro, do professor e da transmissão de conhecimento a serviço desta manipulação.

## 2.3.3 O verbalismo: reforço da submissão

Os conteúdos de conhecimento veiculados entre nós têm sido, ininterruptamente, um serviço às classes dominantes, estrangeiras ou não. Neste contexto, nos dias atuais, uma última reflexão ainda se impõe a respeito do modo de transmissão do conhecimento. Ele se baseia naquele processo que Paulo Freire denomina de educação bancária, onde o professor deposita, no aluno, informações, conceitos e conteúdos de que é portador, exigindo do aluno, em contrapartida, a repetição pura e simples destes conteúdos. Segundo o próprio Paulo Freire, esta concepção e prática de educação apenas serve à domesticação do ser humano. De fato, ela conduz às grandes discussões vazias, onde aquele que sabe é equiparado àquele que fala, levando-se, em

---

31. Cf. Gilberto SCARTON et al. *Comunicação oral e escrita em língua portuguesa*, p. 209 e 217; Roberto LEITE et al. *Comunicação e interpretação*, v. 5, p. 140; v. 4, p. 49; v. 1, p. 98; v. 3, p. 62; v. 2, p. 48; cf. também Roberto MESQUITA et al. PAI (Processo Autoinstrutivo). *Comunicação e expressão*, p. 169.

consequência, a uma desvalorização da ação e das experiências refletidas como as verdadeiras fontes da formulação teórica e, na maioria dos casos, a fonte de sua própria comprovação. Apegamo-nos, então, à fixação e reprodução de conteúdos, sem nos preocuparmos em verificar se estes conteúdos têm ou não um sólido embasamento de realidade. Assim sendo, nem mesmo se coloca a questão de saber se essa comunicação não é somente um conjunto de palavras vazias que conduzem a uma atitude alienante frente à realidade.

A que serve esta prática de educação e sua metodologia correspondente? Serve para que os que recebem as informações não as questionem. Por não questionar, consequentemente, não desenvolvem o próprio senso crítico e nem realizam uma análise crítica da própria mensagem que recebem. Porque não são analisados criticamente, estes conteúdos se tornam cada vez mais acimentados, intocáveis, verdades definitivas e absolutas.

É evidente que a manutenção destas verdades verbalísticas somente interessa àqueles que as produzem e delas se servem. Serve, igualmente, para o aprofundamento da dependência, da espoliação, do colonialismo.

Como podemos ver, a transmissão do conhecimento, especialmente a efetuada pelo aparelho escolar, está eivada de desvios, denegrindo o mais simples senso crítico.

## 3. Conclusão

O quadro acima apresentado poderia nos levar a uma sensação de derrota e entreguismo.

De fato, o grau de dependência e manipulação que constatamos entre nós, no que se refere à produção e à transmissão do conhecimento, não é, dos mais alentadores.

Algumas outras reflexões, no entanto, se nos impõem.

Em primeiro lugar, como acreditamos que a história se desenvolve em perspectivas dialéticas, são as próprias contradições que aqui analisamos — a dependência extrema, a inverdade, a alienação, a manipulação — que se constituem em nossa esperança. Esperança de libertação, de autonomia, de verdade. Esperança, porém, que não significa um cruzar de braços, passivamente, na expectativa de que nos seja presenteado, pelas autoridades e nações, aquilo que acreditamos ser o melhor para nós. Alguém já disse, inclusive, que o fundamental da esperança é começar a fazer aquilo em que se espera.

Em relação ao conhecimento, o que esperamos? De um lado, no que concerne à sua produção, que ela seja autônoma, baseada em nossa realidade, resposta aos urgentes problemas que nós enfrentamos; em síntese, que ela seja, para nós, uma oportunidade para que possamos dizer a nossa palavra sobre nossas urgências, necessidades e problemas. De outro lado, no que se refere à sua transmissão, que nos leve à compreensão histórica de nossa vida, de nossa realidade, de nossa história. Compreensão que seja crítica e capaz de gerar os reencaminhamentos necessários a esta mesma história.

Em segundo lugar, no Brasil de hoje, em nossa vida, há vários sinais de que não estamos aguardando a simples outorga, pelos donos do poder e do saber, da realidade que se constitui em nossa esperança.

No que concerne à produção do conhecimento, já possuímos uma literatura que provoca a nossa reflexão sobre a instituição escolar como aparelho ideológico do Estado; uma literatura que denuncia a transmissão do conhecimento como fonte de reprodução da situação, em vez de fonte de sua transformação; uma literatura que reflete e denuncia o próprio conteúdo manipulador que é transmitido pela escola. Não poucas são as vozes que se levantam numa reflexão sobre o sentido real e não manipulador da educação, onde o homem deve ser sujeito e não simples objeto da ação educativa. Frequentes se tornam as publicações que veiculam, de um lado, visões da história do ponto de vista do oprimido e, de outro, denúncias sobre os grandes mitos — concórdia, não violência, democracia racial etc. — que ainda hoje impedem a marcha do povo no sentido de sua libertação.

A existência do material produzido a que nos referimos acima é o sinal de que algo começa a ser feito, refletindo o que somos e o que queremos. O próprio conhecimento religioso se redimensiona, assumindo perspectivas libertadoras.

Em terceiro lugar, não convém esquecer que tudo isso é fruto de um processo. Processo que forçou o governo a abrir as portas do país aos intelectuais, cientistas e professores que daqui foram banidos por causa de suas ideias; processo que está forçando as universidades a saírem do seu marasmo e da subserviência, rumo ao mundo do debate e do confronto das ideias, produção de ciência e conhecimento; processo no qual as entidades de classe de todos os níveis têm jogado um papel fundamental, qual tem sido aquele de abrir espaços, em dimensões organizacionais e estruturais, para o acontecer da reflexão livre, fora da tutela do governo, das empresas e das indústrias, mormente aquelas multinacionais. Espaços utilizados pelos operários, estudantes, professores, cientistas, religiosos, para a reflexão dos problemas do país, para as denúncias necessárias e, simultaneamente, para o lançamento de propostas novas.

O papel imprescindível destas organizações tem sido o de *denunciar* o mundo que não queremos — o conhecimento dependente e importado, assim como sua transmissão alienante — e *anunciar* aquel'outro mundo que esperamos, na luta e na conquista.

Falamos de processo. Todo ele é histórico. Muitos nele se engajaram. Usufruímos hoje dos frutos deste engajamento. Quanto ao futuro... abre-se à nossa frente. E... principalmente à nossa disponibilidade de nele nos engajar, já hoje, aqui, agora, fazendo universidade, fazendo conhecimento, sendo sujeitos, críticos. Fazendo história.

É o desafio que está à nossa frente.

# PARTE III

A apreensão do conhecimento como instrumento do fazer universidade

**[N.R.]** Esta parte do livro é composta por quatro capítulos que aplicam os recursos epistemológicos — teóricos, históricos e práticos — estabelecidos na parte anterior. Os autores propõem que os estudantes aprendam a servir-se do arcabouço teórico-metodológico exposto e certamente aprendido nos estudos anteriores, tendo em vista adquirir habilidades e hábitos de investigar e compreender criticamente a realidade. Indicamos caminhos pelos quais o estudante poderá aprender a servir-se de recursos que lhe possibilitem assumir-se como sujeito do conhecimento, seja na investigação direta da realidade, seja por meio da apropriação dos entendimentos já estabelecidos na cultura e nos meios acadêmicos de produção e divulgação de conhecimentos, publicados em textos, revistas, livros, dicionários, mídias, entre outros. Os conteúdos dos capítulos a seguir têm por intenção incentivar e subsidiar o estudante a tornar-se senhor de sua atividade de conhecer criticamente a realidade, saindo, na prática educativa institucional, do padrão do verbalismo e caminhando em direção à apropriação vital do conhecimento.

É com esse desejo que convidamos o professor de metodologia e seu estudante a adentrarem nos méritos teórico-práticos do ato de conhecer direta e indiretamente a realidade.

## Leitura como leitura do mundo

**CAPÍTULO 1**

[N.R.] Quando escrevemos este capítulo, estávamos tocados pela leitura do livro de Paulo Freire intitulado *A importância do ato de ler*, no qual ele define a "leitura" não só de forma literal, mas também de modo metafórico. Em termos literais, "ler" significa a capacidade de compreender o significado das letras unidas formando palavras, cujo conteúdo comunicado expressa uma determinada compreensão da realidade, desde que o que importa na leitura, por si, é adquirir um entendimento da realidade. Por outro lado, ciente de que, antes de aprender a ler a palavra escrita, passamos em nossa vida por uma longa prática de conhecer a realidade, independentemente da leitura, Paulo Freire cunhou a denominação "leitura como leitura do mundo". Então, no texto que se segue, desejamos, seguindo as pegadas de Paulo Freire, incentivar o estudante a compreender e praticar a leitura como "leitura do mundo", ou seja, como um meio de obter uma compreensão crítica e vital (que possibilita a vida ser melhor) da realidade. Desse modo, o leitor deste capítulo deverá ter presente que, quando se fala em "leitura do mundo", se diz "conhecer o mundo", independentemente de estudo das comunicações disponíveis que relatam compreensões desse mesmo mundo. Quanto se diz "leitura da palavra escrita", estamos nos referindo à leitura, literalmente, ou seja, assumir uma compreensão da realidade tendo como recurso a compreensão que outra pessoa, autor, pesquisador, estabeleceu da realidade. Hoje convivemos e necessitamos das duas formas de leitura. Uma não é melhor que a outra, contudo, ambas necessárias. Em síntese, com este capítulo, temos a intenção de introduzir o estudante na compreensão e na habilidade de operar dialeticamente com os dois tipos de metodologia por meio dos quais se entra em contato com a realidade, ficando ciente de que, na vida universitária, no espaço da sala de aula e das disciplinas, haverá mais contato com a "leitura escrita" do que com a "leitura do mundo", sem que isso implique um afastamento da realidade do mundo. Além do que, esperamos e desejamos que os educandos aprendam a respeitar a todas as pessoas — escolarizadas e não escolarizadas — em sua sabedoria. Não necessariamente a escola produzirá pessoas sábias, o que também não quer dizer que aqueles que não foram à escola venham a ser sábios. A sabedoria vem da busca pessoal — entre escolarizados e não escolarizados — de compreender a vida e o mundo e de agir a favor dela, de forma individual e coletiva.

Com o tema "Leitura como leitura do mundo", iniciamos a Terceira Parte do nosso trabalho. As colocações seguintes abordam questões relativas à leitura e sua prática efetiva. Por isso, aqui, pretendemos manifestar uma passagem entre as questões do conhecimento e a leitura.

Pelo conhecimento, como temos discutido anteriormente, apreendemos o mundo e o compreendemos, pela leitura dos textos escritos não podemos nos desligar desta situação, pois que, ou ela auxilia um melhor entendimento do mundo ou se transforma em instrumento de puro verbalismo, mecanismo de pura "ilustração da mente" das pessoas, através de palavras. Palavras que poderão ser reutilizadas em discursos destituídos de sustentação existencial.

Frente a isto, a leitura, para atender o seu pleno sentido e significado, deve, intencionalmente, referir-se à realidade. Caso contrário, ela será um processo mecânico de decodificação de símbolos. A leitura se processa sobre o conhecimento expresso por escrito; por isso mesmo, deve ater-se a ele e a todo o seu significado.

Assim sendo, neste texto, pretendemos fazer uma introdução ao entendimento da "leitura como leitura do mundo" e não pura e simplesmente como leitura de palavras, como, na maior parte das vezes ela tem sido praticada.

Como seres humanos, somos, constantemente, inseridos em três dimensões: o passado, o presente e o futuro. Somos seres pluridimensionais, superando a unidimensionalidade do tempo e do espaço.[1]

O que somos hoje depende, em grande parte, daquilo que fomos e tivemos condições de ser no passado. Boa parte dos valores que, hoje, vivemos e defendemos depende daquilo que nos legaram os nossos antepassados. Por outro lado, o que seremos amanhã depende não só da análise crítica que hoje façamos sobre o nosso passado, como, principalmente, do projeto e compromisso de história que, hoje, queiramos construir e assumir.

Assim, a pluridimensionalidade que nos é característica nos torna capazes de "herdar, incorporar, modificar". Por isso, nossa vida

---

1. Entendemos como pluridimensionalidade a capacidade do homem de estar constantemente ligado às três dimensões do tempo: passado, presente e futuro. Como ser humano, reflexivo e crítico, não estamos apenas ligados ao passado e vivendo em função dele, saudosística e/ou tradicionalisticamente, embora sofra dele as influências; o nosso presente, de um lado, deve ser resultado de uma avaliação crítica que faremos sobre o nosso passado, determinando os valores que cremos fundamentais assumir e as dimensões que devemos abandonar ou modificar; de outro, deve ser a determinação do projeto de história e compromisso com o qual decidimos nos engajar. Como ações consequentes, as atitudes do nosso presente nos devem endereçar para o começo ou continuidade do projeto de história e de cultura que queremos construir. Ao lado disso, a pluridimensionalidade traz uma outra nota: por ser inteligente, crítico e criativo o homem não é programável. Suas reações e respostas não são padronizadas. Ele é capaz de encontrar várias possibilidades de resposta a um mesmo desafio e, analisando-as, assumir a melhor dentre elas. A costumeira expressão "eu esperava de você tudo, menos isso" traduz justamente esta realidade. Alguém "esperava" de um outro uma determinada e, talvez, padronizada resposta. Como esta não veio, a resposta emitida passou a ser decepcionante, triste, não esperada. Quando se deixa programar e age de acordo com as padronizações desejadas por outrem, o indivíduo renuncia ao seu próprio ser: deixa de ser gente (cf. Paulo FREIRE. *Educação como prática da liberdade*, p. 39-42; Idem, *Conscientização*, p. 25-40).

é marcada por um constante progresso, em todos os sentidos. Temos possibilidade de possuir e usufruir de moradias melhores e mais confortáveis que aquelas de nossos antepassados. Nossos conhecimentos nos asseguram a possibilidade de maior esperança de vida que a garantida aos que nos antecederam. Nossas técnicas nos dão condições mais amplas de locomoção, informação, comunicação e meios de conforto bem superiores àqueles que tiveram nossos pais e avós.

Todo este cabedal de conhecimento, ciência e técnica, no entanto, não foi conquistado individualmente por nós, nem como pessoas, nem como povo, nem como época. Esse cabedal é produto da raça humana a que pertencemos e foi produzido em um longo processo de história. De um lado, é verdade que aquilo que possuímos, hoje, é resultado de nosso esforço; mas, é igualmente verdadeiro que essa sabedoria é resultado de um esforço muito grande por parte de pessoas, grupos, povos e nações; esforço que se perde na noite dos tempos e na distância da história. E, se hoje usufruímos do conhecimento resultante desse processo, é porque cada pessoa, grupo, povo, se tem preocupado constantemente em transmitir aos pósteros o próprio conhecimento sobre o homem e o mundo. Conhecimento este nascido concretamente das experiências de cada um e da reflexão realizada a respeito desta experiência, no dia a dia do relacionamento histórico e geográfico das pessoas, grupos e povos entre si e com as circunstâncias do mundo em que vivem.

Efetivamente, cada um de nós sempre busca conhecer com maior ou menor profundidade o mundo que nos cerca, e normalmente relatamos de forma oral os nossos conhecimentos e experiências; contudo, muitas vezes, o fazemos por escrito ou por meio dos mais variados sinais e códigos que temos à nossa disposição.

De uma maneira ou de outra, para que possamos tomar conhecimento e usufruir da riqueza histórica construída e transmitida pelos homens de todos os tempos, em termos de conhecimento, é fundamental e imprescindível a prática da leitura.

O que se entende por leitura?

Não a entendemos como o costume de devorar, acriticamente, conteúdos e mais conteúdos, por mais interessantes que sejam e por mais preparados e famosos que sejam seus autores.

Não a entendemos como um simples ato de decodificação de signos, num processo mecanicista comandado por estimulas e respostas, processo que não leva à leitura mas, apenas, ao soletrar enfadonho de sílabas e palavras, sem ligação alguma com a realidade.

Não a entendemos como a sonorização mecânica de sílabas, palavras e frases, desconexas, e fora do contexto real onde elas têm origem.

Ao contrário, a leitura é um ato simples, inteligente, reflexivo e característico do ser humano, porque ela nada mais é que um ato de compreensão do mundo, da realidade que nos cerca e em meio à qual vivemos.

Leitura é o exercício constante, reflexivo e crítico da capacidade que nos é inerente de ouvir e entender o que nos diz a realidade que nos cerca e da qual também somos parte integrante. É o exercício da captação, através dos mais variados símbolos, sinais e manifestações, da informação, conteúdo e mensagem que os outros nos transmitem sobre a realidade, tanto nossa quanto deles. É o exercício do intercâmbio entre as informações recebidas. É o exercício da capacidade de formar nossa própria visão e explicação sobre os problemas que enfrentamos e que se constituem, para nós, em constante provocação no sentido de lhes oferecer respostas e soluções adequadas.

Nesta perspectiva, todo e qualquer ser humano é capaz de ler, sabe ler, pode ler e efetivamente lê.[2]

Lê a professora que analisa, com sinceridade e verdade, as causas pelas quais seus alunos não aprendem; lê o médico que, através dos sintomas e exames, descobre as causas da enfermidade que atormenta seu paciente e se torna, assim, capaz de enfrentá-las e debelá-las; lê o mecânico que, pelo simples roncar do motor, descobre os defeitos que

---

2. Ter presente que "leitura", aqui, está sendo tomada como "leitura do mundo", ou seja, se referencia que todos podem e devem conhecer a realidade que os cerca; porém, a leitura no seu sentido literal exigirá um treinamento específico, usualmente, realizado dentro da escola.

afetam o mesmo e encaminha as devidas soluções; lê o doente que, na hora última de sua agonia, expressa com clareza que chegou a sua vez; lê o casal de namorados que descobre a realidade do amor nas mais variadas manifestações de sua presença; lê o sertanejo que, no contato com a natureza, sabe prever o sol, a chuva, a boa colheita; lê a criança que, pelo gesto, voz, atitude das pessoas que a rodeiam, descobre a presença do afeto e do amor; lê todo aquele que encontra nas dádivas e presentes não apenas o valor material e econômico dos mesmos, mas, principalmente, a presença daqueles que, através deles, se relacionam e comunicam com os que querem bem; lê toda e qualquer pessoa que, ao lidar com as coisas, com o mundo, com os outros e consigo mesmo, busca não apenas estar fisicamente ao lado, ocupando um espaço, mas procura, antes de tudo, saber o que as coisas e as realidades são, o que significam, o que expressam e por que assim se manifestam; lê todo aquele que sabe buscar a mensagem e o conteúdo que as coisas, no seu âmago, transmitem; lê o que busca desvelar a realidade, ou seja, tirar o véu que esconde aos nossos sentidos o âmago e o significado profundo de todo o mundo, com suas implicações políticas, históricas, sociais, econômicas, religiosas.

É profundamente distorcida e discriminatória, por conseguinte, a afirmação superficial de que sabem ler[3] apenas os que foram alfabetizados ou frequentaram a escola, nos seus mais variados níveis e graus; como é também distorcida e discriminatória a afirmação de que são ignorantes e incultos os que não aprenderam a decodificação das palavras, muito embora sejam, na maioria das vezes, mais capazes de decodificar a realidade que os que decodificam mecanicamente a palavra. Essas afirmações manifestam toda uma manipulação política e ideológica, instrumento grandemente eficaz na manutenção do atual estado de coisas.

Haveremos, no entanto, de nos perguntar: e a leitura da palavra escrita, qual o seu papel, o seu lugar e o seu significado?

---

3. [N.R.] O verbo "ler", aqui, está sendo tomado metaforicamente, por isso, nesse contexto, cabe afirmar que tanto escolarizados quanto não escolarizados "leem", isto é, "conhecem", ainda que por recursos diferentes.

É evidente que a leitura da escrita tem um lugar e um papel imprescindíveis na história e na vida dos seres humanos. Isso não significa dizer, contudo, que essa seja a leitura primeira e mais fundamental.

A leitura primeira é aquela que cada um faz de sua realidade, através de sua experiência refletida. Somente após esta primeira leitura é que surge, e se justifica, a leitura da palavra. Ela, com efeito, se refere às leituras várias já realizadas por todos e cada um sobre o seu próprio mundo; além do mais, deve conduzi-lo, novamente, a uma leitura direta, primeira e mais profunda, de sua própria realidade e de seu próprio mundo. Isso significa dizer que a leitura da escrita é um instrumento para que possamos entrar em contato com o que as outras pessoas, grupos e povos conheceram e conhecem ainda hoje acerca do homem e do mundo. Sendo instrumento, a leitura escrita não se justifica por si mesma e não possui, de si e para si, sentido pleno. Terá sentido, exclusivamente, na medida em que oriente para um conhecimento mais profundo do mundo.

Efetivamente, escrevemos quando queremos registrar e comunicar aos outros elementos de nossa experiência, nossa cultura, nossos valores e história. Escrevemos porque a palavra escrita, de per si, retém e veicula mais facilmente nossa mensagem que a transmissão simplesmente oral ou visual. A escrita permanece, as palavras voam, diziam os antigos. Diríamos, além disso, que o escrito é mais facilmente analisado, questionado, complementado. Presta-se, assim, a um processo maior de registro da história e de seu aperfeiçoamento. Sendo este o objetivo da escrita, fácil se torna entender que a finalidade da leitura da palavra escrita não pode ser outra senão a de nos fazer entrar em contato com a experiência, com os valores, com a cultura, com a história de quem escreve, seja qual for a época em que ele se situa, no espaço e no tempo.

Em síntese, a leitura escrita, para ser autenticamente leitura, deve ter um *antes* e um *depois*, ou melhor, funcionar como instrumento de comunicação e ligação entre um *antes* e um *depois*. *Um antes*, porque anterior à sua realização existe uma realidade que ela quer e deve expressar e dentro da qual ela deve estar imersa. As palavras não possuem um sentido e nem um conteúdo mágicos. O sentido e o conteúdo delas existirão na medida em que as mesmas se enraízem na realidade e no mundo, como de fato ele existe e não como os nossos interesses possam apontá-lo e expressá-lo. As palavras nascem com o mundo e somente possuem sentido na medida em que carregam o mundo dentro de si ou, como nos diz Paulo Freire, na medida em que estiverem "grávidas de mundo". *Um depois*, porque deve levar o homem, através daquilo que os outros lhe comunicam e expressam, a um conhecimento mais profundo de sua própria realidade. A leitura escrita deve provir de um conhecimento da realidade que quer transmitir e deve levar a um conhecimento mais amplo, mais profundo da própria realidade.

Ao nos referirmos à leitura, por conseguinte, estamos sempre fazendo referência a um processo realizável em uma dupla dimensão: *inicialmente* a de ler a própria realidade, as circunstâncias do mundo em que se vive, as suas solicitações, provocações e valores numa linha de reflexão e crítica; *posteriormente*, a de decodificação da palavra escrita, que nada mais é que a comunicação e transmissão desta primeira leitura da realidade e do mundo.

Entendida nesta perspectiva global, abarcando suas duas dimensões, a prática da leitura é imprescindível aos homens e aos povos; sem ela não haveria progresso, acumulação de conhecimento, transmissão e evolução do saber, registro da memória dos homens.

Por isso é que um povo que não lê é um povo isolado no processo da história; isolado das conquistas já realizadas por outros povos desde o início dos tempos; isolado das raízes e origens de sua própria realidade histórica e cultural e, por isto mesmo, impossibilitado de conhecer mais profundamente o seu hoje, a razão mais profunda de seus problemas e, consequentemente, de resolvê-los, construindo para si e para os outros um mundo mais mundo.

A prática da leitura, significando leitura da realidade e do mundo deve estar na raiz do processo de libertação de cada pessoa e de cada povo.[4]

---

4. Paulo FREIRE. *A importância do ato de ler.*

# Prática de leitura no Brasil

**CAPÍTULO 2**

[N.R.] Para que os estudantes possam proceder a uma "leitura" da prática de leitura no país, escrevemos este Capítulo 2 da Terceira Parte do livro. Ainda que o leitor já tenha conhecimento da época em que este livro fora escrito e publicado, importa, mais uma vez, sinalizar que é preciso ler o capítulo ciente de que os autores estavam situados há trinta anos passados, quando a realidade do país era diferente, assim como o seu clima cultural e político. O conteúdo do texto que se segue está embebido nas compreensões e abordagens socioculturais e políticas daquele momento. Transpondo a leitura do capítulo para os dias de hoje, há que se verificar o que, em nossa realidade, ganhou novas expressões, que certamente são menos sombrias que as que vivíamos naquele momento, mas também sem assumir que tenhamos feito mudanças radicais. O capítulo, como está escrito — ainda que o leitor possa considerar que a realidade sofrera modificações, de quando o livro fora publicado pela primeira vez até o momento presente, e aqui não registradas —, oferece ao leitor um modo de olhar a realidade, uma metodologia através da qual se pode reler a prática da leitura no país. A metodologia, como pode ser facilmente desprendida da leitura do texto, leva em conta situar a prática da leitura no contexto histórico e sociopolítico do momento ou dos diversos momentos históricos em que ela ocorre. A leitura, como qualquer outro objeto de investigação, não se dá num vazio epistemológico nem sociopolítico. Caso o leitor considere que os dados entre os anos 1980 e o momento presente estejam grandemente diferenciados, o que justificaria não valer a pena focar atenção no seu conteúdo, cremos que, ainda, vale a pena aprender a metodologia de abordagem de um fenômeno socialmente situado, como é o caso da prática da leitura. Um objeto de estudo necessita de ser visto a partir de suas múltiplas determinações socioculturais, que foi o que fizemos na época e, acreditamos, pode e deve ser feito, se novamente fôssemos reescrever sobre essa mesma realidade. Desse modo, o leitor poderá aproveitar do capítulo para, de um lado, compreender como se deu o processo da prática de leitura no país, como ela se apresentava até os anos 1980 e, por outro, aproximar-se do modo metodológico segundo o qual fora realizada a "leitura contextualizada" da prática da leitura em nosso país.

A prática da leitura, em nosso país, tem negado o entendimento que vimos estabelecendo sobre a mesma em discussões anteriores.

Um rápido retrospecto histórico, a esse respeito, bastará para nos mostrar sua insuficiência e inautenticidade.

Nesse particular, é evidente que nunca poderemos esquecer a nossa origem colonial, com as implantações, imposições e castrações que lhe foram inerentes e cujos reflexos, ainda hoje, se fazem sentir em todos os aspectos de nossa vida.

Neste capítulo nos propomos a analisar o nosso passado e o nosso presente, em termos do processo de leitura, seu conteúdo e perspectivas políticas, ao mesmo tempo em que buscaremos descobrir, nos esforços de modificação hoje existentes no país, os sinais de presença de uma realidade nova pela qual lutamos.

# 1. O nosso passado

## 1.1 A quem era permitido ler?

A alguns poucos era permitido o exercício do ato de ler, tanto no sentido de leitura da própria realidade, quanto no sentido de informar-se sobre os conhecimentos transmitidos por outros sobre esta mesma realidade. Isso era permitido aos portugueses que aqui aportaram; aos senhores de engenho; aos filhos destes; às pessoas mais ligadas a administração da colônia; aos jesuítas e ao clero. Em uma palavra, era reconhecido o direito de ler àqueles que, de per si, não causavam problemas à metrópole, por estarem intimamente ligados aos seus propósitos e objetivos. Aos outros, que já habitavam este mesmo solo ou que a ele foram trazidos na condição de escravos, não era reconhecido este direito. Não se lhes reconhecia o direito de ler a própria realidade e seus valores, pois suas culturas eram exorcizadas,[1] subvalorizadas e marginalizadas, a cada instante, pela palavra e pela força. A cultura oficial, reconhecida pela metrópole e imposta aos que aqui vinham e habitavam, não era a dos índios e negros. Não se lhes reconhecia tampouco o direito de ler as informações e técnicas que advinham da metrópole portuguesa, pois que a eles não era assegurada a transmissão do "dom das letras".

As tarefas de índios e pretos, conforme já analisado em outras partes desta publicação, eram simplesmente a de obedecer, sem questionamento e crítica, aos planos que os senhores lhes preparavam.

---

1. [N.R.] Aqui suprimimos a palavra "denegridas". Nos anos 1980 essa era uma palavra corriqueira, cotidiana, para dizer que alguma coisa estava desqualificada. Com o passar dos anos e com os diversos movimentos sociais de grupos de excluídos, o termo passou a revelar um preconceito, expresso linguisticamente, que envolvia como pano de fundo a etnia negra. No *Dicionário de língua portuguesa Houaiss*, encontra-se que o termo tem sua origem no latim *dinigrare*, que, para os latinos clássicos, significava "envolver-se de negro, de preto", mas também significava desqualificar. No contexto dessa equivocidade, preferimos suprimir a palavra, mesmo porque defendemos a igualdade entre todos os povos e todas as etnias, como pode ser visto nos textos que compõem este livro.

A história da leitura entre nós, por conseguinte, se inicia com uma violenta discriminação: aos senhores era assegurado esse direito; aos outros, que nas suas culturas de origem certamente já o exerciam, era usurpado este mesmo direito, em nome da superioridade da raça dos que aqui aportaram como "descobridores e benfeitores".

## 1.2  O que era dado para ler?

O conteúdo oferecido à leitura era aquele que servia aos interesses da metrópole e dos grupos dominantes. Por isso que, se bem fosse reconhecido o direito de ler a determinados grupos, eram feitas restrições sobre o conteúdo da leitura. Com certeza, no Brasil nem sempre se pôde ler o que se queria e sentia necessidade. Eram dados para ler os interesses, valores, problemas e urgência de Portugal, França, Inglaterra... A nossa história está pontilhada de exemplos neste sentido, especialmente sobre a discriminação de conteúdos relativos aos interesses dos grupos dominados. De um lado, todo o Brasil constituía um grupo explorado na medida em que todas as suas forças, produção, gente... viviam pura e simplesmente *em função de outros*.[2] Um conteúdo "brasileiro" de leitura, por conseguinte, não podia e nem devia interessar, pois questionaria e poderia levar a modificações não desejadas no estado de coisas. De outro lado, dentro do próprio Brasil, havia grupos mais discriminados e que tinham suas próprias interpretações, leituras e expressões da realidade simplesmente silenciadas, quer por decretos e leis, quer pela própria organização, quer pela força bruta. Não foi outra a razão pela qual os quilombos e movimentos similares da nossa história foram violentamente silenciados e erradicados.

## 1.3  Como se lia?

Ao lado do direito de ler — reconhecido ou sonegado — e do conteúdo específico da leitura, havia também um método de leitura,

---

2. [N.R.] A expressão "os outros", aqui, significa a Metrópole portuguesa.

que refletia a própria filosofia da educação e de leitura. Referimo-nos, concretamente, à prática da leitura escrita, que nunca foi criativa, questionadora e crítica. O elemento básico do método do processo de leitura era o de retenção mnemônica dos conteúdos oferecidos ou impostos, conteúdos estes que, geralmente, guardavam estreita relação com o sistema colonialista que aqui se implantava. A retenção mnemônica trazia consigo a dimensão da aceitação pura e simples do conteúdo transmitido, fosse ele científico, cultural, religioso ou técnico.

Em síntese, podemos afirmar que a prática inicial de leitura, no Brasil, foi profundamente discriminatória. Discriminatória, inicialmente, quanto àqueles a quem era reconhecido o direito de ler. Discriminatória, em segundo lugar, em relação aos conteúdos e conhecimentos que se "permitia" ler: simplesmente aqueles de interesse das metrópoles a que o Brasil servia. Discriminatória, internamente, porque os grupos majoritários da população — mas pequenos em poder econômico e político — eram massacrados quando tentavam fazer a própria leitura da realidade. Discriminatória, enfim, quanto à metodologia especificamente utilizada para a leitura da escrita, que levava apenas à repetição de conhecimentos e informações trazidas por outros, sem se criar a oportunidade de confronto destas informações com as experiências e vivências daqueles que estavam exercitando o seu direito de ler.

A metrópole, com efeito, tinha exata consciência do poder da leitura, tanto, enquanto leitura da realidade diretamente, quanto na dimensão de leitura escrita. Por isso que os movimentos por parte dos explorados sempre eram, sistematicamente, erradicados pelo poder da metrópole. Por esta mesma razão é que, até a implantação da corte entre nós, proibiu-se violentamente a existência de gráficas, veiculação de impressos elaborados na colônia, fosse de que tipo fosse. E a imprensa implantada, quando da mudança da família real para o Brasil, não foi uma imprensa *brasileira* e sim uma imprensa real. Afinal, tanto pelos grupos organizados para descoberta da realidade, quanto pela veiculação de informações e conteúdos através da palavra escrita, poder-se-ia colocar em questão o próprio sistema aqui implantado.

## 2. Os nossos dias

Uma análise de nossa realidade atual de leitura nos mostrará a presença, ainda hoje, do mesmo processo discriminatório acima analisado, embora revestido de outras roupagens.

### 2.1 A quem é permitido ler?

As discriminações continuam em relação aos sujeitos aos quais é reconhecido, na *prática e não apenas nas leis*, o direito de ler. Por ocasião do Segundo Congresso de Leitura do Brasil, em 1979, sob os auspícios da Universidade Estadual de Campinas/SP, o professor Ezequiel Theodoro, em seu discurso de abertura, assim se expressava, criticando a atual situação de leitura no país: "Somente a elite dirigente deve ler. O povo deve ser mantido fora e longe dos livros. Os livros estimulam a criticidade e a transformação — elementos que vão contra o modelo de desenvolvimento proposto pelo governo".[3]

Realmente, ainda somos um país de analfabetos e com altíssima taxa de evasão escolar, taxa esta que vai crescendo à medida que o processo escolar vai chegando ao seu termo.[4] Muitas crianças são eliminadas cedo do sistema escolar. E a maioria delas provém de famílias de camponeses e operários. Uma previsão do MEC para 1980 dava conta de que das inúmeras crianças em idade escolar, 40,5% não se matriculavam e apenas 12,2% conseguiam chegar à terceira série do segundo grau.[5] De mil que começam a estudar, 63 terminam a universidade. A uns poucos, por conseguinte, é assegurado o direito real de estudar e ler a palavra escrita, embora a Lei n. 5.692/71 assegure a

---

3. Cf. Ezequiel Theodoro da SILVA. *Resumos do 2º Cole*, Departamento de Metodologia da Faculdade de Educação, Unicamp, Campinas, 1979. p. 3.

4. [N.R.] Importa lembrar que os dados citados são dos anos 1980.

5. [N.R.] A estrutura do Ensino Básico no Brasil, entre os anos de 1971 e 1996, denominava-se "Ensino de Primeiro Grau", para os primeiros oito anos de escolaridade, e de "Ensino de 2º Grau", para os três últimos anos; hoje esses níveis são denominados de Ensino Fundamental e Ensino Médio.

todos, indistintamente, este direito. Não assegura, contudo, trabalho, moradia, material escolar e outras condições para que a família possa manter seus filhos na escola.

A educação, nos seus oito anos seriados,[6] assemelha-se a um trenzinho a subir a ladeira. Muitos passageiros, de longe, nem conseguem tomar um lugar no trem. Muitos outros o conseguem e o trem parte lotado da estação inicial. Geralmente, contudo, ao subir o monte, muitas "classes-vagões" vão sendo desligadas da máquina e caindo nos despenhadeiros e penhascos. Ao pico da montanha, chega apenas um vagão, com alguns poucos privilegiados.

Há, contudo, alguns trens para os atrasados e os que ficam pela estrada saindo do trem quando este já está em movimento. Há o Pipmo, Senai, Mobral, Supletivo...[7]

Ao lado deste fato, temos que constatar, igualmente, que a leitura que o povo faz de sua situação, de seus interesses e de seus problemas não é reconhecida e incentivada ou, quando começa a incomodar os donos do poder, é simplesmente reprimida pela força. Exemplo disso é a repressão feita, constantemente, às leituras da realidade quando realizadas por grupos e movimentos populares, por sindicatos independentes, por associações de classe, pelas comunidades de base etc.

Fato ainda comprovativo da discriminação dos sujeitos de leitura é igualmente o preço proibitivo dos livros, nunca acessíveis, por conseguinte, às classes populares. O alto preço do material escolar, inclusive, é uma das causas do alto grau de desistência escolar.

Além disso, alguns poucos se acham possuidores de cultura e sabedoria. Por isso, consideram a cultura e sabedoria do povo como "folclore". Os poucos que frequentam as escolas e a universidade têm o "saber"... o povo lhes deve obedecer. Estes mesmos classificam de cultura apenas a cultura erudita e clássica, pois, para eles, as manifestações populares de vida, costumes e valores não possuem valor

---

6. [N.R.] Neste e no próximo parágrafo, utilizávamos uma alegoria para expressar a compreensão do processo de exclusão da escola no nosso país.

7. Cf. KAMPUS (cartunista). *Escola Sem'ducação*. São Paulo: Paulinas, 1982.

cultural, servindo, quando muito, de objeto de curiosidade turística e de fonte de exploração econômica. As próprias universidades, ao promover semanas de cultura no campo das letras e artes, dificilmente abrem um espaço, em suas programações, para a presença do elemento popular, para sua poesia, sua filosofia, sua visão de vida. Até grupos políticos, que se pretendem portadores de mensagens libertadoras, relegam as leituras populares e impõem as suas próprias leituras da realidade, muitas das vezes embasadas em teorias e princípios advindos de outras terras, outras realidades e experiências. Por que tudo isso? Porque uns e outros não reconhecem aos grupos populares, ao povo, aos iletrados — por isso mesmo, tachados de ignorantes — a capacidade de ler sua realidade e de detectar as soluções que ela exige. E, se não lhes reconhecem a capacidade, como irão reconhecer-lhes o direito de ler?

Em poucas palavras, perpetua-se, hoje, embora revestida de outras circunstâncias, a realidade da "leitura" do Brasil colônia. Uns poucos leem e têm reconhecido efetivamente seu direito de ler. Aos outros é usurpado este mesmo direito, tanto no atinente à leitura direta da própria realidade, quanto no que se refere ao direito de se informar sobre a leitura por outros feita sobre o mundo e os homens.

## 2.2  O que se lê?

Em outras partes desta publicação, referimo-nos ao conteúdo de conhecimento que é veiculado especificamente nas escolas e publicações oficiais destinadas ao mundo escolar, desde o início do primeiro grau[8] até o término da universidade. Referimo-nos, então, à distorção que é feita da realidade, quando esta é apresentada de forma ideal, sem o seu contexto social, econômico e político e sem o devido enraizamento no tempo e no espaço, em que ela acontece. Referimo-nos,

---

8. [N.R.] Entre os anos de 1971 e 1996, o que hoje [2012] denominamos Ensino Fundamental era denominado "1º Grau".

igualmente, à distorção ideológica da história, quando esta é apresentada como uma história sem violências, feita por heróis e pessoas isoladas e sem nenhuma presença efetiva do povo, caracterizando uma história de doações e concessões feitas pelos grandes aos pequenos.

Concluímos, então, que o conteúdo de nossas leituras é alienante, situado propositalmente por fora da realidade, com o objetivo implícito de servir de instrumento de manipulação dos que o recebem e aceitam, a serviço dos que o impõem.

O próprio sistema facilita e incentiva a veiculação, inclusive extraescola, de conteúdos altamente alienantes. Não é necessária a realização de pesquisas sofisticadas para se constatar isto. Uma visita rápida às bancas de revistas e jornais nos fará ver isso. Lá se encontram os conteúdos importados, tipo Tio Patinhas e outros, inoculando os conteúdos e ideologias dos grupos e países que lhes deram origem. Lá está a enorme quantidade de literatura pornográfica, a suscitar em nós uma falsa sensação de liberdade e, principalmente, a nos ensinar a manipulação das pessoas, do sexo, do amor a serviço do interesse e do lucro de determinados grupos. Lá se encontram as revistas carregadas de horóscopos, com sua visão determinística e mágica da realidade com sua proposta de que a história não é fruto da opção e do trabalho dos homens. Os homens é que são resultado, segundo eles, das predeterminações já existentes e levadas a efeito por seres poderosos, que escapam ao nosso controle. Lá se encontram, em grande quantidade, as fotonovelas, a nos dar a entender que a vida se resume em briguinhas de ciúme e de competição pela conquista deste ou daquele homem, desta ou daquela mulher e que, ao final, tudo dá certo! Ganham sempre os heróis, os mais importantes. Lá estão, de igual forma, as revistinhas dos heróis imaginários e da disseminação da violência. Lá estão as revistas de consultórios sentimentais, a ditar receitas e fórmulas prontas e acabadas para solução de problemas sentimentais e amorosos.

Todas estas publicações, com seus conteúdos, o que fazem? Nada mais que inocular em nós que o mundo é dos fortes e poderosos. Que as receitas para a felicidade já estão prontas e que a nós não cabe senão aplicá-las. Nunca, porém, discuti-las, questioná-las, verificar se, de fato, elas respondem aos problemas e questões que enfrentamos.

O cinema e a televisão, com seus enlatados, importados na sua maioria dos países que nos dominam, veiculam o conteúdo de "leitura de realidade" que a eles interessa para nos manipular e instrumentalizar, sub-repticiamente, a cada dia que passa.

Gradativamente, pois, os nossos valores e necessidades passam a ser as necessidades, e valores daqueles que nos manipulam e que, para tanto, nos impõem, na escola e fora dela, os conteúdos de leitura que a eles interessa.

## 2.3 Como se lê?

No mundo das escolas, a leitura ainda continua, com honrosas exceções, na linha do verbalismo, da repetição, da memorização e retenção de conteúdos, sem que os mesmos sejam submetidos a um processo crítico de avaliação, quer pelo confronto do que se leu com a realidade e informações vividas e possuídas pelos leitores, quer pela detecção do valor e da atualidade da própria mensagem transmitida.

Este método se aplica na alfabetização que nada mais desenvolve nos alfabetizandos que a capacidade de sonorização de palavras desligadas e desenraizadas de suas vivências. Este mesmo método está presente nos vários níveis escolares, onde os livros já vêm pré-fabricados, com respostas prontas para professores e alunos excluindo-se a possibilidade de uma avaliação das mesmas. A tarefa do professor, então, é fazer o aluno repetir as respostas oferecidas pelos livros, preenchendo os espaços em branco que cada livro traz para ser preenchido. O método é, pois, aquele que visa a morte da capacidade crítica e da criatividade de professores e alunos, para que estes se tornem, mais facilmente, instrumentos úteis e hábeis nas teias do sistema.

Como no mundo da colonização, também hoje, a adoção desta metodologia é algo propositalmente querido e incentivado, dado que com ela se consegue um duplo efeito, do mais alto interesse das classes

FAZER UNIVERSIDADE

dominadoras. *De um lado*, se consegue que os conteúdos sejam incorporados tal e qual foram transmitidos, sem modificações e avaliações. Isto é uma garantia da manutenção da ordem vigente ou, como dizem muitos, da desordem institucionalizada. *De outro lado*, se incapacitam as pessoas para o exercício da avaliação crítica, o que é mais um sustentáculo da não modificação do *"status quo"*.

A metodologia utilizada é, então, um excelente instrumento para que uns poucos continuem sendo "sujeitos" da leitura e todos os outros "objetos"; instrumento, igualmente, para que uns poucos ditem os conteúdos a serem transmitidos e recebidos pela leitura; finalmente, um instrumento com que uns poucos continuem mandatários da situação em detrimento da grande maioria, cada vez mais marginalizada de todos os processos da vida.

## 3. Conclusões e perspectivas

Feita esta rápida análise de nossa prática de leitura no Brasil, chegamos à conclusão de que muito resta ainda a fazer na estrada de sua democratização, para que ela seja, de fato, um direito de todos os brasileiros; leitura tomada tanto do ponto de vista de análise da própria realidade, pela experiência pessoal, grupal e de povo, quanto leitura realizada através de textos, livros, jornais... Muito ou quase tudo resta a ser feito no sentido de que aquilo que se lê, principalmente em livros e publicações escritas, diga, de fato, respeito à nossa realidade, aos nossos problemas e anseios, em vez de ser resultado de imposições externas e internas. Muito resta, ainda, a ser feito no sentido da adoção de autênticas filosofias da educação e, consequentemente, de métodos de ensino, que encarem o homem como sujeito no processo de aprendizagem e não apenas como um receptáculo onde se colocam e de onde se retiram, ao bel prazer dos "senhores", verdades e conhecimentos intocáveis e inalteráveis.

Não podemos nos entregar, porém, ao desespero. A realidade que hoje vivemos é, dialeticamente, semente de uma realidade diferente, mais humana e mais justa que está por vir. E sinais desta outra realidade começam já a despontar, aqui e ali, na pequenez de suas expressões, é certo, mas, antes de tudo, na grandeza de seus projetos e perspectivas.

Quais são estes sinais?

De um lado, o conteúdo mais especificamente brasileiro que vem sendo produzido nas universidades e fora delas, na tentativa de uma análise mais nossa de nossa realidade (cf. o capítulo Produção e transmissão de conhecimento no Brasil). De outro lado, deve-se registrar o constante surgimento e atuação dos vários movimentos populares, ligados às Igrejas ou não, que buscam a leitura de nossa realidade, independentemente das imposições das classes dominantes. São igualmente sinais de um mundo diferente, as várias tentativas de alfabetização não mecanicista, a partir de uma decodificação da própria realidade. São, também, previsões e sinais do mundo que queremos, as várias tentativas e experiências de se implantar, nas escolas e universidades, um processo crítico e criativo de leitura, que leve cada aluno a assumir seu papel de "sujeito" e não de "objeto" no processo de aprendizagem e de leitura. Tentativas, no mesmo sentido, são a promoção de Congressos de Leitura para a reflexão, análise e difusão prática da mesma.[9]

São pequenas sementes. São pequenos sinais. Na história, porém, todas as grandes transformações nascem de pequenos e desapercebidos sinais, minúsculos e desacreditados, na maioria das vezes.

É o processo que se inicia. Nele somos chamados a nos inserir.

Esta reflexão, que não quer ser palavra final e nem definitiva, quer ser uma contribuição ao debate e crescimento do mesmo.

---

9. Já foram realizados na Unicamp, Campinas, São Paulo, quatro Congressos de Leitura. Também vale ressaltar o fato de que, no ano de 1981, foi criada no decorrer do terceiro Congresso de Leitura a Associação de Leitura do Brasil, com sede provisória em Campinas e com o objetivo de promover estudos sobre a mesma.

# CAPÍTULO 3

# O leitor no ato de estudar a palavra escrita

**[N.R.]** Este capítulo está destinado a subsidiar os estudantes a entrar em contato com uma metodologia útil e necessária para a leitura aprofundada e crítica de um texto de caráter elaborado, seja ele científico, filosófico, literário, ou de outros cunhos possíveis. Pretendemos que o estudante universitário tome consciência do que é fazer uma leitura descuidada daquilo que estuda, assim como o que é praticar uma leitura crítica na abordagem dos textos por meio dos quais estuda. Mais do que a apropriação dos conceitos de leitura crítica, leitura a-crítica, de leitor objeto e leitor sujeito, nosso desejo é formar leitores críticos. Então, este capítulo é um convite que está formulado, de modo aproximado, desta forma: "Estude este capítulo como um convite a incorporar os conceitos expostos como um modo necessário de ser para quem se dedica a estudos e, possivelmente, a pesquisas. Invista em transformar esses conceitos em modos de agir".

Nos capítulos anteriores desta Terceira Parte de nossa publicação, vimos discutindo questões de leitura: a leitura como leitura do mundo, a prática de leitura em nosso país. Neste momento, pretendemos dar atenção propriamente ao leitor, à sua postura na prática de ler.

Por hábitos arraigados, decorrentes de nossa prática diária, da ideologia vigente sobre a leitura e das exigências dos exercícios escolares, temos assumido uma posição "passiva" enquanto leitores. Posição esta que nos conduz a reter o texto e encerrar por aí nossa atividade. O texto, assim sendo, termina nele mesmo. Ele é o *fim* da leitura.

Contudo, o texto é tão somente um instrumento intermediário. Ele *mediatiza* leitor e mundo. Ele serve de intermediário elucidativo entre o leitor e a realidade. Se um texto não nos auxiliar a entender melhor o mundo, ele nada fez; não cumpriu o seu papel.

Na discussão que se segue, vamos, pois, tentar uma reflexão sobre a postura que deve assumir o leitor ao ler, fazendo desta atividade um processo de entendimento do mundo e, pois, um ato de conhecer. Caso isto não ocorra, a leitura será somente uma forma mecânica ou semimecânica de identificar símbolos, sem que eles façam sentido como instrumento de compreensão da realidade.

Iniciamos por uma discussão do processo de estudar e seus aspectos de criticidade, para depois, num segundo momento, nos atermos ao leitor e sua postura na prática de ler: leitor objeto, enquanto estiver submisso ao texto; leitor sujeito, quando for capaz de emergir por *sobre* e para *além* do texto!

# 1. A duplicidade do ato de estudar[1]

Estudar significa, de modo geral, o ato pelo qual cada pessoa humana enfrenta a realidade para compreendê-la e elucidá-la, seja pela descrição de suas características essenciais, seja pela descoberta de sua origem e evolução.

Este enfrentamento da realidade, de um lado, pode ocorrer pelo contato direto do sujeito cognoscente com o objeto a ser conhecido, tendo ou não alguma pré-noção sobre o mesmo. Nesta situação, o sujeito é desafiado pela realidade. Para ele, ela é carente de um sentido, de uma significação, de uma interpretação. A prática do sujeito sobre essa realidade que o desafia dar-lhe-á condições para compreender o seu modo de ser. O processo de operar com a realidade, para encontrar-lhe o sentido mais adequado, mais elucidativo, é propriamente o ato de estudar, enquanto relação direta do sujeito com o objeto do conhecimento. Vamos exemplificar: o ato de estudar um riacho.[2] Vamos dizer que alguém deseja atravessar um riacho sobre o qual não possui nenhuma noção prévia. Desconhece tudo: resistência do solo no leito, profundidade, correnteza, obstáculos à passagem no fundo da água etc. Diante de tal quadro, é fácil concluir que esse indivíduo não irá atravessar o riacho de imediato. Lentamente, observará correnteza, medirá a resistência do solo e profundidade, provavelmente com um bastão qualquer, e, em último caso, penetrará gradualmente no riacho, tendo presente a medida justa entre o risco e a segurança da travessia. Enquanto está realizando esse processo, o indivíduo *está estudando a realidade*, ou seja, está compreendendo e elucidando a sua forma de ser e as possibilidades de ação *com* e *sobre* o mesmo.

---

1. Sobre o tema "ato de estudar", poder-se-á encontrar um estudo em Paulo FREIRE. *Ação cultural para a liberdade*, p. 9-12.

2. [N.R.] O exemplo apresentado inspira-se em uma entrevista de Paulo FREIRE, publicada na revista *Educação & Sociedade*, p. 47-75, 3 maio 1979. É um exemplo do cotidiano, que permite compreender o que é abordagem direta da realidade. Os cientistas também fazem isso, porém, de uma forma bem mais complexa.

Contudo, o enfrentamento da realidade pode ocorrer de outra maneira, que vamos chamar de *indireta*. Isto se dá quando recebemos o conhecimento da realidade através de outra pessoa que já tenha efetuado o ato direto de estudá-la. Permanecendo com nosso exemplo, suponhamos que um adulto qualquer já tivesse efetuado o reconhecimento das possibilidades de travessia do riacho. Comunica a um jovem a velocidade da correnteza, a profundidade, o tipo de solo, obstáculos possíveis da travessia e, até mesmo, modos técnicos de executar a passagem.

Elucidar a realidade por informação de outro é a segunda forma de efetivar o ato de estudar. Aqui já não contactamos diretamente com a realidade, mas indiretamente, *mediante* a expressão de outra pessoa, através de símbolos, sejam eles orais, mímicos, pictóricos, gráficos etc.

Em ambas as situações, o ato de estudar é plenamente realizado. Pratica-se um ato de conhecer o mundo! Na primeira, estudamos a realidade como ela se manifesta aos nossos sentidos, à nossa emoção, nossa inteligência, compreendendo as suas partes e os princípios de inter-relação entre elas. Na segunda, estudamos a realidade descobrindo o seu sentido, através da compreensão efetuada e expressa por outra pessoa. Na primeira, o critério de certeza da elucidação da realidade provém de nossa prática, da experiência que vivenciamos. Na segunda, temos duas possibilidades de critério de certeza. De um lado, podemos admitir como verdadeiro o conhecimento por considerar que o autor da informação é autoridade suficiente para que acreditemos no que diz, sem questionarmos a validade objetiva da mensagem. Aqui, alienamos ao autor o nosso direito de crítica objetiva do conhecimento, admitindo que ele já o fez suficientemente. De outro lado, podemos julgar verdadeiro o conhecimento porque o analisamos, tendo em vista *verificar* a sua validade. No momento em que lemos um texto qualquer, na vida universitária, é preciso ter presente, por uma parte, que temos experiência de vida que nos oferece critérios de julgamento e, por outra parte, que é possível fazer um juízo mais preciso da mensagem do autor, utilizando como critério os dados de argumentação, apresentados pelo autor, assim como a metodologia para a obtenção dos dados. No capítulo subsequente, vamos apresentar um modelo de leitura que dá ao seu usuário habilidades para a execução dessa tarefa crítica de ler uma mensagem e julgar o seu valor.

Neste segundo processo do ato de estudar, não temos em "nossas mãos" as evidências que justificam a sua validade, mas sim a afirmação do autor que ele as possui. Por isso é preciso fazer um esforço de verificação. Neste caso, até que se consiga uma avaliação objetiva da mensagem, a nossa decisão de aceitá-la ou não deve permanecer em suspenso.

Como se pode ver, a verificação aqui proposta não se refere, em si, ao processo de refazer todas as pesquisas já realizadas. Proposta que, de si, seria absurda; contudo, propõe-se a utilização dos próprios elementos do texto para julgar a sua validade.

Essas colocações nos conduzem a meditar e tentar compreender o que significa a postura crítica no ato de estudar.

## 2. Criticidade e a-criticidade no ato de estudar

As duas formas do ato de estudar, acima especificadas, podem ser classificadas, qualitativamente, como críticas ou a-críticas.

O ato de estudar diretamente a realidade será crítico na medida em que busque uma elucidação compatível com a mesma. O critério será a objetividade da expressão enquanto explicite as características próprias da realidade, sem subterfúgios e obscurecimentos, provenientes de interesses pessoais, de tabus emocionais ou mesmo de desvios na percepção. Crítico, aqui, equivale a objetividade na elucidação: descrição da realidade a partir de suas manifestações e não a partir de projeções psicossociológicas do sujeito.

O ato de estudar indiretamente a realidade será crítico na medida em que não seja magnetizado pela comunicação em si, obscurecendo o fato de que ela deve comunicar, o mais próximo possível, a realidade como ela é, em suas manifestações. Esta magnetização poderá decorrer do fato de nos apegarmos mais à expressão, em si, viva, emocional-mente "quente", logicamente bem construída, que ao seu necessário vínculo com a realidade. A-crítica será a atitude de aceitação pura e simples da mensagem e sua consequente retenção mnemônica, sem perguntar pela sua validade objetiva. Assumir uma postura a-crítica, neste tipo de ato de estudar, significa a abdicação da capacidade pessoal de investigar, alienando-a a outra pessoa, caso, o autor da informação. É a atitude do colonizado que admite que quem possui a verdade é o colonizador, originário de uma "civilização mais adiantada".[3]

Pelo fato da consciência se definir como o meio de apreensão do mundo externo a si mesma, a apreensão objetiva da realidade perten-ce-lhe por natureza. Assim sendo, o direito à elucidação crítica da realidade pertence, por direito inalienável, à pessoa humana. Frente a isso, tanto em um como no outro ato de estudar, a postura do sujeito deve ser uma postura crítica e não a-crítica.

## 3. O leitor no ato de estudar

A esta altura da nossa reflexão, cada um de nós já pode inferir a conclusão de que o ato de estudar indiretamente a realidade pertence, não com exclusividade, mas especialmente, ao leitor.

A vida universitária, mais que qualquer outra situação existencial, é o lugar onde o leitor se apresenta como uma figura constante: leitura em casa, leitura na sala de aula, leitura na biblioteca. A vida universitária, em alentada parte de seu tempo, é vivenciada junto aos textos de leitura. Daí caber, perfeitamente, uma discussão sobre o leitor no ato de estudar.

O leitor poderá ser *sujeito* ou *objeto* da leitura, a depender da pos-tura crítica ou a-crítica que assuma frente ao texto sobre o qual proces-sa o seu ato de estudar.

Será objeto na medida em que se coloque frente ao texto de leitura como alguém que esteja magnetizado pelo que está viven-

---

3. Ver o livro de Albert MEMMI. *Retrato do colonizado precedido pelo retrato do colonizador.*

ciando, seja pelo júbilo, seja pelo temor que desperte. Um texto pode despertar em nós um júbilo tão grande, que podemos perder de vista o seu valor objetivo. Outras vezes, um texto de leitura poderá depertar em nós o temor pela dificuldade de compreensão, e, novamente, perdemos de vista a objetividade. Em ambos os casos, não compreendemos com precisão a mensagem transmitida, e, então, estamos sendo objetos frente ao texto de leitura. Nas duas situações, estaremos tão somente servindo de repositório mnemônico de suas informações. Não as compreendemos, porém as memorizamos. Posteriormente seremos capazes de reproduzi-las intactas, sem termos consciência de sua origem, de sua evolução e de seu destino, assim como de seus fundamentos.

Aqui ocorre o processo do *verbalismo*, que, por vezes, é confundido com o *teórico*. Muitas vezes quando se faz a afirmação de que a nossa educação escolarizada é mais teórica do que prática, quer se expressar, com isso, que o processo de instrução se apega mais à fixação e reprodução das informações que à capacitação do educando. Este fenômeno se caracteriza como verbalismo e não como teórico. Teoria é uma reflexão sobre os dados da realidade como realidade, da prática como prática; é propriamente a elucidação mental de uma prática qualquer. No verbalismo, a aprendizagem não se refere propriamente a uma compreensão da própria realidade, mas a uma retenção a-crítica e alienante das informações oferecidas para uma posterior reprodução, quer seja em testes ou provas, quer seja para manifestar uma "ilustração" da mente, mais como "enfeite" do que como instrumento de segurança e sobrevivência.

O verbalismo é o produto característico de se conceber o leitor como objeto e não como sujeito da leitura.

Por outro lado, será sujeito da leitura o leitor que, em vez de só reter a informação, fizer o esforço de compreensão da mensagem, verificando se expressa e elucida a realidade em suas características específicas. Por vezes, os textos criam uma elucidação falsa da realidade. É preciso estar alerta para essa possibilidade. A leitura do texto deve se apresentar como uma leitura *mediata* do mundo.

O leitor como sujeito da leitura deve estar atento para três pontos fundamentais:

a) Ter o objetivo de compreender e não memorizar a mensagem. No primeiro caso, entra "por dentro" do mérito daquilo que o autor quis dizer e executa um processo integrativo de conhecimentos; no segundo caso, permanece na "periferia" do que o autor quis dizer e executa um conhecimento somativo de partes isoladas.

b) Ter como atitude básica a postura de avaliar o que lê, tendo como critério de julgamento a compatibilidade da expressão com a realidade expressada. Após compreender a temática transmitida por alguém, é fundamental que se verifique a validade da expressão em termos de objetividade. Vale ressaltar, aqui, que não se pode ter uma atitude de avaliação adequada sem que se tenha, previamente, executado uma compreensão adequada da mensagem. A avaliação só pode ocorrer sobre dados e estes necessitam ser explícitos. Muitas vezes o leitor julga, inadequadamente, uma mensagem devido ao fato de sua má compreensão da temática abordada.

c) Ter uma atitude de constante questionamento, de pergunta, de busca, de diálogo com o autor do texto. É preciso ler observando, de um lado, aquilo que é relevante para o autor, tendo em vista compreender a sua mensagem global; mas também ler, observando aquilo que é relevante para nós, leitores. Por vezes, aquilo que o autor deixou nas entrelinhas é o que mais nos interessa; outras vezes, um comentário à parte. Só a partir desse diálogo com o autor, compreendendo sua mensagem, avaliando-a, questionando-a, é que podemos caminhar para a criação de novas mensagens.

O leitor-objeto não tem condições de capacitar-se para a criação de uma nova mensagem e transmiti-la a outras pessoas. Pela retenção de informações, no máximo, ele terá condições de "reproduzi-las", desde que gravadas em seus esquemas mnemônicos. Ao contrário, o leitor-sujeito, pelos seus processos de compreensão, avaliação e questionamento do lido, estará capacitado para criar e transmitir novas mensagens, que se apresentarão como novas compreensões da realidade, garantindo o processo de multiplicação e ampliação da cultura.

O leitor-objeto, em termos de história da cultura, se coloca tão somente como instrumento de armazenamento da informação; no máximo, um arquivo de má qualidade, desde que a nossa memória tem os seus percalços de esquecimento pela vivência emocional, pelo obscurecimento decorrente do desgaste do tempo etc. O leitor-sujeito, ao contrário, deixa a tarefa de armazenamento para instrumentos muito mais eficientes que a própria civilização já criou, tais como livros, revistas, computador, *tapes* etc. e dedica-se a uma atividade que não pode delegar a nenhum instrumento: criar novas interpretações da realidade, dar-lhe novos sentidos. A atividade de criar novos conhecimentos não é um capricho, mas uma exigência da realidade. Esta não se dá a conhecer de uma só vez. Ela se transforma, se modifica, é multifacetária e, por isso, constantemente, está desafiando o homem no seu ato de estudar, que deve ser criativo e não repetitivo.

Na postura do leitor-sujeito, cada um de nós passa a ser leitor-autor. Não só recebe mensagens, como também as cria e as transmite com nova vida, com nova dimensão. Só o leitor-sujeito multiplica a cultura e a aprofunda.

## 4. Conclusão

Para que a universidade se concretize, em sua missão fundamental de consciência crítica da realidade, é preciso que cada elemento componente de sua realidade — professor, aluno — assuma postura de leitor-sujeito, de leitor-autor. Só assim a universidade poderá levar a sociedade à elucidação do que ocorre no seu seio, nos múltiplos aspectos da realidade, natural, social, cultural.

# CAPÍTULO 4

# Processo de leitura crítica[1] da palavra escrita

[N.R.] O conteúdo do presente capítulo tem a intenção de introduzir o estudante no exercício da leitura crítica, como uma forma sensata de estabelecer uma compreensão do mundo que o cerca. A proposta dos elementos e do processo de leitura, expostos a seguir, deve ser tomada como um conjunto de passos didáticos no treinamento da aprendizagem ou do aprofundamento (existirão leitores que já vêm praticando essa modalidade de leitura) na prática da leitura crítica, ou seja, o que estamos propondo são elementos e passos para um treinamento consciente. À medida que essa prática, repetida algumas vezes, vai se tornando habitual, o leitor não necessitará mais de seguir, sequencialmente, todos os elementos e passos propostos. Então, a "leitura crítica" passará a ser um recurso pessoal, utilizado sempre que necessário. Será uma capacidade que permanece latente na conduta diária do leitor, mas que, quando necessária, será acessada e virá à tona. Para que isso ocorra, no início, há que se treinar inten-

---

1. O roteiro de leitura proposto neste capítulo é devedor às propostas de Antônio Joaquim Severino. *Metodologia do trabalho científico*; às propostas de Delcio Vieira Salomon. *Como fazer uma monografia*, e à nossa prática de sete anos em sala de aula, trabalhando com os alunos e revisando nossa compreensão teórica.

cionalmente agir com esses elementos e passos. O uso repetido e consciente de um modo de agir gera um hábito, que se torna "natural", sempre se faz desse modo. O professor de Metodologia do Trabalho Científico necessita de estar consciente de que, como educador, deve orientar seus educandos no exercício dessa prática. Como líder da sala de aula, ele subsidiará seus estudantes na aprendizagem sistemática dessa prática.

Um texto de leitura nos conduz — como temos visto anteriormente — a um entendimento do mundo, a partir do entendimento que dele possui o seu autor. Para que esta nossa leitura signifique uma "leitura do mundo", importa que a nossa prática de leitores seja crítica, quer dizer, que façamos o esforço, de um lado, de apreender a mensagem intencionalmente transmitida pelo autor e, de outro lado, façamos um esforço de julgamento sobre o que lemos. A validade do que lemos (o conteúdo e a forma), o seu valor (significado social), os limites e amplitudes da mensagem como instrumentos de compreensão da realidade são aspectos fundamentais a serem levados em conta numa leitura crítica. Afinal, o que importa não é a leitura pela leitura, mas sim a leitura como mecanismo auxiliar de nosso trabalho de entendimento do mundo.

A leitura crítica de um texto propõe a sua leitura contextualizada. Ela nunca deverá ser uma prática desenvolvida só mecanicamente. Terá que superar os limites definidos no corpo do próprio texto, para situá-lo em seu contexto. O pensamento escrito foi, em determinada época, em determinado lugar, decorrente de um desafio específico. Ele não é, pois, um ente a-espacial e a-temporal. Não! Ele é um ser situado e assim deve ser tomado, se se quiser entendê-lo criticamente.

A leitura é um processo que se faz dinamicamente na prática do leitor, ou seja, processa simultaneamente a decodificação mecânica dos símbolos gráficos, entende a mensagem, posiciona-se criticamente a respeito dos tópicos de assuntos lidos. Ao mesmo tempo que se lê, manifestam-se as dificuldades e os limites do conteúdo transmitido.

Contudo, é possível e desejável que, didaticamente, façamos incidir nossa atenção seletiva sobre determinados setores do processo da leitura, em determinados momentos. Assim, num momento poderemos estar mais preocupados em obter informações subsidárias à leitura que estamos fazendo, ou poderemos estar mais preocupados com a apreensão da ideia principal do autor ou, ainda, poderemos estar mais atentos a estabelecer uma crítica ao texto lido.

O esquema que apresentamos abaixo é didático e assim deve ser utilizado, apesar de sabermos dos limites que ele possui em termos do dinamismo dialético da leitura. Importa que, para iniciarmos ou aprofundarmos na prática da leitura crítica, exercitemos formalmente esse tipo de roteiro, ainda que, aos poucos, cada um de nós vá se desvencilhando do formalismo e criando o nosso modo próprio de realizar uma prática crítica de leitura.

O esquema de leitura, aqui proposto, manifesta-se como um processo lógico de estudo e análise de um texto. Poderá ser utilizado, com este objetivo, em qualquer circunstância. Em todo caso, lembramos que ele se destina fundamentalmente ao estudo e análise de textos que possuam uma estrutura lógica rigorosa, especialmente os textos filosóficos e científicos.

Esse tipo de leitura exige três conjuntos de atividades, que poderão se processar simultaneamente em nosso exercício mecânico-mental de ler, mas que, também, para maior eficiência, poderão ser realizados e apresentados intencional e sistematicamente separados.

O primeiro conjunto se refere aos *elementos subsidiários* da leitura, que se definem como elementos auxiliares tanto do entendimento da leitura como do julgamento crítico do que foi lido. O segundo conjunto de atividades que conseguimos distinguir e separar é aquele *relacionado com a compreensão* mesma da mensagem do autor. Vamos dizer que estas atividades são as centrais para o entendimento daquilo que nos quis dizer o autor. E o terceiro conjunto de atividades se refere à *prática do julgamento* do texto e da mensagem do autor. Aqui, praticamos um juízo crítico formal sobre aquilo que lemos. É o momento da avaliação e de novas proposições de estudo.

Após uma primeira leitura de um texto (decodificação primária da mensagem do autor), estamos aptos a iniciar o exercício formal de uma leitura crítica, pois que aí, então, estamos em condições, primeiro de identificar aqueles elementos que serão necessários para uma melhor intelecção do que estamos querendo entender (elementos subsidiários), estamos em condição de começar a compreender a mensagem principal do autor (elementos da compreensão) e de vislumbrar alguns elementos de julgamento. Então, após a primeira leitura, iniciamos um processo formal de atendimento das especificações do roteiro que se segue. E, certamente, que releituras do texto deverão ser executadas até que consigamos processar todos os elementos do esquema proposto a seguir.

## 1. Elementos subsidiários da leitura

1. *Referência bibliográfica do texto e extensão da leitura a ser feita.* Uma primeira atividade subsidiária da leitura é fazer a identificação do texto a ser lido e a sua identificação bibliográfica. Isto significa identificar o nome do autor do texto que estamos lendo, o nome do texto, o material bibliográfico, ano de publicação, páginas em que se encontra o texto. Por exemplo: Leandro Konder; As leis da dialética, em: O *que é a dialética.* São Paulo: Brasiliense, 1982. p. 57-62. Nesse exemplo, temos a *indicação bibliográfica* do texto que vamos analisar (As leis da dialética) e a *extensão dessa leitura,* desse texto para análise (páginas 57-63 do livro O *que é a dialética*).

2. *Identificação do tipo de texto.* Pelo conteúdo, identificar o tipo de texto que está sendo lido: filosófico, científico, literário. Essa identificação auxilia a nossa análise pois que cada tipo de texto possui estrutura diferente e modo diverso de dizer as coisas; possui características específicas e disso dependerá o nosso modo de leitura e análise. Será

diferente analisar um texto literário de um científico; um filosófico de um literário etc.[2]

3. *Conhecimento dos dados biográficos do autor do texto*. Já dissemos, anteriormente, que o texto não é um elemento fora do tempo; ele se dá contextualizado. Assim, é preciso situar também o autor do texto no tempo, no espaço e na história. Ele não é um ente de razão, mas um sujeito concreto. Para isso, importa saber quando o autor nasceu, onde, qual foi a sua formação intelectual, em que organizações militou, a que correntes de pensamento pertenceu, que livros escreveu etc. Importa, então, possuir informações sobre a vida intelectual, política, cultural do autor. Estas informações auxiliarão o leitor a contextualizar o texto que está sendo lido e a avaliá-lo, como veremos mais à frente.

4. *Estudo dos componentes desconhecidos do texto*. Num texto qualquer que estivermos lendo, poderemos encontrar *vocabulário técnico, nomes de autores, correntes doutrinárias, fatos históricos* que desconhecemos. Isso a primeira leitura nos mostrará. Para que possamos fazer uma leitura realmente compreensiva do texto, importa que tomemos conhecimento de todos esses elementos desconhecidos. São elementos paralelos à leitura e que exigirão de nós, leitores, estudos diversificados. Por

---

2. Este esforço de identificação do tipo de texto é útil, na medida em que dispõe o leitor a criticamente assumir diferentes posturas diante de diferentes tipos de textos. Assim, por exemplo, um texto de características *informativas*, informativo, cujo objetivo é apenas o de trazer ou veicular informações, difere de um texto *literário*, cuja expressão é artística: o autor, seguindo os ditames da estética, usa de forma livre a sua imaginação para referendar a sua mensagem. Já os textos de ciência, propriamente *científicos*, demonstram exatidão e rigor na busca de entendimento de um objeto, de um fato, de um fenômeno; os textos científicos se caracterizam por uma explícita determinação do objeto em estudo — tematização rigorosa —, por um raciocínio construído sobre fundamentação exaustiva e sempre provada; os termos são específicos, técnicos da área em estudo e o método é igualmente rigoroso. Os textos de tipo *filosófico* expressam uma reflexão também rigorosa, com método coerente, raciocínio exaustivo, sobre o significado das coisas, dos fatos, fenômenos. Enquanto na ciência a preocupação é desvendar *o que é* o objeto, na Filosofia é em refletir o *seu significado* para o ser humano, para o mundo, enquanto elemento fundamental do existir inteligente. Há, ainda, textos de divulgação, vulgarização da ciência, da Filosofia. O jornalismo, por exemplo, é responsável por levar muitas das reflexões, surgidas através dos métodos científicos de conhecer, ao grande público. Por isso, divulgação científica, vulgarização filosófica, artística etc.

exemplo, se em uma determinada leitura encontramos o termo "capitalismo neointervencionista" e não sabemos o que ele significa, torna-se fundamental que procuremos um meio de esclarecê-lo, sob pena de não entendermos o que o autor nos está querendo dizer. Para isso, poderemos consultar especialistas, livros outros, dicionários especializados, enciclopédias etc.

Estes elementos, em princípio, são aqueles que se manifestam como subsidiários à leitura. Tendo se "preparado" desta forma para uma leitura mais efetiva, estamos em condições de processar aqueles elementos que são os fundamentais, aqueles que dizem respeito propriamente à mensagem do autor.

## 2. Elementos da leitura propriamente dita: estudo da temática do texto

No estudo temático de um texto, cabe a nós, leitores, compreendermos adequadamente o que o autor nos quis dizer. Para tanto, importa estar com o espírito aberto. É preciso estar afetivamente interessado em entender a mensagem que o autor quer nos comunicar. Aqui não cabe nenhum julgamento sobre o que vamos ler ou estamos lendo. Importa a compreensão do lido.

Para processar o estudo temático de um texto devem ser levados em consideração os elementos seguintes:

2.1 *Identificação e análise do título do texto.* O título de um texto deve ser o indicador do seu sentido e significado. Sinteticamente, expressa de que é que ele trata e discute. Normalmente, não é uma afirmação, mas uma indicação do conteúdo. Na análise do título, importa verificar a sua adequação ao conteúdo transmitido, assim como sua compatibilidade com o mesmo. Enquanto, nos textos científicos e filosóficos, os títulos devem ser temáticos, ou seja, indicadores estritos do conteúdo tratado, nos textos literários e poéticos, normalmente, são metafóricos.

2.2 *Identificação do tema abordado*. O autor do texto, dentro de uma determinada área de conhecimento, escolhe um tema específico sobre o qual ele trabalha. No caso de leitores, o nosso papel é de identificar esse tema com exatidão. Ele redimensiona, em termos de especialidade, o assunto. Um assunto pode ser tematizado de muitos modos. Por isso, a identificação, bem feita, do tema do texto, nos auxilia na compreensão geral daquilo que estamos lendo. Não se deve, contudo, confundir *tema* com *ideia principal* ou ideia central. A identificação do tema se refere tão somente à delimitação do conteúdo tratado; não implica numa afirmação. Por exemplo: "A aprendizagem escolar". Não há verbo nesta frase. A ideia principal, no entanto, manifesta-se como uma afirmação ou negação. É o nosso próximo elemento neste roteiro. No exemplo acima, a ideia principal ou ponto de vista poderia ser: "Os resultados da aprendizagem sofrem a interferência de fatores ambientais". E uma afirmação. Aí há um verbo, indicando a ação. A identificação do tema e da ideia principal é apresentada de formas diversas, conforme especificamos.

2.3 *Identificação da problematização feita pelo autor em torno do tema*. O autor, para escrever alguma coisa sobre um tema, o problematiza, ou seja, o autor dá uma perspectiva diferente ao tema a depender da problematização que faça. Por exemplo, o tema ESCOLA pode ser problematizado de muitos modos: se pergunto sobre a eficiência da escola, terei um texto, mas se perguntar pela ideologia dominante na escola, terei outro texto; e, ainda, se perguntar pelas relações de autoridade na escola, terei outro texto. Um mesmo tema pode sofrer muitas problematizações. O fato de conseguirmos identificar a problematização que suscitou o trabalho do autor, nos dá uma verdadeira pista para a compreensão do texto. Se sabemos, com clareza, o que o autor se perguntou, torna-se fácil identificar a resposta que ele tentou dar. Vale observar, todavia, que nem sempre esta problematização está explícita. Então, o leitor terá que descobri-la, imaginativamente, a partir do próprio texto.

2.4 *Identificação do ponto de vista ou ideia central*. Se o autor se propôs uma questão, esta questão merece resposta. Identificar a resposta que um autor deu à sua problematização de um tema significa identificar o seu ponto de vista (a ideia central do texto). O ponto de vista ou ideia central é o núcleo temático-afirmativo ou negativo em torno do qual se desenvolve todo o raciocínio e argumentação do autor. E, evidentemente, a uma pergunta feita, muitas respostas poderão ser dadas. Contudo, o autor elegeu a sua e nosso papel, como leitores, é identificá-la. No exemplo da escola, dado acima, como autores, poderíamos assumir o ponto de vista: "a escola é eficiente no seu efeito moralizante, mas não no seu efeito cognitivo"; ou poderíamos assumir o ponto de vista de que "ela não é eficiente em nada". Cada ponto de vista deste exigiria uma argumentação diversa. E, portanto, um texto diverso.

2.5 *Identificação da argumentação*. Após ter selecionado o seu ponto de vista, o autor necessita criar razões pelas quais convença o leitor de que aquilo que ele escreveu "faz sentido", é sustentável, é certo. Para isso, desenvolve uma argumentação, que nada mais é do que elencar informações, dados e razões que assegurem a validade do seu ponto de vista. Para se compreender bem a mensagem de um autor e poder julgar o seu trabalho, torna-se fundamental identificar os seus argumentos, pois que são eles que nos demonstrarão se o autor foi competente e convincente ou não. Poderemos encontrar argumentos consistentes, inconsistentes, falsos etc. A depender de sua qualidade, o texto terá níveis diversos de qualidade, também. Poderemos ainda encontrar argumentos principais e secundários. Os primeiros são básicos (definidores do raciocínio do autor); os outros são esclarecedores, ampliadores da discussão.

Tendo conseguido identificar os argumentos do autor, o leitor está em condições de dividir o texto por partes, pois que cada argumento, com sentido completo, constituirá uma parte do texto. Assim sendo, é possível reestruturar o esquema de desenvolvimento do pensamento do autor: reestruturar os passos lógicos que ele deu para produzir o seu texto, indo de uma introdução para uma conclusão.

Cada argumento forma um todo separável didaticamente, pois que cada um deles deve possuir um sentido completo, podendo se manifestar em uma oração, em um período, um parágrafo ou um trecho com vários parágrafos. O que importa é conseguir; logicamente, descobrir cada uma das razões que o autor utiliza para justificar o que pretende comunicar. Feito isso, temos em nossas mãos o caminho lógico da discussão do autor.

A identificação dos argumentos do autor e a consequente reestruturação do texto nos oferecem um instrumento fundamental de visão geral do texto; fator que serve tanto para a compreensão geral do pensamento do autor, como para possíveis apresentações do pensamento de outro, numa conversa, num seminário etc...

## 3. Elementos de avaliação e proposição

Concluída a compreensão do texto, a partir dos elementos essenciais, com o auxílio dos elementos subsidiários, cabe ao leitor processar um juízo crítico sobre o texto lido e apresentar um propósito de ação. É o momento conclusivo da leitura, levando à avaliação e à proposição, como veremos.

3.1 *Avaliação do texto lido*. Avaliar o texto lido significa assumir um posicionamento crítico sobre o mesmo, seja a partir de uma perspectiva externa ou de uma perspectiva interna:

a) *O juízo externo* decorre do uso de critérios que tangenciam o texto. Em outras palavras, é um tipo de juízo que não "entra propriamente no mérito da questão". Ele se baseia em fatores externos ao próprio texto. Esses critérios se referem à autoridade científica do autor para discutir o assunto que apresenta, a coerência ideológica do texto com o posicionamento político normalmente assumido pelo autor, relação efetiva entre o que o autor escreve e sua prática social e científica etc... Enfim, são critérios que nos auxiliam, previamente, a ter um peso do valor do texto. Contudo, é um processo insuficiente de avaliação. Por vezes, poderemos trabalhar com um texto de um autor mais ou menos novo, sem ainda o "*status* social", com excelente conteúdo e, por outras vezes, poderemos estar trabalhando com o texto de um autor de renome, mas que não possua nenhum valor. Por isso, o juízo baseado em fatores externos pode ser um auxiliar do julgamento efetivo do texto; contudo este juízo crítico será muito precário se permanecer fundamentado em tais critérios.

b) *Juízo interno* é aquele que exercita sua atividade através do julgamento, de um lado, sobre a estrutura do texto e validade do seu conteúdo; de outro, sobre o valor social da mensagem, seu significado político.

*A estrutura lógica do texto* nos permitirá verificar se o autor segue coerentemente uma linha de raciocínio, se é claro, se segue uma metodologia adequada etc. Já o *julgamento da validade* do conteúdo nos permite verificar o quanto é certa e verdadeira a interpretação que o autor nos apresenta da realidade. A validade, pois, diz respeito à compatibilidade da interpretação do autor com a realidade. Para julgar isso, temos como elementos disponíveis: nossa experiência com a realidade, outras leituras que já fizemos, discussões que desenvolvemos com outras pessoas, especialistas no assunto ou não. É preciso julgar essa validade do texto, pois que poderão existir textos logicamente bons, mas sem nenhuma validade enquanto interpretação adequada da realidade. Alguém, com habilidade de raciocínio, poderá escrever um texto convincente, do ponto de vista da organicidade lógica, mas falso do ponto de vista da realidade.

Quanto ao julgamento interno, ainda vale a pena lembrar o aspecto do *valor do texto*. Nossa avaliação de uma leitura não estará completa se não nos posicionarmos politicamente sobre ela. Somos cidadãos e como tais somos obrigatoriamente políticos. Então, um posicionamento sobre o significado social e político da mensagem do autor torna-se fundamental. Não existe neutralidade! Se dissermos que somos neutros em relação a alguma coisa, aí já estamos tomando um partido: o da neutralidade (falsa).

A avaliação crítica de um texto, pois, exige múltiplos elementos: a estrutura lógica do mesmo, sua validade enquanto verdade, seu valor social.

3.2 *Proposições.* Define-se a avaliação como um julgamento de valor para uma tomada de posição. Então, obrigatoriamente, toda avaliação deverá conduzir a uma forma de ação. Há uma forma metodológica de vida que diz: "ver, julgar e agir". Aqui, no caso da leitura, vamos dizer: "ler, julgar e agir". Ou seja, após o julgamento do que lemos, temos em nossas mãos os aspectos positivos e negativos do texto. Os positivos poderão ser reforçados, ampliados etc... Os negativos deverão ser superados. Daí decorre a nossa proposta de fazer crescer o conhecimento com maior adequação, seja pela ampliação daquilo que avaliamos bom e significativo, seja pela busca de preenchimento das lacunas daquilo que consideramos inadequado ou pouco significativo.

Quando concluímos uma leitura crítica, estamos em condições de assumir a posição de leitor-autor, pois que apreendemos um conhecimento já produzido e, então, nos propomos a ampliar e alargar elementos que o texto lido nos despertou. Agora é a vez de expressar a nossa reflexão, a nossa meditação.

Então, para concluir uma leitura crítica, vale a pena a proposição de novos temas para a pesquisa, para o estudo, paralelos ou decorrentes do conteúdo lido. É o momento de criação do leitor.

É através de novas problematizações e de suas respectivas respostas que o conhecimento cresce e se desenvolve na história.

# Trabalhos grupais na apreensão do conhecimento

## CAPÍTULO 5

[N.R.] Na natureza, os seres foram descobrindo que o conjunto — integração das partes — adquiria mais força que permanecer sozinho. Plantas reunidas protegem-se melhor dos ventos que uma planta única e isolada. Animais se juntam para se proteger dos seus inimigos. Um predador não ataca um grande grupo, mas sim indivíduos isolados, mesmo que seja nas franjas do grupo; nunca o todo, pois que este tem a força do grupo. Os seres humanos descobriram, desde cedo, que unidos tinham mais poder. Reuniram-se para a caça primitiva, para a própria proteção, para a construção de bens necessários. A força do grupo sempre será maior do que a força de um só. Isso tanto física quanto psicologicamente. Ciente desse poder decorrente da força e da riqueza do grupo, este capítulo contém um convite ao professor para servir-se da atividade grupal no seu trabalho de ensino, oferecendo aos estudantes reunidos continência e subsídios para que possam servir-se de sua força coletiva, aqui no caso, para estudar e aprender. É também um convite ao estudante para que aprenda, na convivência com colegas, a riqueza e o prazer da atividade em grupo. Vale, ainda, uma observação: tanto professor quanto estudantes necessitam ter consciência de que, para se trabalhar em grupo, importa que estejam atentos à faceta emocional de cada um. Nossa vida emocional facilita ou dificulta nossas relações, pois que é nela que estão registrados nossos traumas, nossas alegrias, nossas dores, que atuam, muitas vezes, independentemente de nossa escolha. Atuam automaticamente. Daí a necessidade da vigilância sobre esse fator na vida coletiva, como em todos os campos de nossa vida.

Vimos discutindo, em nossas análises e propostas pela leitura, a apreensão do conhecimento já produzido e transmitido. No que segue, vamos dar atenção ao *trabalho grupal* como uma forma rica e enriquecedora de processar a aquisição de conhecimentos. Pretendemos, aqui, redimensioná-lo num entendimento mais amplo e global, retirando-lhe o aspecto reducionista de exclusiva técnica didática com o qual tem sido normalmente apresentado.

Queremos, com esse estudo, dar ao trabalho grupal uma dimensão de instrumento útil e necessário ao estudo, à análise, ao entendimento e à avaliação dos conhecimentos já feitos e normalmente veiculados pelos sistemas escolares.

Na dinâmica da vida, da existência, o mundo concreto nos lança desafios, nos impõe obstáculos. Enfrentar esses desafios, dominar e superar os obstáculos impostos pela realidade é condição e motivação para a vida humana. É nesse enfrentamento dos desafios e obstáculos da realidade que o homem cresce enquanto homem. Cresce, porque é obrigado a penetrar nos segredos do mundo que o desafia para dominá-los e, aí conhece as coisas. O conhecimento, portanto, é o resultado do enfrentamento que o homem-sujeito faz da realidade desafiadora, misteriosa, oculta. Nesse enfrentamento nessa luta que o sujeito trava com o objeto, a realidade o conduz à vitória, à conquista: o sujeito domina o objeto: o homem se apossa da realidade, enquanto a desvela, a penetra, a entende, a transforma e a conduz.

Diferente dos animais, nós homens somos seres de relações. A vida humana, como vimos acima, sempre se faz dentro de um contexto de relações com o mundo concreto onde cada homem vive. Essas relações têm sua fonte, sua iniciativa em cada homem. É na medida em que cada homem se relaciona mais conscientemente (mais como sujeito e menos como objeto) que vai adquirindo a plenificação do seu ser homem.

O mundo concreto em que vivemos e existimos, a nossa realidade concreta, se nos apresenta em dois níveis: *realidade histórica* (todo homem tem uma história pessoal e social, única e irrepetível); *realidade geográfica* (todo homem tem um espaço físico: humano-social). Nesse contexto histórico e geográfico nos relacionamos com o mundo natural, o mundo das coisas, dos objetos; com o mundo das pessoas, do outro, dos sujeitos como "eu"; até com o mundo do transcendente, com os mais diversos matizes, a depender da situação cultural.

Obviamente, a relação com o mundo dos objetos deve diferir qualitativamente da relação com o mundo do outro — um sujeito por vocação. O outro sujeito tem história e geografia próprias; como "eu", também "ele" pensa e é fonte de relações. O objeto, enquanto objeto, nunca é fonte de relações.

Obviamente, a relação com o mundo dos objetos deve diferir qualitativamente da relação com o mundo do outro — um sujeito por vocação. O outro sujeito tem história e geografia próprias; como "eu", também "ele" pensa e é fonte de relações. O objeto, enquanto objeto, nunca é fonte de relações, mas está sempre ao dispor de um homem — fonte de relações — de quem recebe significado. Nesses termos é que podemos, por exemplo, entender um inerte toro de madeira, inerte até o momento em que um homem, um sujeito, uma consciência o toma e o trabalha, dando-lhe um significado, transformando-o num objeto para um sujeito, num contexto, numa cultura e, dessa forma, aquele toro de madeira já não mais é um simples toro, mas já um móvel, uma estátua, um mourão de cancela etc. Houve uma relação sujeito-objeto dentro de um contexto histórico, geográfico, cultural. O sujeito dominou o objeto e o transformou de acordo com a sua vontade e iniciativa.

Na relação sujeito-sujeito, em princípio, não deveria haver possibilidade para a dominação, o autoritarismo, o egoísmo, mas sim para a liberdade, diálogo e crescimento mútuos. Mesmo reconhecendo o quão longe estamos de um relacionamento homem-homem a nível de sujeito-sujeito, acreditamos ser por aí o caminho do crescimento e da evolução do homem, enquanto ser humano e do mundo enquanto mundo, onde o homem possa ser plenamente homem. Isto porque é através de um clima de liberdade que ocorre o questionamento, que gera reflexão, crítica e só por aí é possível evoluir; é a partir do diálogo entre duas ou mais pessoas que se pode reconhecer os limites do outro, as suas potencialidades e capacidades concretas; é na abertura para a ajuda mútua, para o crescimento mútuo que as sociedades cresceram, que houve desenvolvimento e evolução do homem: é assim que o conhecimento se fez e se faz.

Conhecer o mundo, a realidade, torna-se fascinante quando os "sujeitos" põem em comum suas potencialidades e capacidades para dominar a realidade. Isto é decorrência da qualidade social inerente a nós homens: deixar que as "consciências" se comuniquem na experiência de viver, de dominar o mundo. Isto o fazemos, quando recebemos as experiências dos nossos antepassados em termos de conhecimentos já elaborados, vivenciados; isto o fazemos quando, intencionalmente, nos reunimos para refletir, discutir, estudar uma situação, um desafio, uma questão, um problema, ou enfrentar juntos uma luta, uma conquista.

A sabedoria popular diz: "quatro olhos veem melhor do que dois".

Aqui está o fundamento do trabalho grupal, do estudo em grupo, em equipe: sujeitos, consciências, experiências e capacidades diferentes que se juntam com a intenção explícita de, através do diálogo, do esforço de reflexão conjunta, se apossar da realidade: *conhecer para transformar.*

Trabalhar em grupo é, consequentemente, uma conquista do homem enquanto ser de relações, que reconhece no seu semelhante uma fonte de relações, de liberdade, de diálogo e de possibilidade de crescimento mútuo.

A rigor, portanto, não pode ser chamado com propriedade de trabalho grupal aquele onde aparece *dominação* (o dominado já está na condição de objeto), *autoritarismo* (as verdades já aparecem pré-definidas e prontas a serem impostas, indiscutíveis ou ao menos para ser discutida de uma única forma — a imposta) e *egoísmo* (tudo convergir para um que seria o centro ou o dono de tudo).

O trabalho grupal requer das pessoas que compõem o grupo um mínimo de abertura para a liberdade: respeito ao limite do outro, escuta e atenção. Se todos estão seriamente empenhados, todos têm, com certeza, contribuição a dar. Cada contribuição deve ser refletida, questionada, clareada e enriquecida; cada componente está em função do grupo e o grupo em função de cada elemento, para que daí possam nascer novos conhecimentos sobre o que o grupo discute refletindo. Por outro lado, cada componente sujeito de um trabalho ou estudo grupal deve sair enriquecido, treinado, mais evoluído, com nova bagagem de aprendizado.

Assumimos, outrossim, a convicção de que o saber, o conhecimento não é acabado, definitivo, irreparável e muito menos propriedade de uma pessoa, ou de um grupo fechado; o saber está em contínuo fazer-se, num processo incessante de aprofundamento: há uma dinâmica no processo de conhecer, há uma luta para que todos os homens se beneficiem efetivamente do conhecimento já conquistado. O nosso esforço no trabalho universitário assume o objetivo de criar uma mentalidade que exija união e reunião de inteligências para conquistar novos e mais profundos conhecimentos, a fim de que possamos, mais competente e profundamente, transformar a realidade numa realidade humana. Há, portanto, uma busca de saber crítico.

Nesse contexto, voltamos a insistir, é nossa intenção recuperar o sentido profundo e sério dos trabalhos grupais, ou em equipe. Infelizmente, na escola, tais trabalhos têm perdido seu significado, tornando-se um "modismo" superficial e vazio. Trabalhar em grupo chega, às vezes, a significar "enrolação": um pouco de "bla-bla-bla" — verbalismo — culminado por uma escrita feita por um dos componentes do grupo e assinada pelos demais; devido a muitas circunstâncias, o professor não tem meios para uma avaliação em profundidade. Tudo se transforma em "fazer uma tarefa, pela tarefa". Por outro lado, corre, nos dias atuais, uma mentalidade tecnicista, artificial e inconsistente: a partir dessa mentalidade se desenvolve um sem-número de técnicas sofisticadas para dinâmica de grupo, para trabalhos grupais. Tais técnicas, se destituídas de uma fundamentação, um significado, uma razão de ser bem explícita, esvaziam o sentido do estudar juntos; mesmo boas, são sempre "técnicas pelas técnicas", muito a gosto da mentalidade tecnocrata que devemos combater com competência na universidade.

Trabalhar em grupo, estudar em equipe usando intencionalmente das mais variadas técnicas tem, por conseguinte, o intuito de fazer-nos apreender e dominar o conhecimento. Isso acontecerá na medida em que o grupo perceber e se conscientizar de que refletindo juntos, trocando e discutindo percepções e experiências diversificadas, estará fazendo o melhor para captar com a maior objetividade possível um conhecimento. Essa objetividade é garantida pela escuta da opinião do outro, pelo questionamento, pela exigência de entendimento, pelo esforço de fundamentação nos argumentos, pelas tentativas de síntese, pelo enfrentamento do público, enfim, pelo envolvimento todo do indivíduo que estuda: intelectual e afetivamente. Todo o processo de estudar em grupo tende a exercitar e desenvolver a criatividade: as ideias que emergem espontaneamente são logo postas em crise, expostas à crítica do grupo; isso possibilita obviamente, além de uma nova abertura à nossa tão limitada criatividade, uma ajuda, um exercício à crítica fundamentada e refletida. Por outro lado, todo esse processo de refletir juntos nos leva a continuadamente retomarmos a realidade concreta como ponto de referência dos conhecimentos, pois nas reflexões deve estar sempre presente um esforço de comparação explícita daquilo que se reflete, das ideias que circulam nas discussões com a realidade objetiva, a nossa realidade nos seus diversos níveis de abrangência, desde aquele mais próximo até o mais remoto.

Tendo em mente, como referencial, as reflexões acima, sugerimos que estejam presentes algumas pistas práticas, quando assumirmos trabalhar em grupo:

a) Antes de iniciar, propriamente, qualquer trabalho, mormente os grupais, o "sujeito"[1] do trabalho, o grupo como um todo

---

1. A expressão "sujeito" é tomada em contraposição com "objeto": no ato de estudar não se admite que o indivíduo assuma a postura de "objeto", mas sim sempre deve estar atento para se posicionar como "sujeito".

deve refletir a questão fundamental — *"o que é que se vai fazer"*, até que fique exaustivamente esclarecida. A clareza do indivíduo e do grupo sobre essa questão inicial ou pré-questão é garantia de bom êxito no processo do trabalho. A maioria dos trabalhos é desvirtuada, confusa, ou não chega a bom termo, por falta de um mínimo de clareza dos seus executores sobre a questão básica orientadora: "o que é que se vai fazer?"

Ao discutir essa questão, não perder de vista que tudo o que uma pessoa ou um grupo humano faz deve possuir um significado, tem uma origem e um objetivo, um "de onde" e um "para onde", enfim, uma razão de ser.

b) A segunda questão prática a ser esclarecida é: *"por que é que se vai fazer este trabalho?"* Discutir essa questão é tentar buscar o máximo de clareza sobre o "porquê" de tal atividade, de determinado trabalho; qual o seu sentido, o seu significado, a razão de ser, suas ligações e funções dentro de um processo mais amplo.

c) A terceira questão prática, muito próxima, talvez mesmo concomitante com a segunda é: *"para que é que se vai fazer isto?"* Com a reflexão sobre essa questão, devemos deixar claro a intencionalidade, o "para onde" o trabalho que se vai fazer poderá nos conduzir e o que isto tem a ver com o conjunto, com todo um processo no qual a pessoa e o grupo estão inseridos.

d) A última questão prática é: *"como vamos fazer este trabalho?"* Aqui, uma vez esclarecidas as questões anteriores e só depois de devidamente esclarecidas, é que poderemos partir para tentar definir o "como", a técnica, ou o conjunto de técnicas, meios e instrumentos, ou um método para efetivar o trabalho. Ao longo do trabalho pode haver pequenos ajustamentos ao roteiro preestabelecido; basta que, para isto, se tenham razões sérias.[2]

---

2. A discussão dessas questões pode ser feita sem o rigor de seguir os quatro passos apontados. Contudo, reconhecemos, pela prática, que refletir questão por questão é muito útil e ga-

Uma vez no grupo, cada componente é um sujeito, com capacidades singulares e específicas, disposto a colocá-las em função do grupo para que o estudo, a reflexão sejam mais aprofundados, mais refletidos, mais questionados, mais vivenciados. Enfim, cada membro está empenhado no sentido de criar uma reflexão mais social e humana, porque partilhada com o outro.

Nesses termos, cada componente do grupo deve ter o que colocar, por isso é indispensável que esteja preparado, informado e disposto a colocar a sua experiência em comum. Basta que um elemento do grupo esteja desmotivado, despreparado etc., para que o conjunto do trabalho esteja ameaçado. Isto acontece sempre quando ocorre o fato de um ou mais membros "carregar o grupo nas costas". O resultado pode até ser considerado uma tarefa boa, através de um juízo externo ao relatório; mas, enquanto trabalho grupal, onde todos deveriam ter ajudado a ver melhor uma questão, um problema posto etc., é inútil, porque faltou o fundamental: o inter-relacionamento.

Importa salientar ainda que o êxito do estudo em grupo depende também da motivação. A melhor motivação é orientar o estudo sobre um problema concreto, uma questão nascida do enfrentamento objetivo da realidade que nos envolve. Neste momento surge a função do professor: ele deve ser capaz de identificar questões relevantes, bem situadas, a fim de que sejam simultaneamente motivadoras. Com isso queremos crer que, quanto mais alienada da realidade for uma questão, tanto mais penoso e desestimulante será conseguir uma reflexão séria. Por essa razão é que advertimos aos estudantes no sentido de que, mesmo nos trabalhos acadêmicos mais corriqueiros, procurem descobrir uma motivação que nascerá do esforço de situar o problema dentro da realidade concreta que nos circunda e em confronto com a mesma, nos seus diversos níveis de abrangência.[3]

---

rante sempre bom êxito no desempenho do trabalho. O que importa, entretanto, é ter bem clara cada uma dessas questões ao longo do trabalho.

3. Convém ler: Paulo FREIRE. O seminário como momento de reflexão crítica num processo de educação política. In: *Educação política e conscientização*, p. 31-40.

**PARTE IV**

# Expressão do conhecimento como modo de fazer universidade

**[N.R.]** Esta Quarta Parte do livro está destinada à compreensão e à orientação do exercício de redigir e apresentar um texto de caráter científico, usualmente denominado "monografia", isto é, estudo e apresentação aprofundada de um tema específico. Os estudantes, no nível de graduação, assim como em estudos pós-graduados, se confrontarão com a necessidade de recorrer às habilidades de investigação, elaboração e apresentação de textos de caráter científico. Por sobre o arcabouço teórico-metodológico exposto até aqui, esta Parte IV se propõe a orientar o estudante a elaborar e apresentar uma monografia, habilidade da qual necessitará em toda a sua vida acadêmica, como estudante ou como profissional, no futuro. Praticar a investigação, elaborar e apresentar uma monografia é o coroamento dos estudos em Metodologia do Trabalho Científico, que, na linguagem utilizada neste livro, significa "fazer universidade", construir e divulgar conhecimentos, elaborados segundo uma rigorosa metodologia científica.

# Expressão do conhecimento como expressão do mundo

CAPÍTULO 1

[N.R.] Este capítulo sinaliza ao leitor que a expressão escrita é fundamental na vida humana, em função de suas qualidades de garantir uma comunicação clara e precisa do que se deseja dizer. Em função da força dessa qualidade, importa lembrar ao leitor que a elaboração escrita do conhecimento crítico necessita de ater-se à realidade. O que se comunica numa monografia é a "leitura" que o seu autor faz do mundo que o cerca e da realidade que decidiu investigar. Nesse escrito, propriamente, desejamos que o estudante assimile a compreensão de que sua comunicação escrita, para além de apresentar-se dessa forma, é um modo de comunicar a compreensão que estabeleceu sobre a realidade. Ao "fazer a universidade", importa que aprenda, por inteiro, o *ethos* da investigação científica e da comunicação dos seus resultados. Este capítulo propõe um convite a esse entendimento e reflexão.

O "fazer universidade" não se esgota com o processo de receber informações, ainda que criticamente. É importante e fundamental que estas informações, uma vez recebidas e analisadas, sirvam de ponto de partida para a produção de novos conhecimentos que, por sua vez, devem ser comunicados, expressos publicamente, avaliados e enriquecidos.

Tomando como parâmetro os termos do processo de comunicação humana, percebemos que, até esse momento da nossa caminhada, investimos em assumir a postura de leitores, como receptores de uma mensagem já elaborada e codificada por outrem. O nosso propósito era, em consequência, o de sermos leitores sujeitos, capazes de efetuar uma leitura analítico-crítica dos textos que líamos. A partir desse momento, iniciamos a tentativa de elaboração e codificação de nossa própria mensagem, propondo-nos assim a ser autores, isto é, emissores de uma mensagem elaborada por nós. No primeiro passo éramos, enquanto leitores, o ponto de chegada da mensagem; agora, enquanto autores, seremos o seu ponto de partida.[1]

Somente através da concretização destes dois momentos inter-complementares do processo de comunicação — receber e emitir informações — é que se torna realidade o "que-fazer universitário". A universidade acontece, no sentido mais genuíno do termo, justamente quando professores e alunos se dispõem a efetuar este processo.

---

1. [N.R.] Cf. Antônio J. SEVERINO. Op. cit., p. 83-86; ver principalmente o quadro explicativo da teoria da comunicação humana, à p. 218. O conteúdo deste parágrafo é uma transliteração da última nota deste capítulo na edição de 1984. Esta informação pode ser consultada na 23ª edição do referido livro, revista e atualizada (2007, p. 52).

Por isso é que nos voltamos, nesta última parte do nosso livro, para os aspectos da expressão do conhecimento produzido.

Costumeiramente acentuam-se, neste particular, as técnicas de produção, documentação e da própria apresentação de um texto elaborado metodologicamente. Daremos, do próximo capítulo em diante, a devida atenção a estes aspectos que, se não podem ser desprezados e ignorados, também não podem ser considerados como a chave mágica para que um texto seja científico, profundo, de nível universitário.

O nível e profundidade da discussão, a nosso ver, não estão ligados aos aspectos quase que gramaticais da pura e simples expressão do conhecimento, segundo os critérios que se costuma exigir. Assim é que nos voltamos, neste capítulo destinado a dar o tom que cremos ser fundamental em toda abordagem desse porte, para uma reflexão sobre um elemento imprescindível: a expressão do conhecimento, antes de mais nada, deve ser expressão da compreensão do mundo.

O conhecimento que se adquire de alguma coisa tende, naturalmente, a se expressar. Quem efetua um conhecimento, quer sempre comunicá-lo. Este fenômeno acontece desde as coisas e situações mais simples, até as mais complexas. A criança que aprende a contar, a andar, a brincar, a falar, a beijar sente necessidade de demonstrar isso a alguém. É como se dissesse: meu mundo hoje se ampliou com novas experiências e preciso comunicar isso que aconteceu. O recém-doutorado, egresso de uma defesa de tese, busca publicar as conclusões a que chegou na sua árdua tarefa. Seu mundo, igualmente, se ampliou e esta ampliação precisa ser comunicada. O próprio processo universitário e científico exige comunicação: para que uma tese seja realmente conhecida, há necessidade de publicá-la.

Em seus níveis e perspectivas, ambas as experiências tendem a concretizar uma lei fundamental do conhecer: o querer e tender a comunicar-se e expressar-se, para comunicar e expressar o mundo pessoal que se ampliou pela captação e conhecimento do mundo circundante.

Sempre foi assim entre os homens. Antes mesmo da organização da escrita, desenhos, monumentos, estátuas, construções, danças, músicas, festas etc. expressavam — e ainda expressam — os conhecimentos e visões que o ser humano tem do mundo em que vive.

Lançamos mão, por conseguinte, fora e dentro da universidade, dos mais variados meios para expressar o mundo a que chegamos pelo processo de conhecimento, pois o conhecimento adquirido tende naturalmente a comunicar-se. Nossa reflexão, aqui, ater-se-á, no entanto, especificamente ao processo de comunicação e expressão escrita do conhecimento. Não por ser ele o único, mas por ser o que mais nos interessa, uma vez que, de fato, é o mais frequentemente utilizado na maioria das atividades universitárias.

O contexto universitário privilegia a comunicação escrita, entre outras, pelas razões que se seguem:

a) sobre os sons, cores, emoções, símbolos e imagens, a palavra escrita pode ter a vantagem específica de, no campo da comunicação científica, prestar-se para falar mais à racionalidade que à emotividade;[2]

b) pode a escrita prestar-se a uma comunicação que se pretenda mais objetiva e lógica;

c) pode, finalmente, prestar-se a uma análise que tenda a ser mais fria e isenta por parte de quem se proponha a fazer críticas ao comunicado.

Aqui, cremos, é que se deve situar o aspecto principal de nossa reflexão: o privilégio obtido, no processo de comunicação, pela comunicação escrita. Isso vem acarretando, gradativamente, um assumir-se mágico da palavra escrita que, em muitos casos, nem mais se relaciona com o conteúdo de realidade e de mundo que deve transmitir e do

---

2. [N.R.] Importa ter presente que não há ato humano que não seja "alimentado" pela faceta emocional de cada um de nós. Todos os nossos atos, para serem praticados, recebem autorização do nosso centro emocional para que possam se expressar. Caso nosso sistema emocional não permita, não conseguimos praticar determinados atos. No caso, nesse parágrafo, estamos desejando expressar que a linguagem escrita se presta no nível de objetividade, necessário ao rigor da abordagem científica.

qual obtém o sentido. Palavra, com efeito, não é som. Palavra é comunicação de realidade.

Efetivamente, o privilégio a que nos referimos acima nos tem feito esquecer aspectos fundamentais e essenciais à comunicação, dos quais a escrita não se pode dispensar e sem os quais ela se torna, em realidade, uma anticomunicação.

Abaixo lembramos alguns deles:

a) O conhecimento é um processo pelo qual cada um de nós se apropria compreensivamente da realidade. Conhecer uma realidade é descobrir o que ela é e como funciona. A expressão deste conhecimento, por conseguinte, deve guardar íntima relação de fidelidade a esta realidade conhecida.

b) A palavra como palavra de nada vale senão enquanto tem, no seu bojo, dentro de si, a realidade à qual se chegou através do conhecer. Palavras e palavras, sem suporte de realidade, tornam-se verbalismos, sons vazios que nada fazem além de soar.

c) A comunicação necessita de algumas qualidades instrumentais como o rigor, a coerência, a logicidade, a clareza. É fundamental, no entanto, que não se perca de vista que estas são qualidades *puramente instrumentais*, simples meios para que melhor se comunique a visão de mundo a que se chegou através do processo de conhecer.

As regras da comunicação escrita, porém, privilegiam demasiadamente estas qualidades, relegam ao esquecimento a sua dimensão instrumental e, finalmente, fazem-nas passar de partes acidentais, que são, para elementos essenciais da comunicação.

E, então, o que acontece? A comunicação termina por permanecer ao nível de simples rótulo e não atinge aquilo para o que ela, efetivamente, existe e foi criada: comunicar a realidade do mundo a que se chegou pelo conhecimento.

E comunicação que não comunica o mundo é comunicação vazia.

*d*) A comunicação necessita ainda de outras qualidades, também instrumentais, mais diretamente ligadas ao domínio da língua utilizada no texto científico. Não se pode desprezar o conhecimento da língua e a busca de uma expressão clara.

Não podemos, contudo, perder de vista o caráter instrumental da língua. A língua não é o conteúdo. Não é o simples escrever bem, por conseguinte, enquanto domínio e obediência à língua, suas regras e processos, que garante, automaticamente, uma boa comunicação do conhecimento. Não é a sequência fria, calculista, não criativa e morta às regras da gramática que opera, como em um passe de mágica, a mesma comunicação. Ao contrário, o apegar-se, por vezes quase fanático, a estas regras e preceitos, faz com que nos esqueçamos do conteúdo a ser comunicado, nos tornemos incapazes de descobrir o mundo comunicado através de linguagens não ortodoxas, como especificamente a popular e, por último, valorizamos exageradamente linguagens desligadas do mundo e da realidade, eivadas de trocadilhos, palavrórios e construções de efeito, gramaticalmente corretas, embora incorretas no aspecto que mais importa: a ligação com a vida, com a realidade e com o mundo, que teriam por obrigação comunicar.

Estas reflexões nos levam a uma conclusão, evidente e fundamental: nem tudo que se escreve e está escrito comunica conhecimento, justamente porque não comunica realidade e não comunica mundo. Permanece ao nível das regras, dos sons, das palavras vazias.

Quando, por conseguinte, nas partes que se seguem, valorizamos a linguagem correta, clara, a logicidade, a coerência da comunicação, sua exatidão etc. não queremos, com isso, afirmar que estes são valores em si. Fazemos questão, isto sim, de ressaltar a dimensão *instrumental* destes elementos. O essencial é o mundo e a realidade que devem ser comunicados. Não queremos, por conseguinte, aderir à tecnocracia da palavra pela palavra, da lógica pela lógica, da coerência pela coerência, das regras pelas regras. Tecnocracia imperante em muitas das comunicações escritas que nos chegam às mãos. Não queremos, em outras palavras, integrar o côro ingênuo dos cultuadores da palavra, da lógica e da exatidão, como se elas pudessem ser e existir isoladas do mundo. A comunicação não é comunicação apenas porque é feita e exarada em moldes vernaculamente corretos, segundo as regras da pontuação, da concordância, das regências verbais etc., como o trabalho não é científico pelo simples fato de seguir, à risca, as regras de produção e apresentação de trabalhos científicos.

Isso tudo é bom e ajuda. Mas... apenas ajuda. Apegar-se às regras e desligar-se da realidade comunicada, faz com que estejamos cada vez mais longe do mundo em que vivemos, dos seus problemas, alienados cultuadores da gramática. Porque, se permanecem os alienados e apegados exclusivamente aos valores instrumentais do texto, tornamo-nos também facilmente manipuláveis e domináveis.

É fundamental, por conseguinte, estarmos conscientes dos riscos inerentes ao processo escrito de comunicação: de um lado, ele pode assumir uma dimensão mágica, tornando-se valor em si quando somente tem o valor instrumental; de outro, ele pode estar propositalmente desligado da realidade, e estar sendo utilizado para mentir, ludibriar, alienar e, deste modo, intensificar a manipulação e consequente dominação de umas pessoas sobre outras.

Em síntese, comunicação de conhecimento é comunicação de mundo, porque conhecimento é conhecimento do mundo. Importa, pois, que ao ser transmitido, escrito, publicado, o conhecimento o seja fundamentalmente para expressar a outros a realidade do mundo conhecido por nós. Os outros valores são todos instrumentais. Fazer diferentemente é iludir e iludir-se.[3]

---

3. [N.R.] O texto da nota, que ocupava este lugar, na edição de 1984, passou a compor o segundo parágrafo deste capítulo (p. 200).

# Expressão escrita:
## estrutura da redação

**CAPÍTULO 2**

**[N.R.]** Este capítulo faz indicações dos passos a serem seguidos na construção de uma monografia de caráter científico; afinal, um texto monográfico universitário. O nosso desejo é de que o estudante torne sua a habilidade de estruturar uma abordagem que leve em consideração recursos de rigor metodológico científico. Mais do que aprender os conceitos aqui estabelecidos — que certamente devem ser compreendidos e assimilados —, importa que o estudante treine praticar esses passos metodológicos. É o exercício que possibilita a constituição de uma habilidade, que, por sua vez, com o tempo de uso desse recurso, formar-se-á um modo habitual de agir.

$A$ comunicação escrita, mais exigente do que a oral, implica um amadurecimento do pensamento: criá-lo, estruturá-lo e dizê-lo de forma a ser compreendido. Ao escrever tornamo-nos autores, não importando a qualificação da mensagem escrita. Desta forma, tanto uma simples correspondência — carta — como um relato de pesquisa científica ou uma tese acadêmica são oriundos de um conjunto de ações inteligentes nascidas de um sujeito que pensa, reflete e está inserido num momento histórico e espaço geográfico concretos, onde tem conhecimento e experiências da realidade.

No momento, a nossa intenção é perceber os passos iniciais e imediatos para a elaboração de uma mensagem escrita; mais à frente, teremos oportunidade de aprofundá-los.[1]

## 1. Escolher um assunto-tema[2]

Nesse primeiro passo devemos definir com clareza o assunto que nos interessa ou que nos é proposto como tarefa. Quanto mais puder-

---

1. No capítulo seguinte trataremos especificamente da "montagem" de um trabalho em nível científico (p. 212 ss.).

2. [N.R.] Importa ter presente que, quanto mais um estudioso ou pesquisador souber (tiver a posse de conhecimentos) do seu campo de estudos e pesquisas, tanto mais fácil ser-lhe-á selecionar pontos obscuros em sua área, pois, quanto mais se sabe de uma área, mais fácil se torna identificar suas lacunas cognitivas. Isso implica que, para escolher um tema, minimamente o estudante deverá ter se apropriado das compreensões, dos conceitos e das abordagens da área na qual pretende desenvolver sua monografia. Selecionar e propor um tema para investigação sem esse investimento prévio inviabiliza escolher um bom e interessante tema de pesquisa.

mos determinar, delimitar o assunto, tanto melhor poderá ser desenvolvido, evitando-se óbvias repetições de informações gerais e genéricas, por vezes já sabidas.[3]

Tomemos um exemplo: *Política*. Este é um assunto amplo e abrangente; *A política brasileira e as eleições de 1983* — já temos um assunto bem mais concreto, delimitado, objetivo; *A política partidária (1982) e suas propostas nos programas de cada um dos partidos* — é o mesmo assunto mais concretizado, melhor definido e delimitado. É um assunto tematizado.[4]

Com um assunto bem definido — isto é, tematizado —, ficam mais claros os objetivos que norteiam a ideia a ser investigada e comunicada.

## 2. Definir os objetivos

Devemos ter claro nesse passo que objetivo pretendemos alcançar, isto é, qual a problemática a ser investigada ou, ainda, o que pretendemos dizer, realmente, sobre o assunto tematizado. A clara determinação do objetivo garante, na investigação e na expressão da mensagem, uma linha de coerência interna, isto porque se trata de um esforço de delimitação prévia do que se pretende pesquisar, deixando patente o "ponto" para o qual se espera que devem "convergir" as ideias e as ações investigativas.

Voltemos ao exemplo: abordar as propostas dos programas de cada um dos partidos existentes no momento das eleições, compará-las

---

Quanto mais um estudioso se envolver com um tema, mais ele saberá as carências que necessitam de ser cuidadas.

3. [N.R.] A razão mais importante pela qual um estudioso e pesquisador necessita delimitar o seu tema de investigação tem em vista evitar abordagens amplas e genéricas, que inviabilizem o aprofundamento necessário de uma investigação de caráter científico.

4. [N.R.] Ao se reduzir a abrangência da abordagem do tema (passagem do "assunto" ao "tema"), o pesquisador delimita, com precisão, a configuração do que abrangerá seu estudo. Isso viabiliza tanto a coleta de dados e informações sobre seu objeto de investigação como também orienta a escrita final de sua comunicação monográfica.

observando as possibilidades de sua concretização e explicitando suas lacunas.

Com o objetivo bem esclarecido, podemos partir para o esquema, isto é, um roteiro que orientará a abordagem que propomos dar ao tema.[5]

## 3. Levantar ideias e ordenar o esquema

Nesse passo trataremos de ordenar, armar um roteiro para as ideias. O esquema funciona como um esqueleto, como uma planta ou um mapa que orienta o caminho a seguir. Sem um esquema bem organizado dificilmente uma redação, um texto, é claro. É por ausência de esquema que muitos leitores exclamam ao final da leitura: "Oh! Texto confuso, não se entende quase nada!"

O esquema deve conter tão somente o que for necessário ao desenvolvimento do assunto escolhido, determinado; devemos, portanto, evitar o que for inútil e dispensável.

Dessa forma, deveremos anotar as ideias que nos surgem em decorrência do assunto para, em seguida, arrumá-las: selecioná-las e sequenciá-las.

Portanto, o esquema trará só as ideias pertinentes ao assunto escolhido. Consequentemente, deveremos evitar a intromissão de outros assuntos, que embora nos pareçam importantes, estejam alheios aos objetivos propostos.

Todo esquema deverá trazer três partes bem distintas:

1. Introdução

2. Desenvolvimento

3. Conclusão

---

5. [N.R.] Os três parágrafos desse tópico — "Definir os objetivos" — sofreram modificações esclarecedoras em relação à edição de 1984, sem modificar o sentido do que comunicavam.

Cada uma dessas partes comporta subdivisões. A segunda, o desenvolvimento, no entanto, deve ser mais detalhada, pois nela ocorre a explicitação do assunto, as ideias serão encadeadas, ordenadas na direção do objetivo proposto. Aqui devemos garantir a unidade e coerência na mensagem, a organicidade evitando as dispersões.

Retomemos o exemplo:

Introdução

Desenvolvimento

1. Política partidária — o que é

2. Os partidos existentes — origem e descrição

3. Os programas dos partidos — as propostas

4. Comparação das diversas propostas

5. Vantagens dos programas

6. Lacunas dos programas

## 4. Conclusão

No exemplo percebemos um detalhamento, uma estruturação e arrumação dos passos para refletir e dizer o que pretendíamos. É importante marcar a lógica e organicidade dos itens, um tem a ver com o outro e todos têm a ver com o objetivo e com o assunto.

Possuindo o esquema, o passo final é redigir. É dizer as ideias. O risco maior nesse momento é de confundir as ideias, não saber como ordená-las. Para isso é que serve o esquema: é uma "bússola" de orientação. Cada ideia, cada informação deverá ser colocada no seu lugar e este já está definido no esquema. Basta ser fiel ao esquema, e a redação sairá organizada.

Ainda uma palavra sobre a introdução e a conclusão:

Introdução: início, apresentação. Uma oração ou conjunto de orações que apresentam um quadro amplo daquilo que será desenvolvido. Em outros termos, na introdução devemos deixar claro "o que" se pretende, "por que" e "para que" se vai dizer ou expressar e o "como" se pretende expressar.

Conclusão: Final, fechamento. É uma rápida retomada ou recapitulação dos propósitos, considerando o assunto escolhido, os objetivos, os argumentos apresentados. Se for o caso, devemos ainda reexplicitar o ponto de vista, ou a dedução do exposto. Uma boa introdução e uma boa conclusão geralmente indicam que o autor tem clareza e consciência do que fez.[6]

---

6. Aconselhamos a leitura do livro clássico da autoria de Silveira BUENO, intitulado *A arte de escrever*, cujas referências encontram-se na bibliografia final.

# Expressão escrita:
elaboração de trabalho em nível científico[1]

**CAPÍTULO 3**

**[N.R.]** Com este capítulo, pretendemos introduzir o estudante universitário no mundo da produção do conhecimento científico, o que nos leva a indicar os passos necessários à elaboração de um projeto de investigação, assim como práticas necessárias no exercício da leitura crítica, tendo em vista o amadurecimento interno de um assunto e/ou tema de abordagem; além disso, indicamos as partes essenciais de um texto monográfico, de caráter científico. Privilegiamos a orientação da investigação bibliográfica por ser essa a possibilidade mais comum de um estudante universitário iniciante. Contudo, estamos cientes de que, se o estudante exercitar adequadamente a elaboração e a apresentação de monografias, decorrentes de estudos bibliográficos, estará se preparando para investir em qualquer tipo de investigação e apresentação de conteúdos científicos. Daí ser necessário que cada estudante universitário transforme os passos da atividade de investigação e de apresentação dos seus resultados em prática habitual. Para que isso ocorra, importa exercitar essa prática. Quanto mais se exercita mais ela se torna pessoal.

---

1. [N.R.] Este capítulo sofreu inúmeras modificações redacionais em relação à edição de 1984, por isso, decidimos não sinalizar cada uma dessas modificações, tendo em vista evitar excessivas notas de esclarecimento.

FAZER UNIVERSIDADE

O processo que estamos vivenciando na busca de formar uma mentalidade universitária, crítica, nos põe, agora, diante de uma tarefa mais específica, a de criar, elaborar e codificar uma mensagem em nível de trabalho científico.

Em nossa história percebemos que o homem desenvolve sua inteligência no afã de dominar os segredos do mundo, de sua realidade concreta. Em virtude desse seu potencial de saber já apresenta um patrimônio razoável de realizações. E é na proporção dessas conquistas que a razão humana evolui, que se apresentam novas exigências de objetividade, de clareza, raciocínio, argumentação, provas, evidências, justificativas racionalmente coerentes etc. Podemos mesmo dizer que hoje o homem respira um clima global já "enriquecido" por tais conquistas. Especialmente na universidade, acreditamos, tal clima deve ser cultivado, criado, recriado e avaliado. Isso se fará na medida em que trabalharmos criticamente, com a mentalidade de quem quer trabalhar cientificamente.

Nesse capítulo é nossa intenção propor algumas pistas orientadoras de como, nessa inicial tentativa de trabalharmos cientificamente, elaborar e comunicar por escrito uma mensagem fecundada e criada em nosso eu: a nossa mensagem. Fecundar e criar uma mensagem se faz na medida em que, ao interagirmos com a realidade que nos cerca, a investigamos, problematizamos, questionamos e tentamos transformá-la. A prática da leitura analítico-crítica é um pré-requisito que nos auxilia no amadurecimento dessa reflexão para a transformação da realidade.

É através da comunicação que se torna viva e concreta uma criação. Comunicar uma criação, portanto, significa expressar as nossas descrições, análises, reflexões, conclusões, possíveis encaminhamentos de soluções, novas hipóteses ou simplesmente o nosso fundamentado e sério questionamento.

No início da tarefa universitária, essa tentativa de criação e comunicação deve ser efetivada a partir de leituras, de fontes bibliográficas. Em nossas universidades, na maioria das tarefas, ainda trabalhamos quase que só com livros. Acreditamos, no entanto, que após experiências sérias e avaliadas de trabalhos a partir de fontes bibliográficas, tenhamos o suficiente substrato para posteriores pesquisas, trabalhos mais ousados, com exigências e técnicas mais sofisticadas.[2]

Interessa-nos aqui não simplesmente conhecer regras, normas e técnicas de metodologia, mas sim a "racionalização" de uma reflexão séria, criativa, a formação de uma mentalidade ou consciência de que estamos elaborando conhecimento, portanto, contribuindo para o progresso do conhecimento humano e, consequentemente, participando do processo evolutivo do homem, da história. A obediência a um plano e à aplicação de um método orientado pelo espírito científico, principalmente em nossa tarefa de "fazer universidade", é garantia de êxito nesse trabalho.[3]

Ao longo desse capítulo abordaremos a forma de elaborar textos escolares de nível universitário entendidos em dois tipos:

*a*) os textos "corriqueiros";

*b*) os textos monográficos.

---

2. Este seria o campo específico para a disciplina Metodologia e Técnica de Pesquisa.

3. Neste contexto vejamos o parecer de dois mestres em Metodologia: O professor Antônio J. Severino diz que "não se pode mais conceber, a não ser depois de grande amadurecimento do raciocínio, a elaboração de um trabalho científico, ao sabor da inspiração intuitiva e espontânea, sem obediência a um plano e a aplicação de um método. No caso da formação universitária, submeter-se a estas exigências é garantir-se melhor êxito na aprendizagem..." (op. cit., p. 109). O professor João A. Ruiz afirma que "a diferença que vai entre os trabalhos de pesquisa dos cientistas e dos estudantes universitários não deveria residir no método, mas nos propósitos. Os cientistas já estão trabalhando com o intuito de promover o avanço da ciência para a humanidade — já dispõem de boa maturidade —, os estudantes universitários ainda estão trabalhando para o crescimento de sua ciência. Ambos, porém, devem trabalhar cientificamente" (*Metodologia científica*: guia para eficiência nos estudos, p. 49).

Os textos ditos "corriqueiros", mais comuns e mais frequentes, são aqueles que usualmente fazem parte dos programas das diversas disciplinas, servindo quase sempre para avaliar a aplicação do aluno, para substituir aulas expositivas etc. Em geral esses trabalhos propõem revisão e retenção de conteúdos, sínteses de informações sobre determinados temas, resumos, resenhas ou recensões de livros. Podem ainda implicar, além de consultas a fontes bibliográficas — a critério do aluno ou determinado pelo professor — em entrevistas, observações interessadas etc. Dado o imediatismo e pragmaticidade de seus objetivos, não deveríamos denominar tais textos de "pesquisa", senão impropriamente. A pesquisa propriamente dita exige mais empenho, implica em planejamento e projetos mais aprofundados, cujo alcance tende a ser maior que as simples consultas, tendo em vista a escrita de um texto acadêmico-escolar. A pesquisa propriamente dita quer elucidar elementos novos, propor vias de solução a problemas bem identificados e formulados, com a melhor segurança possível. É também impróprio denominar os trabalhos "corriqueiros" de monografia.

Texto monográfico ou monografia, geralmente expressa os resultados de um estudo minucioso, é a comunicação escrita de uma pesquisa no sentido próprio, enquanto deve possuir características de originalidade, de delimitação e problematização precisas de um tema dentro de um assunto. O trabalho monográfico deve ser desenvolvido com o rigor característico do trabalho de nível científico.

É evidente que há diferença entre um trabalho monográfico de um neouniversitário e o de um doutorando. Tal diferença, contudo, não deve residir no método, mas no alcance da pesquisa: o que se exige de um doutorando em termos de segurança, profundidade, maturidade, propósitos e abrangência de um trabalho obviamente não é o mesmo que deve ser exigido de um iniciante. Ambos, no entanto, devem trabalhar aspirando a atingir o nível científico.

Nesse capítulo, mesmo nos referindo aos trabalhos "corriqueiros", daremos ênfase aos passos do processo de elaboração do trabalho a nível científico, tendo a monografia como meta.

**Quadro sinóptico**

| Momentos | Funções | Atividades |
|---|---|---|
| 1. Decisório ou de identificação temática | Planejar a pesquisa | — Escolha do assunto<br>— Seleção de um tema<br>— Identificação de um problema ou criação de uma questão referente ao tema definido<br>— Sugestão de possível resposta à questão-problema; elaboração de hipótese (enfoque a ser defendido)<br>— Elaboração de plano provisório |
| 2. Operacional | Executar a pesquisa: coletar informações; estruturar a redação | — Seleção da bibliografia<br>— Leitura de documentação<br>— Disposição das fichas de documentação em ordem alfabético-temática<br>— Construção orgânica e inteligente das ideias, segundo o plano provisório, aperfeiçoando-o se for o caso |
| 3. Redacional e comunicativo | Apresentar os resultados da pesquisa | — Redação preliminar<br>— Redação definitiva dos resultados e conclusões |

# 1. Momento decisório — identificação temática

Qualquer atividade, para ser racional, deve iniciar com um planejamento, uma tomada de decisões. Planejar deve ser um hábito inteligente e intencional de previsão, decisão e organização, cuja finalidade é garantir a melhor e mais racional execução do que se pretende fazer. Em todos os setores e situações da vida podemos e devemos planejar, com a certeza de que isso significa uma garantia de maior racionalidade e ajuda na consecução de objetivos. No ato de planejar, entretanto, entendamos o plano não como "algemas", que impossibilitam a criatividade, mas sim como "mapa geográfico" que nos norteará na direção almejada.

Como dissemos no capítulo sobre as atividades grupais de estudo,[4] todo texto deve ser iniciado com a reflexão e consequente resposta às questões: "o que-fazer", "por que fazer", "para que fazer" e "como". Nos trabalhos escolares escritos convém ainda deixar claras estas outras interrogações: "trata-se de compreensão de um tema?"; "...da observação de um aspecto da realidade?"; "...de uma resenha de fatos?" "...de um relatório de pesquisa?"; "...de uma reflexão a partir de um texto?"; "...de uma descrição de fenômenos?"; "...de uma relação, comparação entre duas ou mais variáveis?"; "...de uma compilação?"; "...de um resumo?" etc. A resposta refletida a tais questões nos dispõe para iniciarmos criticamente qualquer tarefa. É aconselhável, portanto, que toda e qualquer proposta de plano só deva ser efetivada após a realização dessa reflexão inicial.

## 1.1 Decisões

### 1.1.1 Escolha do assunto

Esclarecidas as questões preliminares, o primeiro passo do planejamento do trabalho monográfico se realiza com a escolha do assunto. Ao nos perguntarmos "o que-fazer", já estamos implicitamente nos encaminhando para a escolha do assunto a ser trabalhado. Nessa escolha alguns elementos devem ser levados em conta: em primeiro lugar, o significado e a relevância do assunto na atualidade (há assuntos estéreis, cujos resultados não levam a nada); em segundo lugar, as nossas aptidões, tendências e preferências

---

4. Cf. a Terceira Parte, Capítulo 5: Trabalhos grupais na apreensão do conhecimento (p. 189).

pessoais,[5] o tempo disponível e os nossos recursos materiais. Lembremo-nos também de que nenhuma pesquisa ou estudo sério nasce do nada, mas sempre de algum conhecimento prévio, de alguma observação anterior, e, nesses termos, a leitura analítico-crítica é indispensável para a criação e desenvolvimento de qualquer tarefa a nível de trabalho científico.

Entendemos por assunto uma área ou âmbito abrangente do conhecimento. É, portanto, amplo, complexo, cheio de variáveis, é como um "oceano". São assuntos, por exemplo: política, política nacional, política internacional, cultura popular, folclore, economia, economia brasileira, nutrição, desnutrição, esporte etc.

Mesmo o tema de investigação sendo indicado por outrem (no caso, pode ser o professor), importa entender bem o assunto, assumi-lo como "algo pessoal", isto é, com uma razão de ser, um "por que" e um "para que". Nos trabalhos escolares é comum que tal indicação seja feita pelo professor; isto, porém, não deve dispensar a reflexão e resposta às questões iniciais que são garantia para um trabalho crítico e ajuda certa na superação do condenável "tarefismo", tão comum na confecção dos trabalhos-tarefas escolares.[6]

## 1.1.2 Seleção de um tema

Escolhido o assunto, o passo seguinte é tematizá-lo. Normalmente o assunto escolhido ou indicado é amplo, um "oceano", dizíamos. Importa delimitar uma faceta nessa amplidão, uma vez que é impossível, diz-nos a experiência, desenvolver um trabalho com caracterís-

---

5. [N.R.] O ponto de partida para uma prática investigativa e a sua expressão num texto monográfico depende de nosso interesse no tema que estamos abordando. Sem desejo e prazer pessoal no que se faz, dificilmente uma pesquisa e o seu relatório monográfico se apresentarão significativos. Esse é um ponto de partida básico e necessário.

6. Entendemos por "tarefismo" (fazer por fazer) aquela postura a-crítica de quem desempenha uma tarefa, um dever, pelo simples fato de ter que desempenhá-lo; sem que haja uma explícita ação consciente do que se está fazendo e do sou significado.

tica de científico sobre assuntos vastos e abrangentes. Por isso, torna-se necessário tematizar o assunto.

Tematizar é selecionar e assumir um aspecto delimitado do assunto, um enfoque, um ângulo, uma abordagem mais restrita, mais concreta, menos genérica e abrangente. Tal enfoque específico será o tema que nos permitirá reflexões e análises mais detalhadas, mais originais e rigorosas, fugindo assim das generalidades, das repetições do óbvio já contidas nos compêndios, dicionários, enciclopédias etc.

Concretizemos o que foi dito com um exemplo: olhando criticamente a realidade que nos cerca, nos deparamos com a situação educacional brasileira. Está aí um assunto: *Educação escolar*. É possível, entretanto, encará-lo sob diversos aspectos, por exemplo, o econômico, o social, o político, o cultural, o pedagógico, o médico etc. Depois de pensarmos bem ("o que", "por que", "para que") e de haver colhido as informações gerais necessárias para visualizar o assunto, decidimos estudá-las sob o aspecto cultural. Voltamos a considerar atentamente: *Educação escolar*, agora, *sob o aspecto cultural*. Aqui já ocorre uma delimitação; o tema "Educação escolar" ganhou a especificação de um foco de abordagem: "sob o aspecto cultural".

Percebemos, contudo, que ainda estamos diante de um tema vasto, complexo, com uma formulação vaga, pouco concreta. Torna-se necessário, por conseguinte, continuar a delimitação do tema: "O ensino elementar"; ou: "As informações transmitidas às crianças através dos livros didáticos"; ou: "A afluência às escolas e o nível cultural de um determinado grupo de alunos"; ou: "A escola como fonte de informação para a vida prática"; ou: "A escola e os meios de comunicação de massa na tarefa de informar"; ou: "Os alunos universitários de agora e o nível de reflexão crítica"; ou:...Poderíamos prolongar a lista de possíveis detalhamentos de temas emergentes do mesmo assunto — "Educação Escolar" —, anteriormente anunciado.

É também comum natural que, mesmo já aparentemente definido e selecionado, um tema possa ser, ao longo de um estudo em processo, melhor definido, tendo em vista concretizado de um modo mais viável e adequado. Não se trata, enfim, de definições estáticas mas dinâmicas, que podem evoluir em busca de concretização sempre maior.

## 1.1.3 Identificação de um problema

O terceiro passo do planejamento é identificar e formular com clareza um problema concreto a ser estudado.

É sempre uma pergunta, uma curiosidade, um desafio que move o homem a investigar, a procurar saber, a desvendar os mistérios, a superar interrogações, a vencer desafios. No trabalho a nível científico, com muito mais força ainda, porque deve ser crítico, original, radical, é necessário que seja identificado um real problema a ser investigado, refletido e possivelmente solucionado.

Uma vez escolhido o assunto e o tema selecionado, importa, a seguir, colocar este tema sob forma de problema, ou seja, identificar a questão que neste tema deve ser elucidada. Aí é que se define melhor o enfoque concreto do assunto-tema a ser estudado. A formulação do problema pode ser feita tanto interrogativamente, como afirmativamente, contanto que sejam explicitados os elementos da questão que deverá ser estudada.

Voltemos aos exemplos:

Assunto:    Educação escolar

Tema:    Ensino na escola elementar: as informações transmitidas nos livros de leitura

Problema:    Em que medida as informações contidas nos livros de leitura comumente usados nas escolas elementares podem influenciar no propalado baixo nível de ensino?

Ou, dito afirmativamente: É conhecido o baixo nível de ensino escolar; deve-se explicitar se o conjunto das informações contidas nos livros mais usados nas escolas elementares podem ou não determinar o aludido baixo nível.

Outro exemplo:

Assunto:   Idem

Tema:      Idem

Problema:  Que relações existem entre o corpo de informações dos livros de leitura usados nas escolas elementares e o conhecido baixo nível de ensino?

Outro exemplo:

Assunto:   Idem

Tema:      Idem

Problema:  Seriam os livros escolares os responsáveis únicos pelo baixo nível da escola? Há outros fatores também responsáveis? Quais são e como se mostram responsáveis?

Como vemos, a identificação e formulação de um problema possibilita determinar com maior clareza o assunto-tema. Será, portanto, um problema concretamente definido o ponto mais alto das decisões iniciais de um trabalho, de uma pesquisa qualquer.

## 1.1.4 Formulação da hipótese

Identificado o problema, o passo seguinte é elucidá-lo. Para tanto devemos iniciar formulando uma hipótese.

A hipótese (*ponto de vista* a ser defendido, ou *tese* a ser demonstrada) é um ensaio, tentativa ou criação de resposta imediata ao problema identificado, é o enfoque a ser defendido, discutido ou explicitado. Ela é provisória, porque ainda não estudada, nem pesquisada, nem demonstrada. Será, então, a investigação, a continuidade do processo da pesquisa que irá explicitar a hipótese, sua veracidade, verificação, comprovação, ou sua falsidade. Num processo de investigação científica, a hipótese deve funcionar como explicação, isto é, como resposta criativa e provisória ao problema que se tem pela frente, até que os fatos, os dados buscados pela pesquisa venham a contradizê-la ou a afirmá-la. A hipótese, ao lado do problema, tem a função de orientar o pesquisador na direção daquilo que pretende explicitar ou demonstrar; funciona como uma "bússola": aponta a direção almejada, possibilitando assim as eventuais correções e clareza do caminho a seguir até o final do processo. A elaboração dessa resposta provisória — hipótese — decorre de nossos conhecimentos já obtidos, de experiências vividas, da semelhança com outras explicações etc. Uma vez estudada, verificada sua pertinência, coerência ou não, estamos diante não mais de uma hipótese e sim de um *ponto de vista* ou de uma *tese*.[7]

Retomemos a exemplificação:

| | |
|---|---|
| Assunto: | Educação escolar |
| Tema: | O ensino na escola elementar: as informações transmitidas nos livros de leitura |
| Problema: | Que relações existem entre o corpo de informações dos livros de leitura mais usados nas escolas elementares e o propalado baixo nível de ensino? |
| Hipótese: | O baixo nível de ensino se manifesta pelo desinteresse global com que os alunos se comportam diante dos seus estudos escolares; este desinteresse é também provocado pelo conteúdo dos livros de leitura nos quais as informações são frias, desvinculadas da realidade concreta dos alunos e pouco estimulantes, principalmente diante de outros veículos de informações. |

Para o principiante, o esforço de buscar uma definição clara sobre o assunto-tema-problema-hipótese é espinhoso, requer coragem e vontade forte. Poderíamos comparar tal esforço a um processo de gravidez: desde a fecundação da ideia (escolha do assunto), o seu amadurecimento

---

7. Para maior especificação sobre hipótese e sua função no trabalho científico aconselhamos a consulta a: A. L. CERVO; P. A. BERVIAN. *Metodologia científica*, p. 134-9; Alfonso T. FERRARI. *Metodologia da ciência*, p. 132-44; Lori A. GRESSLER. *Pesquisa educacional*, p. 39-42; Myrian V. BAPTISTA. *Planejamento*, p. 28-9; William J. J. GOOD; P. K. HATT. *Métodos em pesquisa social*, p. 74-97.

(tematização, criação de um problema, hipótese), até o parto (o trabalho concebido e decidido, expressado num plano). Daí para frente resta "alimentar a cria", a fim de que cresça e se torne adulta.

## 1.2 Relato das decisões — confecção do "plano provisório"

Temos em mãos já o nosso assunto escolhido, tema delimitado, problema identificado, hipótese formulada; resta-nos, a seguir, registrar as decisões tomadas garantindo fidelidade, coerência, e relatá-las. Por isso, nos propomos a organizar um plano provisório de trabalho. De propósito o chamamos de "provisório", dada a sua função de ser instrumento de ajuda, de roteiro escrito, com abertura para ser modificado tão logo percebamos que algum item pode ser mais bem dito, colocado etc.

No plano deveremos deixar claros todos os passos dados no momento decisório e agrupar em ordem lógica, coerente, os itens (capítulos, subcapítulos etc.) que titulam o processamento do nosso raciocínio, os marcos do caminho a ser feito no estudo, na reflexão, na explicitação do tema-problema e verificação da hipótese.

Uma vez confeccionado o plano provisório, os passos seguintes podem ser dados com a segurança de "o que se vai fazer", "por que", "para que" e "como".

Exemplificando:

*Plano provisório*

- **Assunto** — Educação escolar

  Justificativa: Tentar explicitar o porquê deste assunto; sua relação com a realidade etc.
- **Tema** — Ensino na escola elementar: as informações transmitidas nos livros didáticos
- **Problematização** do tema, ou problema: Que relações existem entre o corpo de informações dos livros de leitura usados nas escolas elementares e o baixo nível de ensino?

Justificativa: Dizer a relevância do problema, o porquê dos seus termos, suas perspectivas etc.

- **Hipótese:** O baixo nível de ensino se manifesta pelo desinteresse global com que os alunos se comportam diante dos seus estudos escolares. Este desinteresse é também provocado pelo conteúdo dos livros de leitura nos quais as informações são frias e pouco estimulantes, principalmente em relação a outros veículos de informações.

- **Esquema**

*Introdução*: Lembrar de itens ou ideias que poderão aparecer na introdução.

*Desenvolvimento*:

— Baixo nível de ensino — descrição do fenômeno;

— Nível de interesse despertado pelos textos de leitura;

- Textos distantes da realidade do aluno;
- Textos com conteúdo ideológico dirigido;

— Outros veículos de informação — mais interessantes;

— A escola como um fardo.

Observamos que estes itens do esquema devem nascer da meditação sobre o assunto-tema-problema-hipótese e podem evoluir, na medida em que formos ampliando nosso lastro de conhecimentos sobre o assunto. Consequentemente, eles devem estar em rigorosa coerência com o assunto-tema-problema-hipótese proposto, porque é do aprofundamento teórico sobre estes itens que deverá sair explicitado e argumentado o ponto de vista, em resposta ao problema e em verificação da hipótese.

*Conclusão* (lembrar itens ou ideias que poderão aparecer na conclusão).

Percebemos que um plano provisório pode surgir imediatamente após as primeiras informações gerais e reflexões a respeito do assunto-tema-problema-hipótese e, na medida em que tais reflexões amadurecem, também o plano vai se aperfeiçoando. Se não conseguirmos formular o

FAZER UNIVERSIDADE

esquema do plano, isto pode indicar que o assunto-tema-problema-hipótese não está suficientemente amadurecido e que deve ser mais bem refletido. Por isso, a experiência nos sugere que é conveniente explicitar no plano, após cada passo das decisões, uma justificativa, isto é, uma pequena reflexão que nos parece justificar, explicar aquele item do plano.

## 2. Momento operacional

Devidamente munidos das decisões iniciais explicitadas no plano provisório (momento decisório), passamos ao momento operacional, isto é, à execução propriamente dita daquilo a que nos propusemos. Convém salientar que ter as habilidades e saber aplicar a leitura analítico-crítica[8] é, nesse momento do processo de trabalho científico, um pré-requisito indispensável, uma vez que deveremos executar leitura para documentação, quando coletarmos dados para o desenvolvimento do nosso trabalho.

### 2.1 Documentação temática (coleta de material)

O passo inicial a ser dado nesse momento é buscar e coletar material para a documentação, ilustração e fundamentação de nosso tema. Para isso, guiados pelo plano provisório, deveremos proceder da seguinte forma:

1. *Levantamento bibliográfico*: chegar a uma listagem do material possível de ser usado. Para tanto, solicitar orientação de entendidos no assunto, ajuda de dicionários, enciclopédias, manuais, catálogos, recensões em revistas especializadas, bibliografias e bibliotecários.

2. *Seleção de livros, revistas, jornais, artigos, capítulos*: trata-se de uma prévia escolha do material que deve ser utilizado realmente, pois nem tudo deverá ser necessariamente lido, uma vez que nem tudo interes-

---

8. Cf. Terceira Parte, Capítulo 4: Processo de leitura crítica da palavra escrita (p. 178).

sará devidamente ao tema que pretendemos. É aconselhável consultar opiniões de professores, colegas mais experientes, especialistas, resenhas, recensões e travar contato direto com a obra: ler o índice ou sumário, prefácio, introdução, as orelhas, algumas passagens do texto, até que tenhamos uma opinião formada para a escolha.

3. *Leitura para documentação*: ler criticamente com a intenção imediata de colher e armazenar informações, ideias, para o desenvolvimento de nossa reflexão sobre o assunto-tema-problema-hipótese determinado. Trata-se de documentar, registrar aquilo que nos interessa. O plano provisório servirá de guia imediato para essa leitura "interesseira".

O que outros escreveram deve ser fruto de pesquisas, observações e reflexões amadurecidas e tais ideias podem nos servir de base e elucidação para nossas investigações, argumentações, conclusões etc. Não se trata, porém, de um simples repetir o que outros disseram, mas sim de usar inteligente e criticamente as conclusões de outros no sentido de novos passos, novas proposições, novos encaminhamentos, nova síntese.

Documentaremos, portanto, o que julgarmos importante para dar base à argumentação que utilizaremos para justificar os entendimentos que expomos no texto. Para tanto, importa materializar a documentação: as fichas de documentação temática são um instrumento para isto.

O modo de proceder a documentação (registro do que nos interessa) pode ocorrer das mais variadas formas, tais como: fichamento, anotação em cadernos, arquivos de um computador... Cada um de nós encontrará o melhor meio de registrar o que interessa em nossas leituras para o estudo que estamos realizando, tendo em vista a redação do texto final.

A seguir, apontamos o modo clássico de documentação na prática da atividade científica, através do fichamento de conteúdos, frases, pensamentos, informações. Contudo, importa que o leitor esteja atento ao fato de que não é obrigatório que esse seja o modo de documentação, mesmo porque, hoje, com os meios computacionais de construção e armazenamento de informação, o fichamento manual vem se tornando obsoleto.

As orientações sobre fichamento manuscrito, oferecidas a seguir, podem ser adaptados para qualquer outro meio de fichamento, inclusive pelo uso de um computador pessoal ou um *notebook*. Essas orientações podem ajudar a estruturar arquivos nos mais variados programas de edição de texto, de tal forma, que, posteriormente, no momento de redação do texto, possam ser utilizados com facilidade. Assim sendo, convidamos o leitor a prosseguir no estudo deste capítulo, mesmo que possa considerar até mesmo meio "fora de tempo" as indicações feitas. Com certeza, serão úteis.

*Ficha de documentação temática*: materialmente, é uma cartolina (por ser mais prática ao manuseio), encontrada nas papelarias. Nas fichas serão registradas as ideias sempre referentes a um mesmo tema, ou aspecto de um tema. Tal registro não deve ser entendido como um rascunho em fichas e nem uma simples transcrição sem critério.

a) *Conteúdo da ficha de documentação*:

- *transcrição textual — a ideia tal qual está no texto lido —* efetuando a leitura, podemos encontrar no texto alguma ideia que possivelmente será útil na elaboração do nosso trabalho. Se nos interessarmos inclusive pela redação como está no texto lido, poderemos transcrevê-lo em nossa ficha. Esta transcrição deverá vir entre aspas, uma vez que nem a ideia, nem as palavras transcritas são de nossa autoria. Fechadas as aspas, o texto transcrito deverá ser seguido da citação integral da fonte;[9]

- *síntese pessoal da ideia contida no texto —* síntese, resumo: trata-se da ideia de outrem, dita do nosso jeito pessoal. Dessa vez não devem ser usadas as aspas, pois as palavras são nossas. Ao final, entretanto, deveremos citar igualmente a fonte, como no item *a*;

- *compreensões pessoais —* em nossas reflexões pode surgir de repente alguma ideia, intuição. Esta ideia, se documentada, não se perderá. As fichas de documentação temática, por conseguinte, não servem exclusivamente para registro de ideias alheias. Também nós temos ideias válidas, criativas e que podem amadurecer, sendo posteriormente úteis. Sendo nossa a ideia, é claro que não será necessário citar fontes.

---

9. No capítulo seguinte indicamos como devem ser feitas as citações bibliográficas.

*b)* *Titulação ou cabeçalho da ficha de documentação*: a titulação ou cabeçalho é o segredo da praticidade do fichário de documentação temática e do seu uso eficaz.

Usualmente as fichas vêm com a linha superior em destaque, para que nela seja colocado o cabeçalho, que deve constar de palavras — sempre substantivas — indicadoras do conteúdo da ficha; devem ser escritas em maiúsculas em ordem decrescente: do mais amplo ao mais específico, isto é, a primeira palavra mais abrangente, em seguida, a mais específica e assim sucessivamente, na medida da definição do conteúdo da ficha.

Exemplos:

**Exemplo 1**

| EDUCAÇÃO — BANCÁRIA — CARACTERÍSTICAS |
|---|

**Na educação bancária:*** 

"a) o educador é o que educa; os educandos, os que são educados;

b) "  "  " """ sabe; "  "  " "  não sabem;

c) "  "  " """ pensa; "  "  " " pensados;

d) "  "  " """ diz a palavra; os educandos, os que a escutam docilmente;

e) "  "  " """ disciplina; os educandos, os disciplinados;

f) "  "  " """opta e prescreve sua opção; os educandos, os que seguem a prescrição;

g) "  "  " """ atua; os educandos, os que têm a ilusão de que atuam, na atuação do educador;

h) "  " escolhe o conteúdo programático; os educandos, jamais ouvidos nesta escolha, se acomodam a ele;

i) "  " identifica a autoridade do saber com sua autoridade funcional, que opõe antagonicamente à liberdade dos educandos; estes devem adaptar-se às determinações daquele;

j) o educador, finalmente, é o sujeito do processo; os educandos, meros objetos".

\* FREIRE, P. *A pedagogia do oprimido*. 3. ed. São Paulo: Paz e Terra, 1975. p. 67-8.

O exemplo anterior representa uma ficha com conteúdo em transcrição textual. Notemos no cabeçalho: a palavra mais abrangente é "EDUCAÇÃO" e suas especificações "BANCÁRIA — CARACTERÍSTICAS". Elas seguem uma ordem decrescente, isto é, da palavra mais abrangente — Educação — até a mais específica — Características. O conteúdo concreto desta ficha é: "características da educação bancária", uma temática da área de educação.

Importa observar a importância do cabeçalho das fichas, pois que ele oferece a base de sua ordenação através de uma ordem alfabética. Isso implica que, ao elaborar a ficha de documentação, o leitor seja cuidadoso ao estabelecer o seu título, fator que facilitará, em muito, seu trabalho subsequente, e armazenar as informações, assim como, posteriormente, de usá-las como base na redação final do seu texto.

### Exemplo 2

EDUCAÇÃO — SISTEMA — ALUNO — DESPERSONALIZAÇÃO*

Nos Estados Unidos, mesmo ocorrendo esforços contrários, na concepção de ensino-aprendizagem, como todo o sistema educacional, há lugar apenas para o intelecto, não para a pessoa como um todo: na escola primária a energia do menino é abafada; na secundária, o interesse do jovem é desviado; na universidade admite-se apenas a mente.

* ROGERS, C. *A pessoa como centro*. São Paulo: Edusp, 1977. p. 135-7.

Ficha contendo uma síntese, com palavras próprias, resenhando observações de Carl Rogers sobre a despersonalização do aluno no sistema educacional dos EUA.

### Exemplo 3

EDUCAÇÃO — PROFESSOR × ALUNO — RELAÇÃO

Em qualquer situação educacional o aluno necessita assumir sua postura de sujeito que interage como sujeito com outro sujeito, o professor. Isto não ocorrendo, não se pode pretender uma educação para a liberdade, mas sim para a domesticação.

Enquanto lia, compreendia e dialogava com o autor que estava lendo, ocorreu a compreensão acima para o leitor que a anotou. Está registrada. Poderá ser útil, ser amadurecida. Desse modo, deve ser registrada sem subterfúgios, sem palavreados, de forma clara, direta e sucinta; o cabeçalho indica que se trata de uma colocação sobre a relação professor-aluno dentro do âmbito educacional. O fato de não haver citações de fontes indica que este conteúdo decorre de reflexões pessoais.

**Exemplo 4**

Exemplos práticos de cabeçalhos ou titulações de fichas de documentação temática

---

ESPORTE — FUTEBOL — HISTÓRICO
(deve conter elementos da história do futebol)

---

ESPORTE — FUTEBOL — TÁTICAS — RETRANCA
(deve conter elementos da retranca que é uma das táticas do futebol-esporte)

---

ESPORTE — BASQUETEBOL — DESCRIÇÃO
(deve conter a descrição do basquetebol-esporte)

---

ESPORTE — NATAÇÃO — ESTILOS
(deve conter informações sobre os estilos de natação-esporte)

---

É aconselhável que estas fichas, mesmo sendo elaboradas em função de um estudo específico, possam enriquecer o fichário pessoal de documentação temática. O estudante crítico percebe logo que o hábito de fichar temas é útil, porque deixa documentado um cabedal de informações e ideias para toda a vida. É, portanto, desejável que, ao longo de vida universitária, intelectual, isso seja feito com todas as informações colhidas em estudos de textos didáticos, ou outras leituras quaisquer. Se bem titulado, o fichário poderá ser uma perene fonte de consulta, pois contém informações organizadas e evita a angústia de repetidos retornos a livros, jornais, revistas ou cadernos lidos recentemente ou há tempos passados.

## 2.2 Estruturação dos dados para a redação-comunicação

Organização e clareza serão a garantia de que a nossa mensagem será bem comunicada e entendida. Cuidaremos aqui de construir, ordenada e inteligentemente, a nossa comunicação, servindo-nos das compreensões acumuladas em razão dos objetivos propostos e explicitados no plano prévio de investigação e de consequente redação do texto final.

Vamos pôr em ordem, ordenar as ideias e raciocínios de tal forma que do seu encadeamento surja, naturalmente, a explicação ou compreensão do nosso objeto de estudo, de tal modo que o ponto de vista defendido permaneça justificado. Em outros termos, tentaremos demonstrar, explicitar a hipótese gerada pelo problema identificado, ao tempo em que encaminharemos uma possível solução desse problema.

No nível universitário, principalmente, qualquer que seja o nosso texto, deverá expressar uma unidade, uma totalidade que permita um entendimento orgânico. Isso quer dizer que suas partes, seus capítulos e, no interior deles, os parágrafos devem ter uma sequência lógica. Não basta que as proposições tenham um sentido em si mesmas, é necessário que esse sentido esteja logicamente inserido no contexto da argumentação e da redação.

Em termos práticos, é nesse momento de organização que devemos tomar o fichário de documentação temática e, orientados pelo plano provisório, selecionar e ordenar todo o material coletado que servirá de base para a redação. Como acenamos acima,[10] para que se torne real essa concatenação lógica, o texto deverá ter três partes fundamentais: Introdução, Desenvolvimento e Conclusão.

Vejamos:

*Introdução* — na introdução devem aparecer claros os nossos objetivos: "o que" pretendemos, "por que", "para que" e "como" tencionamos chegar aos resultados que desejamos. De forma simples, rápida e sucinta, clara e objetiva, na introdução, devem ser anunciados: assunto — tema, problema, hipótese. Uma introdução é sintética: nela devem ser evitadas explicações desnecessárias ou que aparecerão no corpo do texto; deve visar a comunicação no seu todo. A experiência aconselha que a introdução seja redigida após a conclusão das demais partes do texto, devido ao fato de que só ao final temos uma melhor visão do conjunto.

*Desenvolvimento* — Ele contém o corpo central do texto. Então, o tema-problema anunciado é discutido, com fundamentação objetiva e encadeamento lógico das ideias. Trata-se, portanto, de arrumar, ordenar as partes, distribuir os capítulos, tópicos, itens e subitens, de acordo com o plano de investigação e comunicação (dessa feita deixando de ser provisório e tornando-se definitivo), de tal forma que, ao final, o ponto de vista, ou tese, esteja claro, o problema elucidado, a hipótese confirmada ou, se for o caso, negada. Os critérios de arrumação são a clareza, a sequência lógica das ideias, a organicidade do raciocínio.

É desejável que os títulos das partes, capítulos, itens etc. sejam temáticos e expressivos, isto é, devem dar a ideia mais exata possível do conteúdo do setor que encabeçam. Não devemos, portanto, colocar títulos sem um claro nexo, ou "ao ar".

Nesse esforço de arrumação, encadeamento das ideias, poderemos:

- *explicar* — tentar evidenciar o que está implícito, obscuro ou complexo. Seria descrever, definir, classificar etc.;
- *discutir* — comparar as várias posições que se entrechocam dialeticamente;

---

10. Cf. item 1.2 — Relato das decisões — confecção do "plano provisório", p. 225.

- *demonstrar* — aplicar a argumentação apropriada à natureza do que será evidenciado. Argumentar é partir de posições ou certezas mais ou menos evidentes, garantidas (as premissas) para a elucidação de novas posições, para a busca de novas verdades.

*Conclusão* — é o ponto de chegada, o fecho da comunicação dos resultados do estudo realizado. É o momento de tomarmos uma posição, que poderá ser a reafirmação sintética do ponto de vista explicado, discutido ou demonstrado, ou poderá ser a abertura de uma nova problemática, ou o encaminhamento de possível solução ao problema levantado. Enfim, na conclusão o autor relembra sua proposta inicial, recapitula brevemente os resultados colhidos ao longo do trabalho e manifesta a sua opinião sobre os resultados obtidos e seu possível alcance. Em síntese, retomamos o nosso ponto de partida, as propostas iniciais (conteúdo da introdução), verificamos sua evolução (desenvolvimento) e mostramos aonde chegamos (conclusão).[11]

## 3. Momento redacional e comunicativo

Este é o momento de dizer formalmente, de codificar as nossas ideias, a nossa mensagem, o resultado de uma investigação, de uma criatividade.[12]

### 3.1 Redação preliminar

Pode parecer, de início, que esse é o momento crucial do processo, mas, se refletidos e seguidos todos os passos anteriores, este será simples e as naturais dificuldades de redação tenderão a ser superadas com a

---

11. Cf. Antônio J. SEVERINO. Op. cit., p. 118-22.

12. O professor João A. RUIZ coloca oito itens que recapitulam os passos dados no desenvolvimento de uma investigação até a sua redação final (cf. Op. cit., p. 71-2).

prática, principalmente, se tivermos uma visão crítica capaz de avaliar a clareza do "que fizemos", "por que" e "para que" estamos redigindo.

É aconselhável que o primeiro esboço de redação seja feito em rascunho: folhas soltas e numeradas, escritas de um só lado, porque muita coisa poderá e deverá ser melhorada, acrescentada; anotações podem ser feitas no verso, quer no momento mesmo da redação, quer após uma leitura do todo, do conjunto.

Em cada parte, capítulo, item, parágrafo, vamos expressar as nossas compreensões, cuidando da sequência, da relação com o que vem antes e o que virá depois, a fim de que a expressão do nosso pensamento, de nossa reflexão seja facilmente percebida pelo leitor de nosso escrito.

A utilização do plano é indispensável neste momento, porque é guia; também a utilização do fichário de documentação se faz necessária, porque a redação deverá ser efetivada com base nas informações, ideias, eventuais conclusões já devidamente documentadas em nossas fichas. Para cada capítulo, item etc., devemos selecionar e ordenar as fichas de acordo com a temática e em função do pensamento que será redigido. Esta seleção deverá ser simples, uma vez que as fichas estão em ordem alfabética, relativa à sua titulação ou cabeçalho. Terminado o uso da ficha, ela deverá voltar ao fichário, seguindo novamente a ordem primitiva, podendo inclusive ser usada em outros capítulos ou itens.

Convém repetir, principalmente aos iniciantes, que não se trata de uma simples transcrição de fichas, como se nelas estivesse um rascunho; as fichas, ao contrário, são o instrumento no qual estão contidas informações, ideias, dados, que embasam o nosso pensamento, o desenvolvimento do nosso tema-problema e a afirmação de nosso ponto de vista. É para expressar o nosso pensamento, fundamentar as nossas ideias e raciocínios que iremos utilizar de ideias já consagradas, conhecimentos já conquistados por outrem; por isso, em nome da honestidade científica e intelectual; do rigor e da exatidão exigidos pelo trabalho de nível científico, faz-se necessário citar integralmente a fonte de onde se originou a ideia utilizada. Se bem documentada, a

FAZER UNIVERSIDADE

ficha deve trazer os elementos dessa citação, que repetiremos ao pé da página: rodapé, em notas de rodapé.[13]

## 3.2  Redação definitiva

A redação preliminar deverá ser lida e refletida criticamente. É natural que muita coisa seja refeita, retocada; é a fase de acabamento: frases com melhor redação, citações mais precisas, repetições canceladas, ideias novas acrescentadas etc. A função dessa leitura e respectivos retoques é de construir a redação definitiva onde deverá aparecer unidade entre as partes, sequência lógica nos raciocínios, clareza no conjunto, organicidade. Enfim, o texto chega ao final de sua "infância" e poderá ser apresentado como uma "personalidade", um todo composto de: começo, meio e fim.

A apresentação final deverá seguir os parâmetros estéticos e as normas de apresentação dos trabalhos escolares em nível de trabalho científico.[14]

Nesse capítulo percorremos teoricamente uma estrada: o processo de elaboração de um trabalho escolar em nível de trabalho científico. Os momentos dessa caminhada, os seus passos, devem ser vivenciados dinâmica e dialeticamente, nunca de forma estática como se um passo nada tivesse a ver com o outro, por isso chamamos de processo. Não podemos, em consequência, imaginar que esse processo efetivar-se-á com a simples leitura das pistas aqui apresentadas. Importa, ao contrário, fazer acontecer o processo, executar um, vários exercícios, aprender a fazer realmente fazendo. A exercitação repetida, com compreensão satisfatória, transforma uma prática em hábito, o que se manifesta como um "caminho facilitado", ou seja, um modo de agir que é quase natural na vida de quem o adquire.

---

13. No capítulo seguinte nos referimos às notas de rodapé (cf. p. 252).

14. Este é especificamente o conteúdo do capítulo seguinte.

# CAPÍTULO 4

# Expressão escrita:

apresentação de textos monográficos[1]

**[N.R.]** As investigações e produções de conhecimento — isto é, produções de compreensão da realidade, como estabelecemos em capítulo anterior deste livro —, para que se socializem, necessitam de ser apresentadas ao público, no caso, um público leitor. Para tanto, sob forma de consenso, foram sendo estabelecidas regras de apresentação e publicação de conhecimentos. Essas regras têm por objetivo tornar comum o modo como estudiosos e pesquisadores comunicam suas formulações, descobertas e proposições. Este capítulo sintetiza o modo acadêmico de comunicação dos resultados de pesquisas, sejam elas bibliográficas, documentais ou experimentais. O estudante encontrará aqui as orientações assumidas no presente momento como aquelas que padronizam o modo monográfico de apresentação de resultados de pesquisa. Assim, nos servirmos das indicações da ABNT (Associação Brasileira de Normas Técnicas), que sistematiza normas para as múltiplas atividades no país.

---

1. [N.R.] O presente capítulo segue a estrutura de sua primeira publicação em 1984, porém sofreu inúmeras modificações em seu conteúdo, melhorando a linguagem comunicativa, mas, sobretudo, atualizando o texto com as normas técnicas para apresentação e publicação de textos monográficos e científicos, hoje em vigor no país.

Os textos universitários, comuns ou monográficos, merecem um cuidado especial também na sua apresentação. Como dissemos anteriormente,[2] as normas ou indicações aqui propostas têm o objetivo instrumental de organizar e padronizar a apresentação dos textos universitários. Aqui devemos especial cuidado às exigências técnicas para a apresentação dos trabalhos escolares com pretensões de enveredar universitariamente pelo nível do trabalho científico.[3]

Todas as atividades acadêmicas devem concorrer para o amadurecimento intelectual do universitário, já devendo, portanto, praticar atividades com caráter científico, enquanto aplicação de uma metodologia. É claro que inicialmente não se pode exigir do recém-ingresso na universidade a mesma maturidade intelectual e metodológica de um doutorando; essa diferença de maturidade, contudo, não deve menosprezar as exigências de rigor e seriedade, características essenciais da atividade científica.

As normas metodológicas gerais, aqui compiladas, devem ser exigidas para todos os textos acadêmicos do universitário: relatos de "pesquisa", textos decorrentes de exercícios de escrita ou de apresentação de estudos, relatórios de atividades, resumos, resenhas, sínteses, recensões, textos de conclusão de curso, etc.

Esse conjunto de atividades, consciente e metodologicamente, executadas deve capacitar o estudante a realizar atividades investiga-

---

2. Capítulo 1 da Parte IV, p. 201 e ss.

3. Tais exigências estão convencionalmente determinadas e normatizadas pela Associação Brasileira de Normas Técnicas (ABNT). *Normalização da documentação no Brasil*. Idem. *Referências bibliográficas, normas brasileiras*.

tivas e a elaborar e apresentar textos monográficos, todavia, nem por isto devemos empregar o termo *monografia* para designar todo e qualquer texto elaborado e apresentado, seja pelo estudante ou por outro participante da vida acadêmica universitária. A produção de uma monografia apresenta exigências metodológicas específicas, pois requer uma rigorosa especificação de um assunto, na razão direta de um tratamento bem estruturado de um único tema, devidamente especificado e delimitado. O trabalho monográfico caracteriza-se pela unicidade e delimitação do tema e pela profundidade do seu tratamento.[4]

As orientações metodológicas e normas aqui apresentadas encontram-se, com pequenas diferenças de enfoque, na maioria dos manuais de metodologia e, de modo especial nas normas da ABNT.[5]

Tendo em vista a apresentação, o texto escrito deverá conter os seguintes elementos (para tanto, estamos nos servindo das indicações da NBR 14724, agosto de 2002):[6]

# 1. Estrutura do texto monográfico

## 1.1 Elementos pré-textuais

Elementos pré-textuais são os componentes que devem estar presentes numa monografia, que antecedem o texto propriamente dito da comunicação científica. São elementos que fazem uma apresentação prévia dos conteúdos que o leitor vai encontrar a frente e o auxiliam a entrar no espaço do texto que vai ler.

---

4. Cf. Antônio J. SEVERINO. *Metodologia...*, p. 143-6; Délcio V. SALOMON. *Como fazer...*, p. 219; Angelo D. SALVADOR. *Métodos...*, p. 161-8.

5. Convém consultá-los. Além dos citados acima, recomendamos: João A. RUIZ. *Metodologia científica*. A. L. CERVO; P. A. BERVIAN. *Metodologia científica*. Fernando BECKER et al. *Apresentação de trabalhos escolares*. Para acesso às Normas da ABNT pode-se fazer, com facilidade, uso do Buscador de Internet Google.

6. [N.R.] "NBR" significa Normas (N) Brasileiras (Br).

## 1 Capa

A capa é composta pelos seguintes elementos e na seguinte ordem de cima para baixo da folha:

— (opcional) nome da instituição no seio da qual o texto está sendo apresentado;

— (obrigatório) nome do autor no alto da página, em letras maiúsculas;

— (obrigatório) título do texto no centro da página, em letras maiúsculas — exemplo: FAZER UNIVERSIDADE;

— (opcional) subtítulo, se houver — o subtítulo apresenta uma especificação em relação ao conteúdo do texto, usualmente em letras minúsculas, após dois pontos — exemplo: FAZER UNIVERSIDADE: uma proposta metodológica;

— (obrigatório) local — cidade — onde o texto foi depositado (parte inferior da capa);

— (obrigatório) o ano em que o texto está sendo apresentado (parte inferior capa).

Ver modelo de capa ao final deste capítulo, p. 262.

## 2 Folha ou página de rosto

A folha de rosto repete a capa, acrescentando-se alguns elementos, portanto, terá no alto o nome do autor; no centro, o título completo do texto e subtítulo, se for o caso; e, ao final, local e data da publicação e mais (obrigatório) a *especificação do destino da apresentação do texto*. Essa especificação é composta graficamente abaixo do título, mais à direita da página; então, explicita-se a natureza do texto, sua razão acadêmica, a instituição que o orienta, ou o professor.

Como exemplo — Título e subtítulo: *Fazer universidade: uma proposta metodológica*. Especificação: *Dissertação apresentada ao Programa de Pós-Graduação em Metodologia do Trabalho Científico da Universidade Estadual de Feira de Santana, Bahia, sob a orientação do Prof. Eloi*

*Barreto.* Ver exemplo ao final do capítulo, p. 263. No verso da Folha de Rosto, deverá ser apresentada a ficha catalográfica da monografia, em conformidade com o Código de Catalogação Anglo-americano, em conformidade com ABNT/NBR 14247, item 4.1.3.2 — Verso da Folha de Rosto.

### 3 Folha de aprovação

Ela é obrigatória tanto numa Dissertação de Mestrado, como numa Tese de Doutoramento ou em outros textos monográficos destinados à aprovação por uma Banca Examinadora.

Vem imediatamente após a Folha de Rosto. Praticamente, contém todos os elementos da Folha de Rosto, com o acréscimo dos nomes dos examinadores, com seu título básico (por exemplo, "Prof. Dr. ...") e a instituição que representa (por exemplo, "Professor Titular da Universidade..."). A data da aprovação só será acrescentada após a efetiva apresentação, defesa e aprovação do referido texto monográfico.

Ver modelo ao final deste capítulo, p. 264.

### 4 Dedicatória

Elemento opcional. Caso o autor coloque essa página em seu texto monográfico, ela virá após a Folha de Aprovação. O conteúdo desta página, caso exista, contém a expressão dos sentimentos pessoais do autor do texto.

### 5 Agradecimento

Elemento opcional. Caso o autor do texto tenha desejo de agradecer a pessoas e profissionais que, de alguma forma, colaboraram ou foram importantes para a execução da investigação, assim como da apresentação do texto monográfico ou, ainda, significativas na vida do investigador, esse é o lugar para manifestação dos seus sentimentos. A página de agradecimentos virá após a página de dedicatória.

## 6 Epígrafe

Elemento opcional. Epígrafe, usualmente, são citações de autores que, de forma lapidar, disseram alguma coisa que faz sentido em relação ao que se vai expor e, por isso, dá força e embeleza a apresentação da comunicação científica que o autor do texto está fazendo.

## 7 Resumo em língua vernácula

Elemento obrigatório em Dissertações de Mestrado, Tese de Doutoramento, Monografias para Concurso, assim como em artigos publicados em revistas científicas (por vezes, uma ou outra determinada revista pode não exigir esse elemento). Usualmente, compõe-se de um texto sucinto, que indica o tema abordado, o problema investigado, as soluções e ou desdobramentos que serão apresentados ao longo do texto, que se seguirá na monografia. Ao final, são indicadas as palavras-chave ou descritores do conteúdo abordado.

## 8 Resumo em língua estrangeira

Elemento obrigatório em Dissertações de Mestrado e Tese de Doutoramento ou em outras monografias submetidas à aprovação de Bancas Examinadoras. Em página exclusiva, contém a tradução do resumo elaborado em língua vernácula.

## 9 Lista de Ilustrações

Elemento opcional. A lista de ilustrações deve ser elaborada na ordem em que forem apresentadas no texto. Cada ilustração será indica pelo seu número sequenciado, denominação e página. As ilustrações poderão ser listadas por temas, tais como "desenhos", "esquemas", "fotografias", "gráficos" etc.

## 10 Lista de tabelas

Elemento opcional. Elaborada segundo a ordem de apresentação no texto, nome de cada tabela e página onde se encontra.

## 11 Lista de abreviaturas e siglas

Elemento opcional. Contém todas as abreviaturas e siglas usadas no texto, sempre seguidas imediatamente do seu significado.

## 12 Lista de símbolos

Elemento opcional. Elaborada com todos os símbolos utilizados no texto, seguindo a ordem de apresentação, com o devido significado de cada um.

## 13 Sumário ou índice geral

Elemento obrigatório. É o último dos elementos pré-textuais. Muitos autores preferem denominá-lo de "índice", ou "índice geral", por entenderem tratar-se de lista indicativa de partes, capítulos, seções, itens, subitens etc. de uma monografia, com a respectiva numeração das páginas para cada um dos títulos ou subtítulos.

Do ponto de vista da sua elaboração completa é a última parte a ser executada na elaboração do texto, porque só depois de redigido todo o texto é possível ter clareza final sobre os seus itens componentes, como um todo. Enquanto se está na fase de redação, sempre é possível a inclusão ou a exclusão de um item, na perspectiva de tornar o texto uno e consistente.

No sumário devem constar os títulos das partes, capítulos, subcapítulos tal como aparecem no corpo do texto; incluindo também, se for o caso, o prefácio, as tabelas, listas de gravuras, anexos, bibliografia e indicação exata da página em que cada uma dessas divisões se inicia. O sumário deve ser a expressão da estrutura global texto, de tal forma que o leitor possa, de relance, ter uma visão do seu conteúdo, sua lógica e estrutura. Ao longo das orientações para a elaboração de textos acadêmicos, falamos de "plano provisório" enquanto esquema orientador de todo o processo; o sumário deverá praticamente conter esse plano, já de forma definitivo e indicativo do todo, pois deve ter sido o plano inicial que guiou a investigação e a redação do texto final.

Como exemplo de um sumário ou índice, o leitor poderá consultar o índice deste livro ou de outro qualquer que tenha em mãos ou que deseje servir-se para tanto.

A NBR 6027, da ABNT, de maio de 2003 apresenta algumas minudências sobre o "sumário", que o leitor poderá se apropriar, caso sinta necessidade, ainda que as informações acima sejam suficientes para o uso cotidiano.

## 1.2 Elementos textuais

Propriamente trata-se do conteúdo do texto monográfico. Os elementos textuais configuram o núcleo central do texto. A parte central da monografia é composta por uma *introdução*, pelo *desenvolvimento da argumentação* e pela *conclusão*. No que se segue, vamos explicitar cada um desses componentes da parte central de um texto monográfico.

### 1 Introdução

Contém a parte inicial do texto. Simbolicamente, podemos dizer que a introdução é a "cabeça" do texto, por isso, aparece primeiro. Ela relata a intenção que o investigador tinha ao propor a pesquisa, como foi realizada a investigação e como será apresentado o texto que vai se seguir na parte denominada de "desenvolvimento". Propriamente, a introdução é uma apresentação do texto, tornando explícito como o autor chegou a ele e como ele será apresentado.

### 2 Desenvolvimento

É propriamente o corpo do texto monográfico. Contém a exposição pormenorizada do assunto, através de argumentos sequênciados e consistentes. A estruturação desta parte está na dependência das necessidades de explicitação do tema investigado, da hipótese levantada e dos resultados obtidos. Assim, as partes, os capítulos, os itens, subitens etc. se colocam na ordem lógica da argumentação ou explicitação a que nos propomos. Esta ordenação dos diversos itens deve conduzir naturalmente à conclusão ou às conclusões.

Cada capítulo deve iniciar numa nova folha; seu título, em maiúsculas, aparecerá a 8 cm abaixo da borda superior do papel e centrado entre as margens. Os programas de edição de texto facilitam esses cuidados, todavia, importa observar certas regras de composição gráfica, que dão suporte a esse trabalho. Usualmente, a numeração dos capítulos deve ser feita em algarismos romanos (CAPÍTULO I, III...); as divisões internas ao capítulo devem ser numeradas com a técnica dos números pontuados. Os programas de edição de texto, comumente, possuem um modelo automático para essas numerações, mas nada impede que sejam modificadas, segundo o desejo de quem escreve e compõe graficamente o seu texto.

Observamos que a numeração deve se posicionar de forma tal que facilite a visualização da ordem lógica do conjunto do texto, da sequência dos raciocínios, indo em direção à conclusão. Deve-se evitar excessos de números, de complicadas subdivisões, inúteis e, por vezes, sem nexo. Não se deve, por exemplo, abrir uma subdivisão numerada quando esta carecer de no mínimo duas partes, ou dois itens que justifiquem a sua subdivisão.

### 3 Conclusão

Contém a exposição das conclusões a que o pesquisador chegou. Elas, de certa forma, sintetizam os achados que foram apresentados na parte anterior — desenvolvimento. Propriamente, a conclusão é o fechamento do corpo do texto monográfico. Importa que o autor tenha presente que a conclusão deve ser compatível com o problema levantado, com a hipótese estabelecida e com os resultados a que chegou. Ao ler a conclusão, o leitor deverá sentir-se seguro em relação ao que o autor se propôs a fazer, como o fez e aonde pode chegar.

## 1.3 Elementos pós-textuais

Elementos pós-textuais são componentes da apresentação do texto monográfico que vêm após os elementos centrais do texto. São elementos que demonstram as bases teóricas investigadas (bibliografia), podem oferecer glossários, variados índices, assim como elementos complementares (apêndices e anexos). Propriamente, são elementos finais que ilustram o texto.

### 1 Glossário

Elemento opcional. Contém a definição de termos específicos e não definidos no corpo do texto e que exigem compreensões específicas e próprias para a compreensão do que está sendo expresso.

### 2 Apêndice(s)

Elemento opcional. O(s) apêndice(s) são informações complementares, que não cabem no corpo do texto monográfico, mas que ilustram ou dão base para alguma abordagem utilizada no decorrer da monografia. Um elemento acrescido pelo autor, enriquecendo sua exposição; de alguma forma, alarga a abordagem realizada no texto. Deve-se estar ciente que os apêndices só fazem sentido se forem compatíveis e comprometidos com o texto monográfico elaborado, e necessários para enriquecê-lo. Usualmente, os apêndices são indicados por letras maiúsculas consecutivas, em ordem alfabética, indicando a sequência de apêndices, sejam eles quantos forem, começando por "A"; traço separador; e mais o título do texto. Exemplos:

APÊNDICE A — Metodologia da pesquisa empírica.

APÊNDICE B — Sobre hipótese em pesquisa histórica.

### 3 Anexos

Elemento opcional. Os anexos são compostos por textos, documentos, fórmulas, dados, informações que dão base a algumas abordagens feitas pelo autor no decorrer do seu texto monográfico. Usualmente, não são elaborados pelo autor da monografia, porém, certamente que poderão fazê-lo em caso de necessidade. Por vezes, o autor prefere não colocar no corpo do texto, por exemplo, uma tabela de dados, então, coloca-a em anexo e a explora no corpo do texto, remetendo o leitor para o devido anexo. Usualmente são indicados por letras maiúsculas consecutivas, iniciando por "A", seguidas de travessão e título. Exemplos:

ANEXO A — Distribuição da população escolar por idade

ANEXO B — Distribuição das famílias dos estudantes por faixa de renda

### 4 Referência ou bibliografia

Elemento obrigatório. Toda Dissertação de Mestrado, toda Tese de Doutoramento, toda Monografia de Final de Curso, afinal, todos os documentos acadêmicos e monográficos exigem uma referência bibliográfica final e geral, mostrando ao leitor onde o autor obteve fundamentos para sua dissertação monográfica, e com que autores dialogou em sua investigação. A bibliografia revela os interlocutores do autor no seu estudo e na sua expressão textual, assim como demonstra o respeito do autor do texto monográfico por seus interlocutores e suas respectivas produções intelectuais.

Aqui, não apresentamos as regras para a indicação das referências bibliográficas, pois que isso será feito num tópico específico, logo mais à frente.

### 5 Contracapa

Elemento obrigatório. É a capa que fecha o documento monográfico. Usualmente é uma folha de papel (acartonada), sem nada escrito, o que não impede se o autor desejar preenchê-la com algum dado. Nos livros, publicados pelas Editoras, esse espaço é utilizado, por exemplo, para oferecer dados biográficos do autor, assim como o destino do texto publicado (se desejar, tomar um livro e observar a contracapa ou capa final). O mais comum na apresentação de textos monográficos acadêmicos é que a contracapa seja uma folha em branco.

## 2. Formato de apresentação do texto monográfico

As indicações que se seguem correspondem à normatização estabelecida pela NBR 14724 da ABNT e configuram o modo de apresentação gráfica do texto monográfico.

### 1 Formato do texto

O texto da monografia deve ser apresentado em papel branco, tamanho A4 (21 cm × 29,7 cm), digitado ou datilografado (quase impossível hoje), com as letras em cor preta, com exceção, evidentemente das ilustrações que, eventualmente, poderão ser coloridas. A mancha das páginas deve sempre ser apresentada no anverso das folhas; nunca na modalidade "frente e verso", exceto a Folha de Rosto que, no verso, poderá conter a ficha catalográfica relativa à monografia, elaborada segundo o Código de Catalogação Anglo-americano, em conformidade com ABNT/NBR 17247, item 4.1.3.2 — Verso da Folha de Rosto.

O projeto de composição gráfica é do desejo e da responsabilidade do autor do texto. Poderá até mesmo encomendar que outro profissional faça a digitação e composição gráfica, porém a aprovação final lhe pertence. Recomenda-se para a digitalização do texto o uso da fonte tamanho 12 e tamanho menor que este para as citações com mais de três linhas, para as citações de rodapé (trataremos delas mais à frente), assim como para paginação e legendas das ilustrações e tabelas. Para as citações, com mais de três linhas, deve-se observar um recuo de 4 cm na margem esquerda do texto.

## 2 Uso de siglas

Sendo necessário o uso de siglas no corpo do texto monográfico, elas serão indicadas na primeira vez que aparecem da seguinte forma: nome completo da instituição, nome de referência de algum procedimento, de alguma metodologia..., logo a seguir, entre parênteses, a sigla.

Exemplo: Associação Brasileira de Normas Técnicas (ABNT).

## 3 Uso de fórmulas e equações

Quando fórmulas e equações forem utilizadas dentro de um texto monográfico devem receber um *destacamento* de um espaço a mais em relação ao texto que as antecede e ao texto que a elas se segue, destacadas da margem, usualmente *centralizadas*. Se necessário — à medida que sejam várias e sequenciadas —, devem ser *numeradas* progressivamente. Em função dos limites do espaço de uma linha, se houver necessidade de *fragmentação* da equação ou fórmula, a conduta deve ser: fragmentar no final da linha, antes do sinal de igualdade; após os sinais de adição, subtração, multiplicação, divisão.

## 4 Ilustrações, tabelas e gráficos

Ilustrações, tabelas e gráficos — sejam elas quais forem — devem ser inseridos no texto o mais próximo do parágrafo ao qual se referem, em conformidade com o projeto gráfico. Isso facilita ao leitor sua leitura e compreensão. Devem ser numerados e, usualmente, centralizados. O título da ilustração, da tabela ou do gráfico deve ser alocado abaixo de sua borda inferior.

## 5 Citações

As citações de trechos de autores no corpo do texto monográfico — que fazem referência a outros autores, sejam como autoridade no assunto, seja para que o autor do texto monográfico possa discordar de determinada posição —, devido à complexidade de orientações, merecerão um item a parte, mais à frente neste capítulo.

## 6 Indicador numérico de títulos e subtítulos

A numeração dos *títulos e subtítulos* das partes, dos capítulos e dos subcapítulos do texto monográfico será progressiva, em ordem crescente.

Os *números dos títulos e subtítulos* das partes do texto precede-os, alinhados à sua esquerda, separados pelo espaço de um caractere.

Os *subtítulos*, que indicam partes dos capítulos, devem ser separados do texto que os precede e que os sucede com dois toques do espaçamento que esteja sendo utilizado.

Os *títulos sem indicativo numérico* — tais como: errata, agradecimentos, lista de ilustrações, lista de tabelas, lista de abreviaturas e siglas, lista de símbolos, resumos, sumário, glossário, apêndice(s), anexo(s) e índice(s) — devem ser centralizados.

Folha de Aprovação, Dedicatória e Epígrafe são elementos da monografia que *não necessitam de título nem de indicação numérica.*

## 7 Margens

Quanto à mancha escrita da página, é recomendado que a margem superior e a margem da esquerda tenham um recuo de 3 cm; para as margens inferior e direita, recomenda-se um recuo de 2 cm.

## 8 Espaçamento entre as linhas do texto

Quanto aos espaços *entre as linhas do texto,* a ABNT, na NBR 14247, no item "5.3 — Espacejamento", recomenda espaço duplo. Todavia, caso o autor do texto sinta que esse espaçamento seja grande em excesso, nada impede que use espaço 1,5. O espaço simples não é recomendável, à medida que torna a leitura do texto mais trabalhosa.

As *citações* de mais de três linhas, as *notas*, as *referências bibliográficas*, títulos das *ilustrações* e *tabelas*, inseridas no corpo do texto, devem ser redigidas com espaço simples.

*Ficha catalográfica*, no verso da Folha de Rosto, *natureza da monografia, objetivo, nome da instituição a que a monografia é submetida, e área de concentração* na Folha de Rosto também devem ser apresentadas com espaço simples entre as linhas.

As *referências bibliográficas*, ao final do texto, devem ser apresentadas com espaço duplo entre elas. Nada impede que, se o autor do texto sentir que esse espaçamento seja excessivo, usar um espaçamento um pouco menor, talvez 1,5.

Na Folha de Rosto e na Folha de Aprovação, as *manchas de texto* relativas à natureza da monografia, seu objetivo, nome da instituição a que é submetida, e a área de concentração devem ser alinhadas do meio para a direita da folha.

### 9 Notas de rodapé

As notas de rodapé devem ser digitadas no entre espaço das margens esquerda e direita, ficando separadas do corpo do texto por um espaço simples de entrelinhas e um filete de 3 cm de comprimento, a partir da margem esquerda. Hoje, usualmente, os Programas de Edição de texto fazem essas demarcações automaticamente.

As notas de rodapé, hoje, são utilizadas para fazer alguma indicação esclarecedora ao leitor. No passado, elas serviam também para fazer indicações bibliográficas gerais ou específicas de alguma citação efetuada no corpo do texto. Em livros editados, assim como em monografias, elaborados há um certo número de anos passados, o leitor encontrará notas de rodapé com esse uso. Hoje, em função de novas orientações da ABNT já não mais.

### 10 Paginação

As páginas devem ser contadas sequencialmente desde a Folha de Rosto, porém *numeradas* somente a partir da primeira página textual, o que possibilitará que o primeiro número de página a aparecer no texto não seja indicado pelo número 1, mas por outro número qualquer que indique o número da página contada a partir da Folha de Rosto. Por exemplo, se tomar um livro já publicado, observará que, no geral (poderá encontrar exceções), o primeiro número de página registrado nem sempre será o "1".

A numeração das páginas do texto monográfico *é progressiva* da Folha de Rosto ao seu final.

O número de cada página *será colocado* no canto superior direito da página, a 2 cm da borda superior e a 2 cm da borda direita da folha de papel. Usualmente os Programas de Edição de Texto fazem isso automaticamente.

No caso do texto monográfico *ocupar mais de um volume*, a numeração deverá ser contínua entre os dois ou mais volumes, seguindo uma sequência do primeiro ao último volume.

Havendo *apêndice(s)* e *anexo(s)*, assim como *as referências bibliográficas*, a numeração deverá ser sequencial ao corpo do texto. Concluída a numeração das páginas do texto, os números de página, sequencialmente, irão até o final da monografia.

## 3. Citações

### 1 O que é uma citação?

Citação é o uso que o autor de um texto monográfico de uma informação extraída de outra fonte, um livro, um documento, um artigo... As citações podem esclarecer o que o autor do texto está expondo; podem ilustrar a argumentação que está sendo utilizada, podem oferecer sustentação para o argumento que está sendo utilizado. Este último uso se assenta na autoridade do autor do qual se está extraindo a citação. Para a apresentação das orientações sobre "citação" num texto monográfico servimo-nos do documento ABNT/NBR 10520, de agosto de 2001.

## 2 Tipos de citação

As citações são classificadas em três tipos: diretas, indiretas e citação de citação.

### 2.1 Direta

Apresenta-se como transcrição textual de uma obra consultada, ou seja, cópia idêntica do texto de outro autor, seja um parágrafo inteiro, mais de um parágrafo ou parte de um parágrafo.

As citações diretas usam destaque gráfico para sua apresentação. Esse destaque dependerá do tamanho do texto transcrito em termos de linhas.

São consideradas *curtas* as citações que tem até 3 linhas. Elas são colocadas entre aspas, no corpo do próprio parágrafo onde estão sendo reproduzidas.

Exemplo: Segundo Casemiro dos Reis Filho,"a universidade é órgão cultural essencial, no sentido que reflete em suas preocupações intelectuais o grau de consciência que o homem tem de si mesmo e o do papel que desempenha na sociedade" (Filho, 1978, p. 208).

Nesse tipo de citação, não há necessidade do uso de um espaçamento menor ou de letras com fontes menores, pois que ela faz parte do parágrafo ou frase elaborados. A referência bibliográfica é colocada ao final da citação e feita pelo último nome do autor (sobrenome), ano de publicação da obra, seguida de dois pontos (":") e página de onde foi retirada a citação.

São consideradas citações longas aquelas transcrições que tem mais de 3 linhas. Devem ser transcritas num novo parágrafo, com letra com fonte menor que a do texto (por exemplo, se se está utilizando a fonte 12, usar a fonte 11 ou 10) e o espaçamento entre as linhas é o simples. Deve-se observar um recuo de 4 cm da margem esquerda.

FAZER UNIVERSIDADE                                                                                    253

Não se usa aspas. Usa-se um espaçamento a mais entre o final do texto que antecede a citação e uma linha a mais entre o fim da citação e o texto que a segue. Exemplo:

> Embora a metodologia não deva ser supervalorizada, por ser apenas uma disciplina instrumental, desempenha papel decisivo na formação do cientista, à medida em que [*sic*] o faz consciente de seus limites e de suas potencialidades. Pode-se mesmo dizer que a mediocridade e a falta de preocupação metodológica coincidem. (Demo, 1981, p. 255)

Devido a citação direta ser transcrição fiel do texto de outro autor, deve manter o uso de todos os sinais gráficos do original: pontuação, uso de maiúsculas e minúsculas, grifos, itálico, negrito, aspas e outros. Nem mesmo podem ou devem ser retirados. Possíveis erros gramaticais presentes no texto citado não devem ser consertados.

Na transcrição acima, por exemplo, usou-se o "*sic*" para sinalizar um modo de expressar do autor do texto transcrito — "à medida em que" — que não corresponde a forma gramatical correta, que seria — "à medida que". Não se corrigiu, manteve-se a escrita do autor citado, todavia, sinalizando desvio gramatical.

Quando ocorrem tais impasses, o autor do texto monográfico deve sinalizá-los:

- caso o autor do texto monográfico suprima parte do texto que está citando, sinalizará esse fato através de três pontos dentro de um colchete — [...];
- utilizará a expressão [*sic*] para informar ao leitor que aquela palavra, concordância ou expressão foi utilizada "assim mesmo" no texto que está sendo transcrito; poderá indicar um erro lógico ou um erro ortográfico no texto original ou qualquer outro componente do texto que não esteja em acordo com normas usuais de expressão;
- caso o autor da transcrição encontre um grifo no texto original, não pode suprimi-lo, mas deve sinalizar o fato entre colchetes [grifo no original]; caso o autor da transcrição acrescente um grifo no texto citado — seja em negrito, seja em itálico, seja em

sublinhado — deve sinalizá-lo com sinais como: [grifo meu], [grifo nosso], [sem grifo no original];

- caso o autor do texto monográfico faça algum comentário ou acréscimo dentro do texto transcrito, deve colocá-los entre colchetes — [ ] —, a fim de que seu leitor possa saber que aquele elemento não pertence ao texto original.

A referência bibliográfica de uma citação longa é feita à semelhança do referenciamento em uma citação curta, acima indicada.

Citações em outros idiomas estrangeiros devem ser traduzidas e seguidas da referência. Quando o tradutor for o próprio autor da monografia onde o texto está sendo citado, deve-se acrescentar, ao final da tradução, a informação [tradução do(a) autor(a)]. A versão original — no idioma estrangeiro — deve ser colada em nota de rodapé.

É aceitável manter a citação em idioma estrangeiro nos textos científicos de cunho literário, nos quais a tradução poderia comprometer, por exemplo, o estilo literário do autor citado.

### 2.2 Indireta

A citação indireta ocorre quando um texto — parágrafo ou frase — é redigido com base em ideias de obra consultada. No caso, importa manter fidelidade à ideia exposta na obra, porém, reelaborada com as palavras do autor do texto monográfico.

As citações indiretas não usam destaque gráfico — aspas ou recuo de margem — para sua apresentação. Podem aparecer sob a forma de paráfrase ou de condensação: a paráfrase mantém aproximadamente o mesmo tamanho do texto original; a condensação, por ser condensação, tem tamanho menor que o original.

O exemplo mais comum de citação indireta ocorre quando, ao escrever um texto, citamos genericamente o pensamento de um autor.

Por exemplo, dizemos: Em conformidade com FREIRE (1976), a educação bancária é compreendida como uma prática...

FAZER UNIVERSIDADE                                                                    255

## 2.3 Citação de citação

Por vezes, quem está elaborando uma monografia necessita de fazer a citação direta ou indireta de um texto citado pelo autor de uma obra que está estudando. No caso, o autor do texto monográfico, não tendo tido acesso ao texto original, entrou em contato com um texto que está citando através de outro autor, que deve ter tido acesso ao original. Propriamente, a denominação é a citação de citação. Para indicar que isso ocorreu, usa-se a expressão latina *apud*. Exemplo: vamos supor que necessito de utilizar o texto abaixo de Anísio Teixeira. Então, procedo da seguinte forma:

Anísio Teixeira, *apud* Luckesi (1984, p. 35), sobre o papel da universidade no Brasil, diz que a

> universidade brasileira, além de preparar profissionais para as carreiras liberais e técnicas que exigem uma formação de nível superior, o que tem havido é uma preocupação muito fluída com a iniciação do estudante na vida intelectual. Daí poder-se afirmar que, ressalvando o aspecto habilitação profissional, a universidade brasileira não logrou constituir-se verdadeiramente como uma instituição de pesquisa e transmissora de uma cultura comum nacional, nem logrou se tornar um centro de consciência crítica e de pensamento criador.

No caso do exemplo acima, foi utilizada uma citação de citação "direta", mas da mesma forma deveria ser indicada se se utilizasse uma "citação de citação indireta".

# 4. Referências ou bibliografia

Ao confeccionarmos uma monografia, seja ela com base exclusiva em material bibliográfico ou mesmo em outros tipos de pesquisa — como, por exemplo, uma pesquisa em laboratório —, é indispensável a utilização de obras de autores que nos antecederam nas áreas de conhecimento com as quais estamos trabalhando. A essa parte da apresentação do texto monográfico, denomina-se de "Referências", como também de "Bibliografia". A bibliografia final é a indicação completa das obras usadas ou simplesmente referendadas na redação do texto que elaboramos.

Poderá ser organizada e apresentada por partes. Por exemplo: citação de impressos: boletins, jornais, revistas; citação de obras de referência: dicionários, enciclopédias; citação de artigos; livros. No interior de cada uma das partes observa-se sempre a ordem alfabética dos autores, por seu sobrenome.

Pode-se também optar pela simples ordem alfabética geral, isto é, seguir a ordem alfabética dos autores, sem distinção de tipos de texto. Em textos mais comuns do dia a dia, de menor porte, é aconselhável seguir a ordem alfabética geral, por ser mais simples.

## 1. Regras gerais para a elaboração de uma bibliografia

✓ Paginar a Bibliografia como uma continuação do próprio texto monográfico;

✓ iniciar a primeira linha de cada referência junto à margem esquerda da página, usando espaçamento simples em cada citação bibliográfica e espaçamento duplo, entre as citações;

✓ fazer a lista da bibliografia por ordem alfabética tendo por base o último nome do autor; no caso de mais de um autor, pelo último nome do primeiro autor do texto referenciado;

✓ quando mais de uma obra de um mesmo autor foi referenciada, elas devem ser enumeradas por ordem da data de publicação, começando pela mais antiga e terminando pela mais recente. Repete-se o nome do autor em cada publicação citada;

✓ no caso em que mais de uma obra, de um mesmo autor citado, tenha o mesmo ano de publicação, fazer o ordenamento das referências por ordem alfabética do título, acrescentando uma letra minúscula ao ano. Por exemplo: (Luckesi, 2011a), (Luckesi, 2011b);

- ✓ existindo dois autores em uma obra, iniciar pelo nome que vem em primeiro lugar, usar o conectivo "e", seguindo-se a indicação do segundo autor;
- ✓ existindo mais do que dois autores, colocar apenas o nome do primeiro autor, seguido da expressão *et al.* (expressão latina para dizer "e outros", que, no caso, significa "e colaboradores"). Exemplo: no caso deste livro: LUCKESI, CIPRIANO *et al.*, 1984;

## 2. Elaboração de referência bibliográfica ou bibliografia

Em função da complexidade das minúcias existentes no que se refere à elaboração e apresentação de uma bibliografia de final de um texto monográfico, propomos que o professor de Metodologia do Trabalho Científico, assim como os seus estudantes façam uso da normatização exposta na NBR 6023, de agosto de 2002, de autoria da ABNT. Existem especificidades para citação dos mais variados documentos utilizados na elaboração de um texto monográfico, que ultrapassam nossas especialidades pessoais.

O documento da ABNT, acima citado, orienta minuciosamente o modo como devem ser indicadas as Referências Bibliográficas relativas a uma gama imensa de fontes. Abaixo elencamos as possibilidades de documentos que podem ser utilizados como fonte de estudo para a elaboração de um texto monográfico e que devem ser citados segundo determinadas regras. Cada tipo de documento, abaixo indicado, requer nuanças específicas na sua citação, por isso, será de todo conveniente que todos os usuários, quando o necessitarem, façam uso do próprio documento da ABNT naquilo que necessitam especificamente. As indicações abaixo servem apenas para nos lembrar que essas indicações estão disponíveis na normatização da ABNT para utilizarmos quando necessário.

Os documentos que podem e devem ser citados na referência bibliográfica de um texto monográfico são os que se encontram em negrito na lista abaixo. As indicações entre colchetes referem-se ao item dentro da NBR 6023,[7] que indica como citar bibliograficamente. Os itens abaixo indicam o que pode e deve ser citado numa Referência Bibliográfica ou Bibliografia. Segundo a necessidade de cada um, o leitor terá de fazer uso da NBR citada, tendo em vista realizar essa atividade, segundo normas nacionais.

Optamos por não resenhar as normas da ABNT para citação de fontes na bibliografia final de uma monografia por termos chegado à conclusão de que, devido à série de minúcias próprias de um referenciamento bibliográfico, seria mais aconselhável que cada usuário pudesse fazer uso do Documento da ABNT, segundo suas necessidades. Ele não é um documento para se saber de cor, mas sim um documento a ser consultado quando houver necessidade.

Por exemplo, nem todos nós vamos ter necessidade de citar "documentos cartográficos" ou "partituras musicais" ou, ainda, outros tipos de documentos que podem não fazer parte do nosso cotidiano. Desse modo, a melhor forma é ter disponível o documento da ABNT e consultá-lo na medida do necessário. Essa é a nossa proposta.

Será diferente para o caso de um profissional da biblioteconomia, que fará uso constante desses recursos. Ele, então, deverá saber manipular minuciosamente todas essas orientações, já que farão parte do seu cotidiano de trabalho.

Desse modo, os itens abaixo servem para lembrar como podem ser citadas as fontes bibliográficas, quando usadas na bibliografia final:

**Monografia como um todo**, incluindo livro e/ou folheto (manual, guia, catálogo, enciclopédia, dicionário etc.) e trabalhos acadêmicos (teses, dissertações, entre outros). [Item 7.1].

**Parte de monografia**, incluindo partes, capítulos, volumes de uma obra [item 7.3].

**Monografia no todo em meio eletrônico**, incluindo as publicações do item anterior, mas em meios eletrônicos: disquetes, CD-ROM, On-line... [item 7.2].

---

7. Servir-se do Buscador Google — ou outro Buscador — da rede de Internet para encontrar o texto dessa normatização da ABNT.

**Parte de monografia em meio eletrônico**, inclui capítulo, volume, fragmento e outras partes de uma obra, com autor(es) e/ou título próprios, publicados em meios eletrônicos [item 7.4].

**Publicação periódica no seu todo**, inclui a coleção como um todo, fascículo ou número de revista, número de jornal, caderno etc. na íntegra, e a matéria existente em um número, volume ou fascículo de periódico (artigos científicos de revistas, editoriais, matérias jornalísticas, seções, reportagens etc.) [item 7.5.1].

**Partes de publicação periódica — revista, boletim** etc., inclui volume, fascículo, números especiais e suplementos, entre outros, sem título próprio [item 7.5.2].

**Artigo e/ou matéria de revista, boletim** etc., inclui partes de publicações periódicas (volumes, fascículos, números especiais) [item 7.5.3].

**Artigo e/ou matéria de revista, boletim** etc. em meio eletrônico, incluindo artigo e/ou matéria de revista, boletim etc., publicados em meios eletrônicos: disquetes, CD-ROM, *on-line* etc. [item 7.5.4].

**Artigo e/ou matéria de jornal**, inclui comunicações, editorial, entrevistas, recensões, reportagens, resenhas e outros [item 7.5.5].

**Artigo e/ou matéria de jornal em meio eletrônico**, indica como citar os mesmos produtos acadêmicos do item anterior publicados em meios eletrônicos [item 7.5.6].

**Evento como um todo**, incluindo o conjunto dos documentos reunidos num produto final do próprio evento (atas, anais, resultados, *proceedings*, entre outras denominações) [item 7.6].

**Evento como um todo em meio eletrônico**, publicado em meio eletrônico [item 7.6.3].

**Trabalho apresentado em evento**, incluindo trabalhos apresentados em evento (ou em parte do evento) [item 7.7].

**Trabalho apresentado em evento publicado em meio eletrônico** [item 7.7.3].

**Patente** [item 7.8].

**Documento jurídico**, incluindo legislação, jurisprudência (decisões judiciais) e doutrina (interpretação dos textos legais) [item 7.9].

**Legislação**, compreendendo a Constituição, as emendas constitucionais e os textos legais infraconstitucionais (lei complementar e ordinária, medida provisória, decreto em todas as suas formas, resolução do Senado Federal) e normas emanadas das entidades públicas e privadas (ato normativo, portaria, resolução, ordem de serviço, instrução normativa, comunicado, aviso, circular, decisão administrativa, entre outros) [item 7.9.1].

**Jurisprudência (decisões judiciais)**, compreendendo súmulas, enunciados, acórdãos, sentenças e demais decisões judiciais [ item 7.9.2].

**Doutrina jurídica**, incluindo toda e qualquer discussão técnica sobre questões legais (monografias, artigos de periódicos, *papers* etc.), referenciada conforme o tipo de publicação.

**Documento jurídico em meio eletrônico** [item 7.9.4].

**Imagem em movimento**, incluindo filmes, videocassetes, DVD, entre outros [item 7.10].

**Documento iconográfico**, incluindo pintura, gravura, ilustração, fotografia, desenho técnico, diapositivo, diafilme, material estereográfico, transparência, cartaz, entre outros [item 7.11].

**Documento iconográfico em meio eletrônico** [item 7.11].

**Documento cartográfico**, incluindo atlas, mapa, globo, fotografia aérea, entre outros [item 7.12].

**Documento cartográfico em meio eletrônico** [item 7.12.3].

**Documento sonoro no todo**, incluindo disco, CD (*compact disc*), cassete, rolo, entre outros [7.13].

**Documento sonoro em parte**, incluindo partes e faixas de documentos sonoros [item 7.14].

**Partitura**, incluindo partituras impressas e em suporte ou meio eletrônico [item 7.15].

**Partitura em meio eletrônico** [item 7.15.3].

**Documento tridimensional**, incluindo esculturas, maquetes, objetos e suas representações (fósseis, esqueletos, objetos de museu, animais empalhados, monumentos, entre outros) [item 7.16].

**Documento de acesso exclusivo em meio eletrônico**, incluindo bases de dados, listas de discussão, BBS (*site*), arquivos em disco rígido, programas, conjuntos de programas e mensagens eletrônicas, entre outros [item 7.17].

Além disso, a NBR 6023 normatiza sobre vários outros elementos a serem utilizados na elaboração de uma bibliografia final de texto monográfico. São informações úteis que, na medida da necessidade, vale a pena procurá-las, tais como:

**Autoria pessoal**, incluindo a questão de um e de mais de um autor [item 8.1.1]

**Autor como uma entidade**, quando ocorre de o autor de um documento ser uma instituição [item 8.1.2].

**Autoria desconhecida**, quando não se conhece o autor de uma obra [item 8.1.3].

**Uso de títulos e subtítulos** [item 8.2].

**Como citar a edição de um documento** [item 8.3].

**Como citar Local da edição** [item 8.4].

**Como citar Editora** [item 8.5].

**Como citar Data** [item 8.6].

**Como fazer a Descrição física de um documento**, caso haja essa necessidade [item 8.7].

**Como citar Ilustrações** [item 8.8].

**Como indicar as dimensões de um documento** [item 8.9].

**Como indicar as séries e coleções** [item 8.10].

**Inserção de notas complementares** [item 8.11].

**Modo de ordenação das referências** [item 9].

A NBR 6023 é facilmente encontrada nas publicações da própria ABNT — Associação Brasileira de Normas Técnicas ou acessada pela rede de Internet.

## MODELO DE CAPA

UNIVERSIDADE ESTADUAL DE FEIRA DE SANTANA

DISCIPLINA — METODOLOGIA DO TRABALHO CIENTÍFICO

FRANCISCO JOSÉ DOS SANTOS

DEPENDÊNCIA OU INDEPENDÊNCIA DA UNIVERSIDADE
BRASILEIRA EM RELAÇÃO AOS MODELOS ESTRANGEIROS

Feira de Santana, Bahia

2012

# MODELO DE FOLHA DE ROSTO

UNIVERSIDADE ESTADUAL DE FEIRA DE SANTANA
DISCIPLINA — METODOLOGIA DO TRABALHO CIENTÍFICO

FRANSCISCO JOSÉ DOS SANTOS

DEPENDÊNCIA OU INDEPENDÊNCIA DA UNIVERSIDADE
BRASILEIRA EM RELAÇÃO AOS MODELOS ESTRANGEIROS

O presente texto destina-se à apresentação da monografia final da disciplina Metodologia do Trabalho Científico, dentro do Curso de Administração, da Universidade Estadual de Feira de Santana, primeiro semestre de 2012, sob orientação do professor Elói Barreto.

Feira de Santana, Bahia

2012

# MODELO DE FOLHA DE APROVAÇÃO

UNIVERSIDADE ESTADUAL DE FEIRA DE SANTANA
DISCIPLINA — METODOLOGIA DO TRABALHO CIENTÍFICO

FRANSCISO JOSÉ DOS SANTOS

DEPENDÊNCIA OU INDEPENDÊNCIA DA UNIVERSIDADE
BRASILEIRA EM RELAÇÃO AOS MODELOS ESTRANGEIROS

O presente texto destina-se à apresentação da monografia final da disciplina Metodologia do Trabalho Científico, dentro do Curso de Administração, da Universidade Estadual de Feira de Santana, primeiro semestre de 2012, sob orientação do professor Elói Barreto.

Banca examinadora:

Professor Eloi Barreto

Professor José Cosma

Professor Naidison Baptista

Feira de Santana, Bahia
2012

# CONCLUSÃO

[N.R.] Para esta edição, foram modificados alguns termos utilizados na versão de 1984 desta "Conclusão", assim como algumas formas de expressão. Nada que tenha modificado o sentido original do texto, por isso, decidimos não acrescentar notas indicativas de todas as pequenas modificações aqui introduzidas.

Chegamos ao final deste nosso livro. Expusemos nossa experiência, seus princípios, seus frutos. Limitados sim, mas frutos. Tomamos manifestos nossos sonhos, um entendimento de universidade, uma utopia. Apresentamos os recursos, que usamos na tarefa do "fazer a universidade".

Chegamos a este final não, certamente, isentos de dúvidas e perguntas. Questionamo-nos, ao longo dos sete anos de atividades, em equipe, buscando o nosso caminho através de revisões constantes, de conversões sofridas e difíceis. Ainda hoje, dúvidas e incertezas permanecem. Para o momento, asseguramos que este é o nosso entendimento e esta a nossa prática. Não temos, no entanto, a pretensão de afirmar que esta é a melhor e a última de todas as propostas. A colocação de nossa meditação no papel não significa o final de uma caminhada. É um degrau tão somente. O que importa, cremos, é a permanência do dinamismo da busca e do encontro de caminhos mais adequados. A estagnação seria a morte. E isto não pode ocorrer!

Chegando a este ponto de nosso livro, o leitor certamente deverá estar com suas dúvidas, questionamentos, discordâncias, críticas. Se isto, de fato, está acontecendo, cremos que o nosso livro, vindo a público, começou a exercer uma de suas funções principais: ser um instrumento de discussão e debate. O conhecimento e a ciência não podem ser divulgados somente porque se crê que atingiu um nível indiscutível de certeza. Ao contrário, quando vêm à luz, na comunidade cultural, é para serem debatidos e criticados, tendo em vista o seu amadurecimento e aperfeiçoamento. É no debate e na soma de reflexões e experiências que cresce no conhecimento o ser humano e o mundo.

FAZER UNIVERSIDADE

Constantemente temos nos questionado sobre nossa prática. Explicitaremos aqui algumas questões confessando, ao mesmo tempo, que somente o tempo, o exercício e a "fé" na prática educacional de cada um poderão efetivamente responder a todas.

Será a nossa proposta de universidade exequível em qualquer estabelecimento de ensino superior? Metodologia do Trabalho Científico, na nossa proposta, integra o Ciclo Básico,[1] encarregado, principalmente, de abrir perspectivas para um real "fazer universitário". Todos os estabelecimentos universitários teriam esse objetivo? Por outro lado, estarão todas as instituições responsáveis pelos cursos denominados superiores, buscando este "fazer universitário"? Ou se propõem, simplesmente, a urna comercialização do ensino e "produção" de profissionais, por vezes até incapazes para competir no mercado?

O nosso projeto será exequível em qualquer universidade? Ele se propõe à racionalização do estudo, à abertura de uma via rumo à pesquisa, criação, independência cultural, sistematização científica e crítica. No entanto, presenciamos, em variadas oportunidades distorções na vida acadêmica. Distorções nas relações entre as pessoas, em função das dificuldades em se exporem aos confrontos, aos debates, discussões; distorções funcionais, dado que nem sempre encontramos pessoas certas nos lugares certos. Geralmente, as funções são criadas artificialmente e as pessoas que as ocupam o fazem por critérios outros que não o da competência e da vocação; ainda, distorções, decorrentes do fato de que, nas relações funcionais, por vezes, predomina mais a autocracia que a prática democrática; além do que, no geral, as decisões são centralizadas, as verdades definitivamente estabelecidas, os debates e as consultas dão-se como um simples formalismo para justificar decisões já previamente estabelecidas.

---

1. [N.R.] Nos anos 1970, em função da Reforma do Ensino Superior, decorrente da Lei n. 5.640, de 1968, os cursos universitários estavam organizados em dois segmentos: um Ciclo Básico de estudos, cujo objetivo era introduzir os estudantes nas lides universitárias; e um segmento de aprofundamento e profissionalização, cujo objetivo era garantir aos estudantes os recursos necessários para tornarem-se profissionais da área de conhecimento que haviam escolhido.

É, pois, legítimo que nos perguntemos se na universidade, onde estão presentes as distorções no fazer/viver acadêmicos, há lugar para a proposta aqui exposta.

O nosso projeto é exequível em qualquer sistema educacional? Nossa proposta busca o crescimento da pessoa, sujeito crítico do próprio processo, tentando criar uma visão democrática. No entanto, as características dos sistemas educacionais são diversos e nem sempre comportam o que aqui apresentamos.

- Há os que primam pelo *centralismo*: decisões sempre presas em mãos de poucas pessoas ou pequeno grupo. Os interessados básicos do processo educacional (alunos e professores) dificilmente participam. São "objetos". O centralismo cria até, nos próprios alunos e professores, o clima da autocensura. Paira sempre a questão: como o debate ou levantamento de determinadas questões serão aceitos pelas autoridades? Questionar não será tido sempre como rebelar-se?

- Há os que primam pela *alienação*: sob a alegação de neutralidade da educação, veiculam-se conteúdos e filosofias ingênuas, que fogem, propositalmente, à discussão dos temas que afligem a instituição, a região, o país.

- Há ainda os que primam pela difusão da *técnica enquanto técnica*: há quase um culto à técnica. Segue-se o princípio de que, sendo tecnicamente possível, algo deve ser feito. O técnico seria bom porque é técnico. Evita-se, propositalmente, a discussão de valores que, necessariamente, estão subjacentes a toda e qualquer técnica.

Pensamos que fica a indagação. Pelas características arroladas, nossa proposta seria rejeitada. Contudo, a mudança do sistema não será gerada em sua intimidade mesma?

Será o nosso projeto exequível em qualquer modelo de sociedade? É o caso de perguntarmo-nos: qual o nosso modelo de sociedade? Será ele justo, participativo, crítico, democrático, humano? E, não sendo assim, admitirá ou assimilará em seu seio um projeto que o questione? Ou tentará neutralizá-lo ou expeli-lo, como medida de segurança e sobrevivência? Bem sabemos que cada sociedade gera, para si, um tipo de educação. Instrumento pelo qual tenta perpetuar suas normas, valores, sua ordem instituída. Prestar-se-á o nosso projeto para esta tarefa?

Será possível conduzir este processo sem que, para tanto, se encontrem idealistas, apaixonados pela educação? Vale a pena o esforço de tentar a "construção da universidade" quando a maioria só deseja se "livrar da universidade", ou seja, adquirir um diploma? É significativo, para a transformação social, tornar mais competentes nossos alunos, se eles vão ser, amanhã, os detentores do poder?

Estas e muitas outras questões nos têm assediado desde o dia em que constituímos o nosso grupo de trabalho na intimidade da Universidade Estadual de Feira de Santana. Continuamos com essas dúvidas. Possuímos, porém, o espírito voltado para o amanhã... com fé... com esperança... e, mais que tudo isso... com paixão. Essas e outras questões não nos deixarão para o futuro. Colegas professores de universidade, alunos, todos as levantam. Não é em vão que nos acompanha a sensação de "estarmos remando contra a correnteza". Evidentemente, toda proposta que possui um caráter de ideal, de luta, de transformação — de exigência, pois — traz consigo dúvidas e questionamentos. Reações opostas, até!

Aqui, no entanto, fazemos apelo ao nosso trabalho, para dele haurir nossas "certezas", frente a tantas dúvidas.

Se entendermos por aplicabilidade do projeto a sua fácil aceitação por todos os tipos de instituições de estudo superior e universitárias; se entendermos por aplicabilidade do projeto a sua aceitação pura e simples pelo sistema que nos dita as normas, assim como o seu fácil encaminhamento no seio do alunato, diremos que ele é inviável. Se, contudo, entendermos por aplicabilidade a possibilidade de veicular os valores do qual ele é portador e que, para tanto, é preciso esforço, luta, tenácia, diremos, então, a partir de nossa prática, que é possível e é válido o trabalho. Os educandos estão abertos... eles querem... É preciso auxiliá-los! Se com nosso trabalho, amanhã, tivermos jovens mais competentes e menos autoritários, meros fascistas de mente e ação, teremos cumprido um grande papel.

Apesar desta certeza, oriunda de nossa prática, não nos iludimos. A luta é ferrenha e difícil. No meio das ondas do tempo, por vezes, estivemos sobre a "crista da onda" e, por vezes, estivemos no "fundo da depressão".

Falando em ondas, nos vem, agora, à mente, a expressão que alguns colegas de universidade utilizam para caracterizar o nosso trabalho dentro da própria comunidade universitária e acadêmica: "o trabalho de vocês é como um barquinho num mar revolto, às vezes, parecendo perecer, às vezes, navegando com desenvoltura".

Essa imagem revela o espírito do nosso trabalho e da nossa fé. Na introdução deste trabalho e a todo momento, no seu desenvolvimento, vimos deixando claro que entendemos *Metodologia do Trabalho Científico* como um instrumento de trabalho no "fazer a universidade" e não só uma disciplina que... "passa". Ela é um mecanismo pelo qual se deve aprender a denunciar o falso e a anunciar o verdadeiro. Ela, para nós, é o instrumento pelo qual podemos, professores e alunos, adquirir os mecanismos de nos engajarmos nesta luta: entendimento claro da realidade, raciocínio claro, ação consequente, exigências de humildade, prova, firmeza, questionamento... São coisas pequenas, certamente, mas é com elas e com suas somas que a história da universidade tem sido feita. A nossa prática com *Metodologia do Trabalho Científico* tem sido, para nós, o testemunho da soma de esforços e ideais de professores e alunos na construção de um mundo melhor e mais humano.

E aqui confirmamos o valor da imagem que os nossos colegas fizeram do nosso trabalho: sentimo-nos realmente como um barquinho! O nosso "navegar" ininterrupto, nestes sete anos de trabalho em comum, nos demonstra a sua vitalidade e a sua viabilidade. Já estivemos à beira do naufrágio, mas já estivemos, também, na "crista da onda". Este livro, que ora damos a público, demonstra que continuamos a navegar!

Assumir a proposta deste projeto de universidade e as tentativas de sua consecução significará um conjunto de exigências — críticas e criativas — na perspectiva de uma aventura pedagógica e educativa. Aventura que significa lançar-se no embate das ondas, na certeza de que do outro lado há uma margem, um "porto seguro". É o compromisso com uma aventura da transformação constante, da construção da liberdade, da construção da história. Certamente que este compromisso, por vezes, parecerá inquietante e desconfortável, mas, certamente também, muitas vezes, satisfatório e reconfortador. É melhor ter a certeza de que estamos na luta pela construção de um mundo melhor, que termos a sensação de permanecer na entediante e linear vivência de uma sociedade consumista, sem perspectiva de futuro... a não ser a lamentação de que os "tempos estão difíceis..."

Esperamos, enfim, que outros "barquinhos" se juntem ao nosso nesta luta de transformação. Esperamos, não! Temos certeza de que, em nossa universidade, barcos semelhantes existem a navegar! Temos certeza também de que, por este Brasil afora, muitos outros "barquinhos" estão igualmente a navegar. Resta-nos, juntos, transformar nossas "utopias" em "topias".

Visando isto, este livro é o testemunho aberto e sincero de como funciona o nosso barquinho, do que vai por dentro dele... dos rumos que ele quer seguir... dos portos que ele espera...

# APÊNDICE

# Nossa prática atual

[N.R.] O relato que se segue de nossa prática na disciplina Metodologia do Trabalho Científico na Universidade Estadual de Feira de Santana, Bahia, situa-se no período entre 1976, quando os autores iniciaram a experiência relatada, e o ano de 1984, quando publicamos pela primeira vez o presente livro. Para bem compreender o que vai exposto, o leitor necessita de colocar-se um pouco no espírito daquele período. Estávamos vivendo ainda fortemente o período do governo militar, que só veio a encerrar-se em 1986, com os processos de anistia. Do ponto de vista do Ensino Superior, vivíamos as consequências da Reforma Universitária de 1968, assim como de políticas públicas voltadas mais para os cursos profissionalizantes que para a Universidade, propriamente dita, como um centro de produção e vivência de conhecimentos críticos. Importa ter presente que desejávamos que nossos estudantes adquirissem hábitos de estudo e pesquisa, o que nos levou ao título que demos ao livro: "Fazer Universidade"; o que, para nós, queria dizer que o estudante não poderia "passar" pela Universidade, mas sim construí-la, passo a passo, como um sujeito, com posse de si mesmo, de seus desejos e de seu destino individual e coletivo.

Várias vezes, nesta publicação, acenou-se ao fato de que o que expomos neste livro não é fruto de uma elucubração de gabinete, desvinculada da prática pedagógica. Ela tem, realmente, na prática, a sua origem.

Por esta razão, buscamos apresentar ao leitor, nos inícios deste texto, não apenas a origem de nossa prática pedagógica na Universidade de Feira de Santana, como os princípios filosóficos e pedagógicos que a animam.

Algo, contudo, ainda deve ser acrescido: a *descrição da nossa prática atual*, na qual concretizamos a tentativa de viabilizar, ao nível pedagógico, os princípios aqui apresentados, servindo-nos do material também aqui exposto.

Buscaremos fazê-lo, na convicção de que isso servirá ao leitor, em dois sentidos: inicialmente, no sentido de entender e avaliar melhor o que expusemos ao longo deste texto; em segundo lugar, no sentido de incentivar o leitor, se possível, a iniciar, eventualmente, uma prática idêntica ou semelhante à nossa.

Este relato, por conseguinte, não é feito na intenção de nos propormos como modelos ou donos da verdade. Somos, isso não se nega, autores de uma prática. Ao torná-la pública queremos, de um lado, aperfeiçoá-la com as críticas que nos advirão e, de outro, possibilitar a outros, pelo debate, o aprofundamento de suas próprias práticas.

O relato que desenvolvemos abaixo será, por motivos didáticos e de melhor compreensão, dividido em partes e temas. Não nos esqueçamos, contudo, de que ele é uno, indivisível. Um processo, enfim.

# 1. A universidade e seu significado

Sendo Metodologia do Trabalho Científico uma disciplina instrumental, integrante do currículo nuclear da universidade[1] e destinada a introduzir o aluno no contexto universitário, mister se faz começar o curso com uma discussão e reflexão sobre o processo de estudar a nível universitário. A simples veiculação de informações livrescas sobre isso, contudo, de nada adianta. Por isso, fazemos partir o curso do relato das experiências dos alunos, em termos de estudo, aprendizagem, leitura, pesquisa, avaliação etc. Não se trata dos costumeiros testes de sondagem, mas de um relato de experiências, efetivamente vividas pelo grupo, em termos destas práticas escolares. Num segundo momento, dedicamo-nos a uma análise crítica das experiências relatadas, através de um conjunto de questionamentos. Nestes debates, em geral, não utilizamos nenhum material ou texto. Procuramos fazer a reflexão *em* e *a partir* da prática concreta dos alunos e dos resultados que esta mesma prática tem alcançado.

Importa, contudo, um processo de síntese e de extrapolação da própria experiência, para que ela seja enriquecida, ultrapassada, aprofundada. Para isso, utilizamos as reflexões sobre universidade, estudo, aprendizagem, educação etc. exaradas no Capítulo II da Primeira Parte desta publicação, intitulado: *Universidade — criação e produção de conhecimento.*

É o momento de tematização da proposta de trabalho universitário, ao qual Metodologia do Trabalho Científico quer servir e para o qual se endereça e orienta todo o curso.

O texto, contudo, não é colocado como uma simples transmissão de informações. Trata-se, antes de tudo, de um espaço onde a proposta de universidade, que é nossa, de muitas pessoas e anseios de muitos alunos, se encontra mais sistematizada, explicitada, discutida.

Não se trata de um texto para ser lido e "aprendido" como tarefa. É um momento de síntese e enriquecimento, no sentido de esclarecer a proposta.

---

1. [N.R.] A expressão "currículo nuclear" refere-se aos estudos iniciais na Universidade dentro do modelo de dois segmentos lembrados em nota anterior: Ciclo Básico e Ciclo Profissionalizante.

Grande parte do trabalho pedagógico vai depender deste momento, desde que todo o que-fazer de Metodologia se destina à concretização da proposta de universidade aqui feita.

## 2. Leitura crítica como instrumento de fazer universidade

Definido o projeto de universidade, que serve de pano de fundo para todo o processo, partimos para a prática universitária da leitura. Entendemos a leitura crítica como um instrumento fundamental para a construção da universidade que apresentamos. Como se desenvolve esta prática da leitura? Eis seus passos principais:

a) solicitamos dos alunos a leitura de um texto, aproximadamente seguindo os grandes passos propostos no roteiro de leitura crítica, Capítulo IV da Terceira Parte. É de se ressaltar que, a esta altura, os alunos ainda não têm conhecimento minucioso do roteiro. Solicitamos, apenas, que a leitura seja feita em dois momentos: *apreensão* da mensagem do autor e de seus argumentos e tentativa de *avaliação* da mesma mensagem, em base a um confronto com a realidade;

b) o resultado deste exercício é discutido em classe; após, se faz um levantamento sobre as dificuldades e facilidades encontradas pelo grupo na concretização daquele tipo de leitura. Procura-se fazer o grupo analisar as raízes das dificuldades apresentadas, muitas delas na prática anterior de leitura do próprio grupo, assim como descobrir perspectivas de soluções, para os problemas levantados. Esta reflexão é alimentada e aprofundada com a discussão dos conteúdos e temas levantados nos Capítulos II e III da Terceira Parte deste livro, e que analisam tanto a prática de leitura no Brasil, quanto a atitude do leitor no próprio ato de ler. Ressalte-se, no entanto, que estas discussões se aprofundam, em maior ou menor dimensão, a partir do envolvimento e necessidade do próprio grupo;

c) analisada e refletida a prática do primeiro exercício de leitura, volta-se a uma segunda experiência que, por sua vez, será novamente analisada em classe, verificados os erros e acertos e, desta vez, complementada com a discussão do *Processo de leitura crítica*, Capítulo IV da Terceira Parte deste livro;

d) analisado o roteiro com a classe, volta-se sucessivamente à prática, discussão e análise da mesma, até que o grupo possa, razoavelmente, desprender-se do roteiro e trabalhar dentro de suas linhas básicas, num processo de leitura crítica: apreender objetivamente o conteúdo do texto, avaliá-lo em comparação com a realidade vivida e experimentada por si e pelos outros e, em base a esta avaliação, tomar posições e fazer proposições em relação ao texto.

Como é de se notar, a tônica e o princípio básico da nossa ação é sempre aquele de partir da prática, avaliá-la e voltar à prática.

Com este processo de estudo, cremos que estamos promovendo a superação de um processo verbalístico de aprendizagem, baseado na simples repetição de frases e conteúdos, sem a devida consciência de sua validade, importância e relação com a realidade global em que vivemos. Por isso é que os temas considerados teóricos são tratados sempre em conexão com a avaliação de uma determinada prática e voltados a um aprofundamento da mesma. O estudo e discussão destes textos não se constituem e não se podem constituir em *tarefas* em razão das quais o aluno obtenha boa ou má classificação. Os entendimentos teóricos que aqui veiculamos somente servem, em nosso trabalho, para subsidiar o entendimento da prática.

## 3. A produção e expressão do conhecimento como instrumento de fazer universidade

Aprendendo a leitura crítica, o aluno se educa enquanto receptor — sujeito de mensagens emitidas. Esta é uma das dimensões do fazer universidade.

Resta, no entanto, uma dimensão complementar: de criador e emissor crítico de mensagens.

Como se processa esta outra aprendizagem?

a) Iniciamos com uma pequena redação, solicitando ao aluno que a realize segundo um plano-esquema preestabelecido, analisado e decidido por ele. Não interferimos na montagem dos planos.

b) Estas redações são corrigidas anteriormente por nós e analisadas, em classe, juntamente com o grupo, levando-se em consideração, especialmente, os seguintes elementos: expressão, clareza, coerência dos itens do esquema entre si e com o conjunto, sequência do esquema na realização da redação.

c) Uma vez realizada esta análise, acompanhada e questionada pelo aluno a partir do seu próprio trabalho de redação, será a discussão complementada e enriquecida com o debate, em classe, do Capítulo II da Quarta Parte, em que analisamos rapidamente a estrutura da redação. Em nível de informação do alunato, realiza-se também a discussão dos elementos fundamentais do planejamento de um trabalho, apresentados no Capítulo III desta mesma Quarta Parte.

d) Cientes os alunos do processo pelo qual se planeja um trabalho a nível mais sério, solicitamos dos mesmos a montagem de um plano prévio de elaboração do texto monográfico, seguindo os parâmetros normais deste planejamento.

No início do nosso trabalho pedagógico, nos defrontamos com uma séria dificuldade a este respeito: a desinformação do alunato em relação a quase todos os temas, inclusive aqueles que eles mesmos se propunham a debater. Esta desinformação impede, efetivamente, a elaboração de um plano, mais profundo e pessoal, e conduz alguns, por vezes, à transcrição de índices de livros, numa tentativa de se "livrar da tarefa". Os alunos, contudo, que tenham assimilado a proposta de trabalho, tentam e conseguem a montagem de seu próprio planejamento.

Estamos superando, gradativamente, esta dificuldade com o seguinte encaminhamento: o grupo é levado, aos poucos, a assumir uma certa intimidade com uma temática ou aspectos dela, dado que os exercícios de leitura, a que nos referimos anteriormente, são feitos, em sua maioria, em base a um livro-texto, escolhido semestralmente e cujo tratamento inspira o trabalho monográfico. Alguns livros se têm prestado, inclusive, a que solicitemos dos alunos que escolham, previamente, aspectos tratados pelo mesmo e venham se preparando passo a passo para a sua discussão. Vários temas já foram analisados: saúde, educação, ensino pago, inflação, direitos humanos etc. O critério de escolha do livro tem sido a exigência de um estilo claro, acessível, lógico e com capítulos não demasiadamente extensos, para que, assim, se prestem melhor aos exercícios. No nosso mundo nordestino, o preço é também um certo critério.

*e*) Os planos prévios, com suas justificativas, são discutidos em classe com os alunos. Procura-se, sempre, descobrir a coerência entre o problema levantado e o esquema proposto, a lógica interna do próprio esquema, ao lado de certa originalidade no tratamento do tema. As discussões, na medida do possível, são efetuadas em grupo juntamente com o professor. Pela análise realizada sobre a montagem de trabalho de um colega, outros alunos vão analisando, corrigindo e modificando seu próprio planejamento. Não se descarta, também, o atendimento individual para questões específicas, quando este se manifesta viável e como a melhor forma de encaminhar a situação concreta de um determinado aluno.

Não temos priorizado o atendimento individual devido a duas circunstâncias: antes de tudo, queremos que o aluno decida o encaminhamento do seu estudo e elaboração do texto monográfico, a partir das análises realizadas em grupo, na classe. Cremos que isso o capacita muito mais que ficar dependendo do professor para solucionar o seu caso específico. Por outro lado, a grande quantidade de alunos que possuímos nos impede um atendimento mais personificado.

*f*) Uma vez analisado o plano, a classe é dividida em dois grupos, para o acompanhamento que se faz necessário em relação a pesquisa, leitura de documentação, fichamento, arrumação do material, redação provisória e, por último, aspectos técnicos de apresentação do trabalho.

Não se adotam aulas expositivas. As discussões em sala partem dos problemas especificamente levantados pela turma. Para o aprofundamento das questões não especificamente técnicas tratam-se e debatem-se temas ligados à Segunda Parte desta publicação. Para os aspectos mais técnicos, utilizamos as informações veiculadas na Quarta Parte desta publicação. Naturalmente, grupos há em que se utiliza todo o material exarado nestas partes a que nos referimos. Grupos há, contudo, em que não se sente a necessidade e/ou possibilidade de tal utilização. Os capítulos, principalmente da Segunda Parte, serão utilizados na sua totalidade, ou não, a depender das circunstâncias. Aqui, mais uma vez, prevalece o princípio de partir da prática, buscar solucionar os problemas por ela levantados, aprofundá-la com discussões que a superem e ultrapassem.

## 4. O processo de avaliação

Em relação à avaliação, uma preocupação básica nos acompanha: que ela seja global e de processo. Não simplesmente avaliação de momentos. Nossa tentativa é envolver o aluno no processo do estudo, do fazer, do aprender, do crescer como gente, em perspectiva crítica, humana. Conseguimos falar e nos relacionar em termos de notas e conceitos, apenas ao final do semestre. Mas há sempre um drama para nós: expressar uma caminhada em termos de conceitos e, mais ainda, fazê-lo apenas enquanto uma disciplina isolada, independentemente de outras disciplinas e matérias que envolvem o aluno e complementam sua formação. Apesar disso, a tentativa existe: refletir com o aluno a própria caminhada, tentar com que cada um se autoavalie e seja capaz de entrever, com relativa clareza e objetividade, a estrada que está palmilhando.

Registrar esta caminhada em números e caderneta é muito precário, injusto até, às vezes. Principalmente quando se tem 40 e mais alunos em classe para acompanhar e quando todo o sistema navega em direções opostas às nossas.

De qualquer modo, queremos avaliar a caminhada na sua globalidade e em seus passos. Por isso, fugimos de provas, testes, recuperações e tratamentos semelhantes, por considerá-los momentos estanques, isolados e, na maioria das vezes, não suficientemente representativos do processo do aluno. Há comprovação disso, em quantidade mais que suficiente. Mesmo assim o estilo clássico e estanque de avaliação continua. Negando o próprio sentido de avaliar, é claro. Mas, com relativa facilidade e comodidade para as escolas e os professores e, em geral, em detrimento do aluno.

Costumamos afirmar que tudo que acontece no semestre é avaliado: a responsabilidade com que se assume a caminhada, os crescimentos registrados nela, o envolvimento, a participação, a competência demonstrada não apenas em um mas no conjunto dos trabalhos realizados, em classe e fora dela. É o máximo que, nos nossos limites, podemos fazer.

## 5. Conclusão

Esta foi e é a nossa prática. O que justifica, cremos, o título da obra *Fazer universidade: uma proposta metodológica*. A metodologia torna-se um modo de ser, agir e viver.

Não queremos, contudo, deixar entrever que tudo esteja pronto e correndo às mil maravilhas. Há muitos percalços. Inúmeros empecilhos. Muitos limites. Principalmente na parte do trabalho monográfico, na avaliação e no processo de sequência do trabalho, em outros níveis e semestres na universidade.

O tempo de que dispomos — 60 horas semestrais — é escasso demais. Semestralmente nos acompanha a sensação de que, quando o processo vai, efetivamente, começando a acontecer em níveis mais profundos, o tempo se esgota e temos que começar a providenciar os conceitos finais e coisas do gênero. 60 horas semestrais é, efetivamente, um tempo muito pequeno. O trabalho monográfico, principalmente, permanece sem uma avaliação mais significativa, oportunidade em que, tomando consciência de seus acertos e falhas, os alunos deveriam partir para uma experiência mais consistente de produção intelectual.

Por outro lado, não são muitas as disciplinas que retomam as mesmas perspectivas de trabalho pedagógico. Para que isso aconteça, dependeria de uma definição mais ampla de universidade e de sua política educacional. O que, ou está ainda por ser feito ou, se o foi, optou-se por outra proposta.

Especificamente, no nosso caso, em termos de Metodologia, houve estudos, reivindicações e tentativas de implantação da disciplina Metodologia II, integrando uma reforma de Ciclo Básico.[2] Todas são tentativas que, no momento, continuam arquivadas nas gavetas da burocracia.

A estrada, contudo, com certeza, está sendo palmilhada. Temos muitos sinais e indícios disso. Um palmilhar simples, concreto, trabalhoso e vivo.A obra ora publicada é resultado deste palmilhar.

Gostaríamos, inclusive, que à luz do mesmo fosse entendida, avaliada, criticada, complementada.

---

2. [N.R.] Ter presente o significado da expressão "Ciclo Básico" na estrutura dos cursos de nível superior, nos anos 1970, já mencionado em nota explicativa anterior.

# BIBLIOGRAFIA*

ALVES, Rubem. *Filosofia da ciência*: introdução ao jogo e suas regras. São Paulo: Brasiliense, 1981.

ARAPIRACA, José. *O convênio MEC-Usaid*. São Paulo: Cortez, 1982.

ASSOCIAÇÃO BRASILEIRA DE NORMAS E TÉCNICAS (ABNT). *Normalização de documentação no Brasil*. PNB-64. Rio de Janeiro, Instituto Brasileiro de Bibliografia e Documentação, 1964.

_____. *Referências bibliográficas, normas brasileiras*. PNB-66. Rio de Janeiro, 1970.

ASTI VERA, Armando. *Metodologia da pesquisa científica*. Trad. de Maria Helena Guedes e Beatriz M. Magalhães. Porto Alegre: Globo, 1974.

AZEVEDO, Fernando. *A cultura brasileira*. Brasília: Ed. da Universidade de Brasília, 1973.

BACHELARD, Gaston. Conhecimento comum e conhecimento científico. In: _____. *Racionalismo aplicado*. Rio de Janeiro: Zahar, 1977. p. 121-39.

BAPTISTA, Myrian Veras. *Planejamento*: introdução à metodologia do planejamento social. São Paulo: Cortez e Moraes, 1977.

BASBAUM, Leôncio. *História sincera da república*: 1889-1930. 4. ed. São Paulo: Alfa-Ômega, 1976. v. 2.

---

* [N.R.] A biliografia indicada nesta parte do livro é a mesma referenciada em 1984. Nem acrescentamos novos títulos nem retiramos qualquer um deles.

BASBAUM, Leôncio. *Sociologia do materialismo*. São Paulo: Símbolo, 1978.

BECKER, F. et al. *Apresentação de trabalhos escolares*. Porto Alegre: Redacta, 1978.

BRANDÃO, Carlos R. (Org.). *O educador*: vida e morte; escritos sobre uma espécie em perigo. 2. ed. Rio de Janeiro: Graal, 1982. (Col. Biblioteca de Educação.)

BUENO, Silveira. *A arte de escrever*. São Paulo: Saraiva, 1952.

BUZZI, Arcângelo. *Introdução ao Pensar*. 2. ed. Petrópolis: Vozes, 1973.

CECCOM et al. *A vida na escola e a escola na vida*. Petrópolis: Vozes, 1982.

CERVO, A. L.; BERVIAN, P. A. *Metodologia científica*. 2. ed. São Paulo: McGraw- -Hill do Brasil, 1977.

CHARDIN, Teilhard de. *O fenômeno humano*. São Paulo: Herder, s/d.

CONSELHO EPISCOPAL LATINO-AMERICANO (Celam). Conclusões de Medelín sobre Educação. *Cadernos da AEC do Brasil* — documentos da Igreja sobre educação. Rio de Janeiro: AEC do Brasil, 1978.

CORBISIER, Roland. *Filosofia e crítica radical*. São Paulo: Livraria Duas Cidades, 1975.

_____. Filosofia no Brasil. *Encontros com a Civilização Brasileira*, n. 4, p. 52-67, out. 1978.

DEMO, Pedro. *Metodologia científica em ciências sociais*. São Paulo: Atlas, 1981.

FAVERO, Maria de Lourdes. Reflexões sobre universidade na sociedade atual. *Revista de Cultura Vozes*, n. 6, p. 20, 1975.

_____. *Universidade e poder*: análise crítica/fundamentos históricos: 1930-45. Rio de Janeiro: Achiamé, 1980.

FERNANDES, Florestan. *Universidade brasileira*: reforma ou revolução? São Paulo: Alfa-Ômega, 1975.

FERRARI, Alfonso Trujillo. *Metodologia da ciência*. 2. ed. Rio de Janeiro: Kennedy Ed. 1974.

FILHO, Casemiro dos Reis. Reforma universitária e ciclo básico. In: GARCIA, Walter E. (Org.). *Educação brasileira contemporânea*: organização e funciona-

FAZER UNIVERSIDADE                                      285

mento. São Paulo/Rio de Janeiro: McGraw-Hill do Brasil/MEC, 1978. p. 195-224.

FREIRE, Paulo. *Educação como prática da liberdade*. Rio de Janeiro: Paz e Terra, 1969.

_____. *Uma educação para a liberdade*. Porto: Antônio Abreu [reservada], 1974.

_____. *Ação cultural como prática de liberdade*. Rio de Janeiro: Paz e Terra, 1976.

_____. *A pedagogia do oprimido*. 5. ed. São Paulo: Paz e Terra, 1976.

_____. *Extensão ou comunicação?* 3. ed. Rio de Janeiro: Paz e Terra, 1977.

_____. O seminário como momento de reflexão crítica um processo de educação política. In: _____. *Educação Política e Conscientização*. Lisboa: Sá da Costa, p. 31-40, 1977. (Col. Cadernos Livres, n. 6.)

_____. *Conscientização*. São Paulo, Cortez e Moraes, 1979.

_____. *A importância do ato de ler*. São Paulo: Cortez/Autores Associados, 1982.

FREITAG, Bárbara. *Escola, Estado e sociedade*. São Paulo: Cortez e Moraes, 1979.

GOODE, William J.; HATT, Paul K. *Métodos em pesquisa social*. 4. ed. Trad. de Carolina M. Bori. São Paulo: Nacional, 1972.

GOMES, Roberto. *A crítica da razão tupiniquim*. 5. ed. São Paulo: Cortez, 1982.

GRESSLER, Lori Alice. *Pesquisa educacional*: importância, modelos, validade, variáveis, hipóteses, amostragem, instrumentos. São Paulo: Loyola, 1979.

HEGEMBERG, Leônidas. *Explicações científicas*. São Paulo: EPU, 1973.

KOSIK, Karel. *Dialética do concreto*. Rio de Janeiro: Paz e Terra, 1976.

LEFEBVRE, Henri. *Lógica formal e lógica dialética*. Rio de Janeiro: Civilização Brasileira, 1975.

LEITE, Ligia C. Moraes. Encontro com Paulo Freire. *Educação & Sociedade*, Cortez, n. 3, p. 47-75, maio 1979.

LEITE, Roberto et al. *Comunicação e interpretação*. São Paulo: Nacional, 1978. v. 5.

LINHARES, Maria Ieda. *A luta contra a metrópole* (Ásia e África). São Paulo: Brasiliense, 1981.

LOPES, José Leite. *Ciência e libertação*. 2. ed. Rio de Janeiro: Paz e Terra, 1978.

MEMMI, Albert. *Retrato do colonizado precedido pelo retrato do colonizador*. 2. ed. Rio de Janeiro: Paz e Terra, 1977.

MESQUITA, Roberto et al. *Processo Autoinstrutivo comunicação e expressão* (PAI). 3ª série, 1º grau. São Paulo: Saraiva, 1979.

MOREL, Regina. *Ciência e Estado*: a política científica no Brasil. São Paulo: T. A. Queiroz, 1979.

MORENTE, Manuel Garcia. *Fundamentos de filosofia*. São Paulo: Mestre Jou, 1967.

MORGAN, Clifford; DEESE, James. *Como estudar*. 5. ed. Rio de Janeiro: Freitas Bastos, 1972.

NEDER, Gislena. Conciliação e violência na história do Brasil. *Encontros com a civilização brasileira*, n. 2, p. 189-229, ago. 1978.

NIDELCOFF, Maria Tereza. *Uma escola para o povo*. São Paulo: Brasiliense, 1982.

NOSELLA, Maria de Lourdes Deiró. *As belas mentiras*. São Paulo: Cortez e Moraes, 1979.

PAIVA, José Maria. *Colonização e catequese*. São Paulo: Cortez/Autores Associados, 1982.

PIAGET, Jean. *A situação das ciências humanas no sistema das ciências*. Lisboa: Livraria Bertrand, 1973.

PLEKHANOV, G. *A concepção materialista da história*. 5. ed. Rio de Janeiro: Paz e Terra, 1977.

POLITZER, Georges. *Princípios fundamentais de filosofia*. São Paulo: Hermes, s/d.

PRADO JR., Caio. *Dialética do conhecimento*. 6. ed. São Paulo: Brasiliense, 1980.

REGO, Filomena. *A aprendizagem da ordem*. Rio de Janeiro: Achiamé. 1981.

RIBEIRO, Darcy. *A universidade necessária*. 2. ed. Rio de Janeiro, Paz e Terra, 1975.

_____. *UnB invenção e descaminho*. Rio de Janeiro: Avenir, 1978.

ROGERS, C. *A pessoa como centro*. São Paulo: Edusp, 1977.

RUFINO, Joel. *O que é racismo*. São Paulo: Brasiliense, 1980.

RUIZ, João Álvaro. *Metodologia científica*: guia para eficiência nos estudos. São Paulo: Atlas, 1976.

SALOMON, Délcio Vieira. *Como fazer uma monografia*: elementos de metodologia do trabalho científico. 3. ed. Belo Horizonte: Interlivros, 1973.

SALVADOR, Ângelo D. *Métodos e técnicas da pesquisa bibliográfica*: elaboração e relatórios de estudos científicos. 2. ed. Porto Alegre: Sulina, 1971.

SCARTON, Gilberto et al. *Comunicação oral e escrita em língua portuguesa*. 8ª série do 1º grau. São Paulo: Saraiva,1981.

SEVERINO, Antônio J. *Metodologia do trabalho científico*: diretrizes para o trabalho didático-científico na universidade. 5. ed. São Paulo: Cortez/Autores Associados, 1980.

_____. A problemática educacional brasileira e a questão didática no ensino superior. *Educação & Sociedade*, Cortez, n. 13, p. 73-82, dez. 1982.

SILVA, Ezequiel Theodoro da. Leitura ou "Lei dura"? In: _____. *Resumos 2º Cole. — 22 a 28 outubro 1979*. Campinas: Faculdade de Educação, Unicamp, 1980. p. 3-5.

SUCUPIRA, Newton. *A condição atual da universidade e a reforma universitária brasileira*. Brasília: MEC, 1972.

TEIXEIRA, Anísio. *Educação no Brasil*. São Paulo: Nacional, 1969.

_____. Uma perspectiva de educação superior no Brasil. *Revista Estudos Pedagógicos*, n. 111, p. 22-4, 1968.

VAZ, Henrique Lima. Filosofia no Brasil, hoje. *Cadernos da Seaf*, ano 1, n. 1, p. 7-16, 1978.